行为公共管理与政策

2024 No.1 　第一辑

创刊号　行为公共管理创新与实践

主编
孟　溦

执行副主编
张　冉

特邀副主编
张书维

华东师范大学出版社
·上海·

图书在版编目（CIP）数据

行为公共管理与政策. 第一辑, 行为公共管理创新与实践／孟溦主编；张冉副主编. -- 上海：华东师范大学出版社, 2024. -- ISBN 978-7-5760-5666-2

Ⅰ. D035-0

中国国家版本馆 CIP 数据核字第 20246FS340 号

XINGWEI GONGGONGGUANLI CHUANGXIN YU SHIJIAN

行为公共管理创新与实践
——行为公共管理与政策（第一辑）

主　　编　孟　溦
执行副主编　张　冉
特邀副主编　张书维
责任编辑　王海玲
责任校对　李琳琳
装帧设计　卢晓红

出版发行　华东师范大学出版社
社　　址　上海市中山北路 3663 号　邮编 200062
网　　址　www.ecnupress.com.cn
电　　话　021-60821666　行政传真 021-62572105
客服电话　021-62865537　门市（邮购）电话 021-62869887
地　　址　上海市中山北路 3663 号华东师范大学校内先锋路口
网　　店　http://hdsdcbs.tmall.com

印刷者　上海龙腾印务有限公司
开　　本　787 毫米×1092 毫米　1/16
印　　张　16.75
字　　数　297 千字
版　　次　2024 年 12 月第 1 版
印　　次　2024 年 12 月第 1 次
书　　号　ISBN 978-7-5760-5666-2
定　　价　70.00 元

出版人　王　焰

（如发现本版图书有印订质量问题，请寄回本社客服中心调换或电话 021-62865537 联系）

编委会

主　任
　　孟　溦　华东师范大学公共管理学院教授

执行主任
　　高恩新　华东师范大学公共管理学院教授

编　委（按姓氏拼音排序）
　　陈振明　厦门大学公共事务学院教授
　　陈志霞　华中科技大学公共管理学院教授
　　崔丽娟　华东师范大学心理与认知科学学院教授
　　丁　煌　武汉大学政治与公共管理学院教授
　　句　华　北京大学政府管理学院教授
　　柯江林　北京师范大学政府管理学院教授
　　孔繁斌　南京大学政府管理学院教授
　　刘　昕　中国人民大学公共管理学院教授
　　刘帮成　上海交大国际与公共事务学院教授
　　路锦非　华东师范大学公共管理学院教授
　　罗瑾琏　同济大学经济与管理学院教授
　　苗　青　浙江大学公共管理学院教授
　　时　勘　中国科学院大学社会与组织行为研究中心教授
　　王欢明　大连理工大学公共管理学院教授
　　王亚华　清华大学公共管理学院教授
　　吴晓林　南开大学周恩来政府管理学院教授
　　萧爱铃　香港岭南大学心理系教授
　　张书维　中山大学政治与公共事务管理学院教授
　　朱春奎　复旦大学国际关系与公共事务学院教授
　　James Perry　Professor at the Paul H. O'Neill School of Public and Environmental Affairs, Indiana University, USA

主　编

主　编
　　孟　溦　华东师范大学公共管理学院教授
副主编（执行）
　　张　冉　华东师范大学公共管理学院教授
副主编（特邀）
　　张书维　中山大学政治与公共事务管理学院教授

编辑部

主　任
　　张　冉　华东师范大学公共管理学院教授
副主任（执行）
　　曲如杰　华东师范大学公共管理学院副教授
副主任
　　陈力闻　华东师范大学公共管理学院副教授
主任助理（责任编辑）
　　范洋洋　华东师范大学公共管理学院讲师

目　录

卷首语 / 1

《行为公共管理与政策》创刊寄语
　　陈振明 / 3

研究回顾与综述 / 7

行为公共管理学：历史、现状与趋势
　　张　冉　张书维　曲如杰　陈力闻　范洋洋 / 9
中国公共部门人力资源管理研究：现状、趋势与倡议
　　刘帮成 / 39
数字领导力研究综述——基于 CiteSpace 的可视化分析
　　陈　诚　刘明莉　吕　鹏 / 58

行为洞见与公共管理实践 / 83

高等学校心理筛查与危机管理的干预研究
　　时　勘　张中奇 / 85
大鱼小池之惑：志愿者资质过剩感如何影响其志愿结果
　　苗　青　潘　超 / 103
性别代表性和感知合法性：从常态情境到危机情境的实验复制与拓展
　　张书维　张梓丙 / 128
生态环境治理中的公众合作生产行为——基于公共价值冲突与合作生产者身份的实验研究
　　王淑珍　张芳文　牛雪婷 / 156

公共部门组织与行为探究 / 181

影响政府推动公民电子参与的因素有哪些？——以上海市公务员为考察主体的探索性研究
  朱春奎　郑　栋　赵焱鑫 / 183
包容性氛围对行政机关混编混岗人员工作重塑的影响：内部人身份感知和个人—组织匹配的作用
  柯江林　吴曼莎　曹菲凡　周　璇 / 203
公务员分类管理溯源发展与行为助推策略——以检察人员分类为例
  郝玉明 / 224
驻村第一书记创新作为：内涵特征、影响因素及生成逻辑
  冯彩玲　杜晓晴 / 237

《行为公共管理与政策》征稿函 / 258

卷首语

《行为公共管理与政策》创刊寄语

随着新科技革命和新工业革命向纵深发展,科学研究的范式正在发生深刻改变,进入"融合科学"(convergence science)、"开放科学"(open science)、"第四范式"(eScience)、"第五范式"(AI for Science)的时代。社会科学则加速由专门化到整体化演进,知识产生方式由学科导向转入问题导向,学科交叉、知识融合与数智驱动成为主导性趋势。

在实践剧变、范式转移和知识迭代的新场景之下,作为一个典型的跨学科交叉学科和综合性研究领域,公共治理(公共管理与公共政策)学科面临着前所未有的挑战与机遇。《行为公共管理与政策》辑刊应运而生,它不仅承载着学界对学科前沿与知识融合的不懈追求,而且呼应政界对公共治理实践创新的深切期待,必将为公共治理的理论与实践发展注入新的活力与动力。

行为实验、模拟仿真以及因果推导是公共治理研究的一个基本途径。行为实验途径是在心理学及行为科学和实验方法基础上发展起来的,并在公共行政和公共政策等领域得到广泛的应用,催生了"行为公共管理"(Behavioral Public Administration)及"行为公共政策"的新领域。其先导是赫伯特·西蒙的"有限理性"、丹尼尔·卡尼曼的"认知偏见"、理查德·塞勒的"助推"等理论。行为公共管理是公共管理、心理学、行为科学、认知科学、脑科学、神经心理学、经济学、社会学等学科知识融合的结果,更是植根于当代公共治理实践土壤的产物。它开辟了洞察和解决复杂问题的新路径,为决策者提供明确的选择,并表明何种工具可能带来更好的社会结果。

作为一种以人为本的治理模式,行为公共管理是对传统公共管理模式局限性的反思与纠偏。传统管理模式的基本假设,无论是"经济人""社会人"还是"文化人"假设,均存在局限性和片面性。行为公共管理提出了更全面的"人"的假设,吸纳了行为科学及心理学对人性复杂性的独到见解,并将这一洞察融入政策与治理过程,力图揭开公共管理中个体与群体行为复杂性的面纱,展现其独特魅力和深邃价值。它不仅在宏观上关注治理的制度、结构和流程,更在微观上关注治理过程中人的行为,强调深刻洞察并精准触动人心,有效引导公众行为。它试图构建起一个既能洞悉个体心理细微变化又能把握群体行为趋势的综合分析框架,深化对公众需求和行为规律的理解,为制定和执行既体现人性关怀又具备前瞻性的公共政策奠定坚实的理论基础。

行为公共管理还强调实验方法、模拟仿真和因果推导的重要性。尤其是通过情境实验、调查实验和现场实验等多种研究手段,揭示人的行为本质或因果关系。这种方法论的创新,不仅提高了研究的内部效度,也增强了研究结果的外部适用性,使得研究成果能够更好地服务于政策与治理实践。数智化技术的发展则为公共管理提供了新的研究方法和分析技术。例如,"人工神经网络"和"进化计算"等具备机器学习能力的仿真模型,不仅可用于模拟行为个体的认知过程或社会群体对新环境的适应过程,而且可用于寻找复杂问题的最佳解决方案。

行为公共管理的知识已被运用于公共治理的各个领域。例如,"行为洞察"(Behavioural Insights)和"助推理论"(Nudge Theory)已被经合组织国家应用于公共政策的实践中,涵盖消费者保护、教育、能源、环境、金融、健康与安全、劳动力市场、公共服务提供、税收和电信等政策领域。

《行为公共管理与政策》的创刊,为我们构建起公共治理的一个新的"无形学院",提供了一个宝贵的学术交流平台,让学界能够分享最新的研究成果,探讨行为公共管理与政策的理论发展和实践应用;同时倾听实践者的声音,搭建学界与政界的联系桥梁,促进学术界与实务界的沟通、对话与合作。

这份新刊物也应当成为中外公共治理学术交流的窗口。一方面,要紧密跟踪国外公共治理,尤其是行为公共管理与政策的理论前沿与实践进展,引进、消化和吸收新理论、新方法和新技术;另一方面,要注重中国公共治理自主知识体系的构建,讲好公共治理的"中国故事",把中国行为公共管理研究成果呈现给世界,推动文明互鉴、智慧分享,为建设更加公正、高效、透明的全球治理及国家治理体系做出贡献。

寄望《行为公共管理与政策》能够成为学界的共同精神家园,成为一个充满活力、开放包容、不断创新的学术交流平台。期待学者们勇于破冰前行,以创新的勇气和独到的视角,以科学的态度和方法,攻克公共治理,尤其是行为公共管理的理论与实践难题,推动理论创新和知识应用,为中国行为公共管理与政策学科的发展而共同努力!

最后,预祝《行为公共管理与政策》创刊成功,办出特色,办出水平!

2024 年国庆节

研究回顾与综述

行为公共管理学：历史、现状与趋势

张 冉 张书维 曲如杰 陈力闻 范洋洋*

摘 要：进入21世纪以来，尤其近十年间，"行为革命"席卷整个社会科学界，行为公共管理在实践和学术界取得了丰硕的成果。研究者越来越多地在公共管理情境中进行随机行为干预试验研究，国内外学术期刊对发表此类研究成果的兴趣同样日益增加。尽管已有文献对行为公共管理学的来龙去脉进行过各有侧重的论述，但缺乏一个统合的处理，也无法反映该领域最新的研究进展。基于此，有必要站在学科整体的高度，对行为公共管理学的历史、现状与趋势进行一次全面系统的阐释。本研究对行为公共管理学的历史脉络与学术溯源、本土话语与国际前沿、前沿研究方法进行系统的梳理，并从议题拓展、方法兼容和扎根实践三个方面展望行为公共管理的未来研究趋势。

关键词：行为公共管理、文献综述、行为科学、公共管理

---

* 张冉，华东师范大学公共管理学院教授、博士生导师。研究方向为行为公共管理、公共部门人力资源管理、社会组织管理。
张书维，中山大学政治与公共事务管理学院教授、博士生导师。研究方向为行为公共管理、行为公共政策、行为治理。
曲如杰，华东师范大学公共管理学院副教授。研究方向为行为公共管理、公共部门人力资源管理。
陈力闻，华东师范大学公共管理学院副教授。研究方向为人力资源管理与劳动关系。
范洋洋，华东师范大学公共管理学院讲师。研究方向为行为公共管理、公共部门人力资源管理。

引言

进入 21 世纪以来,尤其近十年间,在全球跨学科与多学科研究日益受重视的背景下,"行为革命"席卷整个社会科学界。美国行为经济学家理查德·塞勒获得 2017 年诺贝尔经济学奖之后,"行为+"公共管理迎来了前所未有的发展契机。① 越来越多的学者从心理学视角来探究传统理论无法准确剖析的公共管理议题(如公共服务动机与公共组织行为、公民满意度与公民参与),实验法和测量技术等心理学研究方法亦在公共管理学界得到广泛采用。于是,行为科学与公共管理学交叉的行为公共管理学应运而生,并成为公共管理学中极具潜力的新兴分支。行为公共管理学(Behavioral Public Administration,BPA)由格里默里克休伊森等学者于 2017 年正式提出②,其标志性特征是从微观层面审视公共管理现象并特别关注政民互动行为的心理层面③。换言之,行为公共管理学借鉴心理学的研究成果,试图以一个全新的微观基础假设来建构公共管理理论体系和实践框架,将个体和群体的心理过程和行为模式视为理解公共管理复杂性现象的基本出发点。这有利于消除公共管理研究中由来已久的痼疾——"宏观视野有余而微观洞察不足",夯实公共管理学宏观理论的微观基础④。

尽管已有文献对行为公共管理学的来龙去脉进行过各有侧重的论述,但缺乏一个统合的处理,也无法反映该领域最新的研究进展。基于此,有必要站在学科整体的高度,对行为公共管理学的过去、现在与未来进行一次全面系统的阐释。本文内容安排如下。第一节梳理行为公共管理学的历史脉络与学术溯源,揭示其酝酿过程,行为公共管理学虽然只有短暂的历史,但它拥有漫长的过去。第二节从本土话语和国际前沿两个角度,展示行为公共管理学的主要研究内容。第三节介绍行为公共管理学的研究

---

① BATTAGLIO R P, BELARDINELLI P, BELLÉ N, et al. Behavioral public administration ad fontes: a synthesis of research on bounded rationality, cognitive biases, and nudging in public organizations[J]. Public administration review, 2019, 79(3): 304-320.
② GRIMMELIKHUIJSEN S, JILKE S, OLSEN A L, et al. Behavioral public administration: combining insights from public administration and psychology[J]. public administration review, 2017, 77(1): 45-56.
③ BERTELLI A M, RICCUCCI N M. What is behavioral public administration good for? [J]. Public administration review, 2022, 82(1): 179-183.
④ 张书维,李纾. 行为公共管理学探新:内容、方法与趋势[J]. 公共行政评论, 2018, 11(1): 7-36.

方法,限于篇幅,聚焦实验法。在前三节的基础上,第四节从议题拓展、方法兼容和扎根实践三个方面,展望行为公共管理的未来研究趋势。

一、行为公共管理学的历史脉络与学术溯源

行为公共管理学的正式确立不足十年,但将心理学理论与方法应用于公共管理学这一做法却有较长的历史,远早于"行为公共管理"学术称谓的普遍使用[①]。追溯学科渊源,当前公共管理学界的"行为革命"源于20世纪二战期间兴起的跨学科运动[②],该运动强调以"方法迁移""概念整合"来跨越学科边界束缚,弥合学科间的知识割裂。例如,维也纳学派秉持逻辑实证主义理念,致力于将自然科学研究成果引入哲学学科的探讨与思考。于是,在跨学科运动的有力驱动下,公共管理学界的一股学术新潮在暗中涌动。与此同时,以个体和群体行为规律为主要研究内容的行为科学于20世纪40—50年代在西方学界快速兴起,为行为公共管理学奠定了学科基础。西蒙和瓦尔多等著名学者率先呼吁在公共行政与心理学领域间寻求更深层次的互动与融合。特别是以跨学科研究和决策理论蜚声学界的西蒙在其经典之作《行政行为》中将行为革命引入行政学界,倡导应用自然科学方法来研究人类行为。[③] 即便是在决策过程、民主等议题上与西蒙存有诸多观点分歧的著名政治学家罗伯特·达尔也明确指出,"公共行政科学必须建立在对公共行政边界范围内人类行为的深刻理解之上"[④]。遗憾的是,20世纪的学科间边界仍较为严格,公共管理学尚主要依托政治学、法学和经济学等传统社会学科,心理学和其他自然科学的融合度不足,行为公共管理学的发展更多表现为实证方法层面的"实验转向",而非理论内核层面的"行为取向"。在相当长的一段时期内,公共管理学界仍对心理学理论和方法的应用持有保留态度[⑤],行为公共

[①] HASSAN, SHAHIDUL, BRADLEY E. Old wine in a new bottle? reflections on the behavioral public administration movement[J]. Public administration review, 2020, 80(1): 163 - 167.

[②] KLEIN J T. Interdisciplinarity: history, theory, and practice[M]. Detroit: Wayne State University Press, 1990: 24 - 25.

[③] SIMON H A. Administrative behavior[M]. 2nd ed. New York: Macmillan Publishers, 1957.

[④] DAHL R A. The science of public administration: three problems[J]. Public administration review, 1947, 7(1): 1 - 11.

[⑤] JONES B D. Bounded rationality and political science: lessons from public administration and public policy[J]. Journal of public administration research and theory, 2003, 13(4): 395 - 412.

管理学历经了逾半个世纪的漫长酝酿期。

在学科积淀期间,行为经济学为行为公共管理学的生发提供了宝贵的学科范式和探路指引。作为经济学分支中的后辈,行为经济学的发展可追溯至20世纪70年代,以卡尼曼和塞勒为代表的经济学家开始质疑传统经济学"完全理性人"假设,力图将西蒙的"有限理性"概念引入经济学分析框架。这一主张与新古典经济学的基本假设大相径庭,导致行为经济学一度被占据主流地位的新古典经济学边缘化。此后,随着理性人模型在解释及应对经济实践问题时暴露的局限性越来越多,行为经济学才逐渐赢得了经济学界的广泛认可[1],相关学者三次获得诺贝尔经济学奖(2002年、2012年和2017年),行为经济学无疑已成为经济学分支中的显学。

作为跨学科运用的典范,行为经济学演进的成功经验进一步激励着公共管理学与行为学科的深度交叉与融合。甚至有学者指出,行为公共管理学本质上就是行为经济学与公共管理学交叉融合的学科[2]。行为经济学发展历经新古典经济学的长期排斥后才逐渐获得学界的广泛接纳。于2017年方正式诞生的行为公共管理学在公共管理学界的演进则比较顺利[3],正以一个独立的公共管理学科分支"模样"快速兴起,并由酝酿期走向创建期[4]。究其原因,这与公共管理学的学科属性及现实条件密不可分。一方面,公共管理学具有典型的实用主义倾向。作为一个实践性较强的学科,公共管理学偏好那些能够提高政策效果和公共管理效率的理论和方法。基于经济人或政治人假设的传统模型难以应对新的公共管理实践问题(如政策执行困难,公众参与不足),客观上需要重新检视立论的实证基础,亟须新的理论视角和研究方法来解决。杨开峰指出,国际公共管理学界向来具有典型的"拿来主义"特征。[5] 通过引入心理学的原理和方法,行为公共管理学有助于解决公共管理实际问题而易被学者接受。另一方

---

[1] 那艺,贺京同. 行为经济学的兴起及其与新古典经济学关系的演变[J]. 中国社会科学,2019(5):60-77.

[2] KASDAN D O. Toward a theory of behavioral public administration[J]. International review of administrative sciences, 2020, 86(4): 605-621.

[3] 邓崧. 差异与互适:行为公共管理的演进脉络[J]. 广州大学学报(社会科学版),2020,19(6):118-125.

[4] 张书维,郭晟豪. 行为公共管理研究中的公共组织行为问题:最新代表性研究及探讨[J]. 公共管理评论,2021,3(3):160-184.

[5] 王永贵,汪寿阳,吴照云,等. 深入贯彻落实习近平总书记在哲学社会科学工作座谈会上的重要讲话精神加快构建中国特色管理学体系[J]. 管理世界,2021,37(6):1-35.

面,公共管理学本身具有较强的跨学科属性①。对公共管理学科而言,虽存在学科边界不清以及统一研究范式缺乏的局限,但也表明该学科具有较强的包容性,对增益学科发展的知识体系持有较高的开放度,这为行为公共管理学的生发提供了良好的学科土壤。特别是,近十年心理学、认知科学、神经科学等自然科学领域新的研究成果不断涌现,为重构公共管理学的实证基础提供了可行条件。

伴随着行为科学在公共管理学中的加速融合,公共管理学界中行为导向的"革命"趋势愈发显著,学术成果层出不穷,学术平台和学术共同体呈现出蓬勃发展的态势。《公共行政研究与理论杂志》(*Journal of Public Administration Research and Theory*)、《公共行政》(*Public Administration*)、《公共行政评论》(*Public Administration Review*)以及《公共行政评论》《中国行政管理》《公共管理评论》等国内外公共管理学权威期刊相继开设了行为公共管理学专栏,充分彰显了该领域的研究热度;《行为科学与政策》(*Behavioral Science & Policy*)、《行为公共政策》(*Behavioral Public Policy*)、《行为公共管理》(*Journal of Behavioral Public Administration*)等三份行为公共管理学专业期刊于近十年间陆续问世,进一步凸显着该领域学术研究的专业化与国际化。尤其值得一提的是,2024年华东师范大学创办了国内首个致力于行为科学在公共管理学领域应用的学术辑刊《行为公共管理与政策》,填补了国内该领域的空白,为本土学者提供了宝贵的成果交流平台与学术阵地。此外,一些聚焦于行为公共管理学的学术机构和学术共同体相继成立。如2024年中山大学、山东大学、华东师范大学等中国七所高校共同发起成立的"行为公共管理联盟",标志着该领域学术合作的深化与拓展。

值得注意的是,鉴于公共管理学长期陷入"身份危机"和"学科边界"的困境,作为公共管理学与行为科学深度融合与交互的产物,行为公共管理学自诞生之初便不可避免地面临着学科归属的争议,即隶属于心理学还是公共管理学。一些学者强调行为公共管理学应坚持公共管理的底色②,明确指出行为公共管理学为公共管理学下属的一个跨学科分支,并将二者间的关系类比为政治心理学与政治学、行为经济学与经济学之间的关系③。并

---

① CALLAHAN R F. Book review: public administration: the interdisciplinary study of government [J]. The American review of public administration,2013,43(2):243-245.
② 张书维,刘星. 行为公共管理研究的主题、方法与反思——基于2016—2021年SSCI/CSSCI来源期刊及JBPA相关文献的分析[J]. 华东理工大学学报(社会科学版),2022,37(5):37-62.
③ GRIMMELIKHUIJSEN S, JILKE S, OLSEN A L, et al. Behavioral public administration: combining insights from public administration and psychology[J]. Public administration review, 2017, 77(1):45-56.

且,一个研究子领域的存在与否不能主要依据其使用实验或其他研究方法来进行判定①。"实验转向"并不能使行为公共管理学真正成为公共管理学科的一个独立学科分支,其还需在理论硬核、方法论和实践性等方面形成自己独有的范式。学界亟须进一步推动公共管理与心理学之间的深度对话与融合,以构建一个行为公共管理学的次级学科领域②。

无论其当前是否已发展成为一个独立的公共管理学科分支,不可否认的是,行为公共管理学正在掀起的"行为革命"为公共管理学研究提供了基于微观基础、务实求真的新思路,彰显出其不可忽视的学科价值。在追求"致广大"的征途中,公共管理学或多或少地简化,乃至摒弃了对人性深层次问题的关照。行为公共管理将人视作兼具理性与非理性特质的复杂"心理人",由此构建属于自身独有的微观理论基础③。可以说,行为公共管理学倡导在公共行政与政策设计中充分考虑人的行为特点和心理因素,进一步提升了公共管理的人文关怀和亲和力;它既是对西蒙"管理科学"思想的传承与发展,同时在价值导向上也力图体现瓦尔多坚持的公共情怀④。基于实验设计等心理学方法的积极运用,公共管理学能够更好地面对并解决变量间的内生性和同时性问题⑤,从而帮助研究者模拟或观察真实世界中的公共管理实践,打开公共管理"黑箱"。更为重要的是,行为公共管理学的发展将助推公共管理学地位的提升。从学科演进角度看,公共管理学更倾向于知识"引进"而非"输出",从而在学科思想市场竞争中处于弱势⑥。这种知识流动的不平衡,削弱了公共管理学在跨学科交流中的话语权和影响力。行为公共管理学的发展,有助于减少公共管理学与其他学科知识互动中的

---

① BERTELLI A M, RICCUCCI N M. What is behavioral public administration good for? [J]. Public administration review, 2022, 82(1): 179 - 183.
② GRIMMELIKHUIJSEN S, JILKE S, OLSEN A L, et al. Behavioral public administration: combining insights from public administration and psychology[J]. Public administration review, 2017, 77(1): 45 - 56.
③ 李德国,甘巧婷,蔡晶晶. 行为公共管理学的理论溯源、实践议题与本土展望[J]. 上海行政学院学报,2021,22(2): 36 - 45.
④ 张书维. 专栏导语:行为公共管理学:用"心"求"理"[J]. 公共行政评论,2018,11(1): 1 - 6.
⑤ BOUWMAN R, GRIMMELIKHUIJSEN S. Experimental public administration from 1992 to 2014: a systematic literature review and ways forward [J]. International journal of public sector management, 2016, 29(2): 110 - 131.
⑥ MOYNIHAN D P, VANDERABEELE W, BLOM-HANSEN J. Debate: advancing public service motivation research[J]. Public money & management, 2013, 33(4): 288 - 289.

"贸易逆差"①。心理学被誉为自然科学与人文社会科学的枢纽,因此,融合心理学的行为公共管理学助推公共管理学与那些行为科学应用早已广泛的政治学、经济学等优势学科的对话,丰富公共管理学的理论体系,进而提升公共管理学的学科地位。

当前,在全球公共管理学科体系中,行为公共管理学作为一个新兴的学科分支,正以其特有的学术魅力异军突起,已然从初期的萌芽阶段迈入快速发展的轨道。尤其是在处于社会转型期的中国,面对独特的文化背景和社会结构,以及复杂多变的公共治理环境和多样化的公共管理问题,将行为公共管理学纳入中国公共管理学的自主知识体系显得尤为迫切且必要。在百年未遇之大变局的背景下,行为公共管理学凭借其独特的跨学科视角、精细化的研究方法和应对复杂问题的"以小博大",正迅速成为公共管理学的研究热点,有望在公共管理领域发挥更为深远的影响,为提升公共管理的科学性和人文关怀做出更加积极的贡献。

二、行为公共管理前沿研究内容

(一) 研究内容中的本土话语

近年来,通过对公民行为、组织行为与领导行为以及公共治理中的行为科学应用的探讨,行为公共管理领域取得了显著的发展。公民行为受助推、透明度和参与机制的影响显著,组织行为与领导行为在提高公共部门的效率和创新能力中扮演了重要角色,而行为科学的应用则为复杂问题的协同治理、危机管理和数据驱动的精准治理提供了理论支持。

1. 公民行为与公共管理的互动

公共管理不仅是政策的执行过程,它还直接影响公民的态度、决策和行为。近年来,来自本土的研究聚焦于通过行为干预和制度设计优化来影响公民行为,增强政府的治理效果。行为公共管理领域的快速发展,揭示了行为科学在政策执行和公共服务中的巨大潜力,特别是在影响公民日常决策和参与公共事务方面。

一是政策设计中的助推与行为引导。助推理论(Nudge Theory)已成为优化政策

---

① BATTAGLIO R P, BELARDINELLI P, BELLÉ N, et al. Behavioral public administration ad fontes: a synthesis of research on bounded rationality, cognitive biases, and nudging in public organizations[J]. Public administration review, 2019, 79(3): 304-320.

设计的关键工具。通过不剥夺公民选择权的方式,助推可以引导公民做出更符合社会公共利益的决策。其背后的逻辑在于,通过设置环境和框架条件,公民在不知不觉中受到引导,而不感受到外部的强制。例如,在公共健康领域,研究表明,通过设置默认选项和提供描述性规范的方式推广疫苗接种,能够显著提高疫苗接种率①。默认选项给公民提供了一种"容易的选择",减少了他们在复杂决策中的顾虑和犹豫;描述性规范则为个体提供了特定情境下哪些行为是最流行和最容易预期的社会信息。同样地,助推策略在环境保护领域也显示出显著成效。通过将节能设备设置为默认选项或者将大多数人的环保选择作为参考,公民节能行为的普及率得到了明显的提升②。这些"软性"干预措施的优势在于,政府无须强制执行,公民在保留选择权的前提下仍然能被引导做出更有利于公共利益的选择。此外,助推策略的应用还在交通管理、食品安全和垃圾分类等方面得到推广,③有效增强公共管理的执行效果,减小政策实施阻力。

二是政府透明度与公民信任的提升。研究表明,政府的透明度与公民的信任感密切相关。提高政务公开、财政透明度和政策决策过程的公开,不仅能够提升政府的公信力,还可以增强公民对政策执行的信任。④ 这种信息透明度的提升,不仅让公民能够更好地理解政府的决策过程,还增加了对政策执行结果的信任,从而促进了政策的合法性和可持续性。更进一步地,学者研究发现政府不同的数据呈现方式影响公众的参与意愿及其对政府的信任;政府分别采用可视化和社会比较方式呈现数据能够提升公众对政府活动的参与,进而增强公众对政府的信任。⑤ 此外,政府透明度还可以有效减少腐败的发生率。研究显示,当公民能够更好地监督政府行为时,腐败现象会明显减少。这不仅有助于提升政府的治理能力,还有助于进一步增强政府与公民之间的互动与信任。透明度的提升,使得政府的决策更加公开、公正,有助于增强政策的实施效果,并减少公民对政府的不满情绪,进而有利于社会稳定。

---

① 汪彦,魏雨捷,张书维. 描述性规范对流感疫苗接种意愿的影响:风险感知的中介和参照群体的调节[J]. 公共管理评论,2023,5(2):138-161.
② 赵宁,刘鑫,李纾,等. 默认选项设置的助推效果:来自元分析的证据[J]. 心理科学进展,2022,30(6):1230-1241.
③ 果佳,周磊,郭跃. 公众交通合规意愿的政策干预效果:基于北京市行人违章治理的分析[J]. 公共行政评论,2021,14(4):105-118+198-199.
④ 李晓倩. 行为公共管理学实验:基于 SSCI 期刊(1978—2016)相关文献的分析. 公共行政评论,2018,11(1):37-61.
⑤ 何文盛,何忍星. 数据呈现方式、公众参与和政府信任:一项调查实验[J]. 公共管理与政策评论,2023,12(6):17-30.

三是公民参与对公共服务满意度的影响。公民参与是提升公共服务质量的重要途径,也是增强政策合法性的关键因素①。通过公民咨询、公众讨论会和在线意见征集,政府能够更好地理解公众需求,并调整公共服务的内容和方式。这不仅使政策更加贴近实际需求,还显著提升了公共服务的满意度。在城市治理中,居民参与的社区项目为公民提供了直接参与决策的机会,使得政策设计能够反映实际需求。例如,在社区改造、城市绿化和交通规划等项目中,居民的直接参与提升了他们对政策的认同感,并使公共服务的质量得到显著改善②。此外,研究表明,公民参与的广泛性与其对政策执行的支持度呈正相关,通过增加公民的参与渠道,能够有效增强政策执行的合法性和公众支持力度③。此外,也有学者系统阐述了行政负担在公民与政府互动过程中摩擦成本④。

2. 组织与领导行为在公共部门中的作用

在公共部门中,领导行为、职工激励机制、组织文化和公共服务动机决定了组织绩效的高低。变革型领导、激励措施以及组织文化不仅能够提升公共部门的效能,还能够激发职工的工作动能和创新能力。

一是多重因素对公职人员及组织绩效的影响。学者们探讨了个体、情境等多方面因素对公职人员及组织绩效的影响。个体因素方面,研究发现职工的内在动机能够促进组织成员对公共服务目标的认同,从而提升整体绩效。强烈的角色认同感能够激发干部的主动性和责任感⑤。还有学者从公务员一元思维模式的角度探讨了个体认知对行为的影响,进一步加深了我们对组织情境下公务员行为复杂性的理解⑥。同时,研究表明,基层公务员的创新行为是应对行政任务动态变化的关键因素,个体的创新

---

① 王学军,李航宇. 公众参与合作生产的动机图谱及其影响——价值共创视角下的混合研究[J]. 公共行政评论,2023,16(2):4-21.
② 刘晔,魏纯. 城市基层政府公共服务公民满意度影响因素研究[J]. 复旦公共行政评论,2023(2):198-223.
③ 刘晔,魏纯. 城市基层政府公共服务公民满意度影响因素研究[J]. 复旦公共行政评论,2023(2):198-223.
④ 朱春奎,童佩珊. 公共管理领域中的行政负担研究进展与展望[J]. 公共行政评论,2023,16(5):158-177.
⑤ 郭晟豪. 基层干部的担当作为:基于角色认同中介的动机与行为关系研究[J]. 公共管理与政策评论,2021,10(1):67-80.
⑥ 张书维,秦泉童,汪彦. 基层公务员一元思维方式及其影响机制——一个理论分析框架[J]. 北京行政学院学报,2024(2):119-128.

动机能够推动政策有效执行和公共服务质量提升①。情境因素同样对公职人员及组织绩效有显著影响。政绩考核、工作任务对基层党政干部行政动力呈非对称倒 U 型激励②。公共领导是嵌入复杂治理体系中的机制,涉及政治引领、组织管理和资源动员③。此外,组织文化在塑造职工行为和提升组织绩效中也发挥着重要作用。通过营造尊重、信任和合作的文化氛围,领导者能够激发职工的工作动能,促进创新。研究表明,支持性的组织文化能够鼓励职工提出创新性建议,推动组织内部的变革和创新④。在绩效信息管理中,负面反馈往往推动组织采取更为保守的策略,而正向反馈则激励风险承担与创新决策。

二是干部激励与工作动能的提升。干部的激励机制直接影响到职工的工作积极性和创新能力。科学合理的晋升机制、绩效考核等激励手段能够显著提升干部的工作表现。例如,透明的晋升机制能够减少工作中的不公平感,增加干部的工作满意度和创新动能。通过优化晋升体系和绩效评估制度,政府能够激发基层干部的责任感,促使其更加积极地参与政策实施与改革创新⑤。研究显示,当干部的工作表现与晋升机会和绩效评估挂钩时,干部在工作中表现出更高的主动性和责任感。尤其是在基层治理中,合理的激励机制能够有效增强干部的创新意识,进而提高政策执行的效率。学者们还关注声誉在公共管理中的软性激励机制,包括其对组织行为、决策过程和社会信任的影响⑥。这些研究共同表明,声誉机制在公共组织中发挥了重要作用,能够在物质奖励有限的情况下提升组织的运行效率并增强官员的责任感。

---

① 谭新雨,刘帮成. 基层公务员创新何以提升"放管服"改革成效?——基于组织学视角的逻辑解释[J]. 中国行政管理,2020(3):83-91.
② 范柏乃,盛中华. 新时代我国基层党政干部行政动力的实际测度及激励机制研究——职业理想的中介作用和晋升前景的调节效应[J]. 管理世界,2022,38(1):118-128.
③ 包国宪,张弘. 政府绩效治理中的协同领导体系构建:超越个体层面的公共领导新发展[J]. 行政论坛,2020,27(3):97-104.
④ 朱凌. 绩效差距和管理决策:前沿理论与定量研究评论[J]. 公共管理与政策评论,2019,8(6):3-13.
⑤ 范柏乃,盛中华. 新时代我国基层党政干部行政动力的实际测度及激励机制研究——职业理想的中介作用和晋升前景的调节效应[J]. 管理世界,2022,38(1):118-138.
⑥ 参见刘小曼,常永华. 公共管理中声誉对官员和组织发展的助推效用[J]. 甘肃社会科学,2021(5):169-177. 陈思丞,张征宇. 公共部门组织声誉研究前沿:最新代表性研究及探讨[J]. 公共管理评论,2023,5(1):184-199. 张正军. 公共管理行为调控中的声誉机制[J]. 社会科学文摘,2021(10):37-39。

三是公共服务动机的作用。公共服务动机（Public Service Motivation，PSM）是影响公共部门职工工作动能和绩效的关键因素①。研究表明，公共部门职工较高的公共服务动机会推动他们更积极地为公共利益工作，提升组织绩效。拥有较强公共服务动机的职工表现出更高的责任感和工作热情，尤其是在基层公务员中，这种动机显得尤为重要。近年来的研究指出，公共服务动机与职工的组织承诺、绩效之间存在显著的正相关关系②。公共服务动机会增强职工的责任感，促使他们在工作中表现出更高的职业道德，并推动政策的高效执行。例如，变革型领导通过强调公共服务的价值，可以进一步激发职工的公共服务动机，增强他们在公共服务中的奉献精神③。此外，公共服务动机的激发对组织的创新能力和社会责任感也有积极作用。通过引导职工将个人目标与公共利益结合，公共服务动机能够推动职工参与社会公益和社区服务，提升公共部门的社会责任感，增强政策的合法性和公共服务的满意度。当然，公共服务动机也存在副作用，值得关注④。

3. 行为科学在公共治理中的应用

行为科学的理论和方法在公共治理中的应用，为政策制定和实施提供了新的工具，尤其是在应对复杂的社会问题、提升公共服务效率方面，行为科学的作用越来越显著。通过将行为经济学、心理学等领域的研究成果应用于政策设计，政府能够更好地理解公民行为，并优化公共服务的提供方式。

一是协同治理与复杂性应对。行为科学的理论和方法为协同治理注入了新的活力，尤其在应对跨部门、跨领域的复杂问题时展现出显著成效。通过引入行为经济学中的激励机制和心理学的群体行为引导，协同治理相关研究在理解、激励和引导多方行为方面得到了增强，从而优化了政策的执行力和协作效果⑤。在环境保护、城市管

---

① 刘帮成.中国场景下的公共服务动机研究：一个系统文献综述[J].公共管理与政策评论，2019,8(5)：3-17.
② 参见元帅，陈志霞，郭金元.公共服务动机对基层公务员主动性行为的影响研究[J].公共管理与政策评论，2022,11(3)：52-63.文博，陶磊.中国情境下公共服务动机的理论构建与绩效转换机制[J].心理科学进展，2022,30(2)：239-254。
③ 葛蕾蕾.变革型领导对公务员工作态度的影响——公共服务动机的中介效应研究[J].烟台大学学报(哲学社会科学版)，2016,29(3)：111-120.
④ 张书维，张晓会，秦枭童，等.公共服务动机的副作用：文献评述与机制探究[J].公共行政评论，2024,17(3)：175-194+200.
⑤ 郭跃，何林晟，苏竣."工具-叙事-反馈"：一个行为公共政策的研究框架[J].中国行政管理，2020(5)：71-78.

理和公共健康等领域,行为科学的助推策略、社会规范引导和公共承诺机制成为推动多方合作的有效工具。例如,研究表明,助推策略通过调整政策设计或默认选择,能够在不限制公民选择的情况下鼓励更环保的行为选择;且公共承诺机制有助于各方在合作中承担责任,增强政策执行的稳定性[①]。行为科学在协同治理中的应用也在资源整合、政策一致性和公众参与等方面取得显著成效,通过引导公众行为和强化多方协作,提升了公共服务质量和政策的社会信任度[②]。

二是危机管理中的响应与合作。危机管理是政府应对突发事件的关键领域。无论是公共卫生事件还是自然灾害,政府的应急响应能力都是保障公共安全的重要因素。通过与社会组织合作,政府能够更快地做出反应,并提高危机中的应对能力。例如,在疫情防控过程中,政府通过与非政府组织、医疗机构的合作,有效地改善了防控措施的执行效果,减少了公众的恐慌情绪。信息公开在危机管理中也扮演着至关重要的角色。多方协作和信息公开的结合,使得政府在应对危机时更加高效,政策执行更加顺畅。另外,研究发现,在公共危机情境下,"柔性治理"政策工具对数字治理民众支持度具有显著作用,"柔性治理"政策工具可以有效调节数字鸿沟对数字治理民众支持度的影响。此外,有学者关注集群行为的演化分析[③],指出信息传播网络的结构不仅影响行为的传播速度,还塑造了集群行为的治理模式。值得一提的是,行为科学在应急管理中的应用已经催生出"行为应急管理"这一新兴交叉领域——将行为科学的理论、工具与应急管理的实践相结合,旨在建构基于"行为"的应急管理模式[④]。

随着社会环境的不断变化,行为公共管理研究将继续为政策创新与公共服务优化提供理论依据和实践指导,为推动公共管理实践的现代化发展做出重要贡献。

---

① 参见张乾友."顾客导向"的生成与政府行为转向[J]. 探索,2021(2):50-60. 刘晔,魏纯. 城市基层政府公共服务公民满意度影响因素研究[J]. 复旦公共行政评论,2023(2):198-223.
② 参见王学军,李航宇. 公众参与合作生产的动机图谱及其影响——价值共创视角下的混合研究[J]. 公共行政评论,2023,16(2):4-24+196. 陈应武,李南枢. 复杂社会下智慧城市协同治理的逻辑与路径[J]. 贵州社会科学,2024(5):119-126.
③ 何晓晨,杜海峰,王洋,等. 人际互动作用下集群行为的演化逻辑与治理[J]. 西安交通大学学报(社会科学版),2023,43(6):178-187.
④ 参见张书维,石力文. 行为应急管理视角下应对重大突发公共卫生事件的行为策略——以西方国家为例[J]. 电子科技大学学报(社科版),2024,26(2):15-27. 林雪,陈钰雯. 风险灾害危机连续统中的行为应急管理研究[J]. 广州大学学报(社会科学版),2024,23(4):34-50.

（二）研究内容中的国际前沿

近年来，行为公共管理成为公共管理领域的研究热点。巴塔利奥等人系统地回顾了公共行政学科中受行为科学启发的109篇文章，对2018年以前的行为公共管理的理论溯源和实践行为策略进行了系统的总结①。近五年来，该领域的研究呈现出蓬勃发展之势。通过系统梳理并结合行为公共管理的最新研究趋势，总结提炼了行为公共管理国际前沿。通过将行为科学的理论与方法应用于公共管理与政策研究，研究者们探索了行为干预、认知偏差、问责机制、行政负担与公民信任等方面的问题，为公共管理实践提供了新的洞见。

1. 行为干预与公共政策执行

行为公共管理研究领域强调利用行为干预，如"助推"（nudge）策略，来影响公民行为，改善公共政策的执行效果②。近年来的研究涵盖了行为干预对公共政策共制③、公众参与④以及健康行为⑤的影响。行为公共管理领域的学者通过实验证明，助推策略⑥（如社会规范助推、损失规避助推）在提高公民对公共政策的参与度方面具有显著效果。研究表明，在COVID-19疫情期间，通过双向风险沟通和助推干预，政府可以提高公民对防疫政策的遵守意愿⑦。相关研究分析了不同助推策略对公民参与自然

---

① BATTAGLIO R P, BELARDINELLI P, BELLÉ N, et al. Behavioral public administration ad fontes: a synthesis of research on bounded rationality, cognitive biases, and nudging in public organizations[J]. Public administration review, 2019, 79(3): 304-320.

② 参见BATTAGLIO R P, BELARDINELLI P, BELLÉ N, et al. Behavioral public administration ad fontes: a synthesis of research on bounded rationality, cognitive biases, and nudging in public organizations[J]. Public administration review, 2019, 79(3): 304-320. KASDAN D O. Toward a theory of behavioral public administration [J]. International review of administrative sciences, 2020, 86(4): 605-621。

③ EWERT B, LOER K, THOMANN E. Beyond nudge: advancing the state-of-the-art of behavioural public policy and administration[J]. Policy and politics, 2021, 49(1): 3-23.

④ CHRISTENSEN J, JAMES O. Reporting multiple dimensions of public service performance: information order effects on citizens' willingness to use services[J]. Public management review, 2022, 24(1): 142-157.

⑤ YU L, XIA Z. The impact of china's endowment insurance system on health behavior[J]. Journal of chinese governance, 2024, 9(2): 279-302.

⑥ WEIMER D L. When are nudges desirable? benefit validity when preferences are not consistently revealed[J]. Public administration review, 2020, 80(1): 118-126.

⑦ FARROW K, GROLLEAU G, MZOUGHI N. Harnessing the power of words to address the covid-19 crisis[J]. Administration & society, 2023, 55(2): 294-307.

灾害防御和器官捐献等公共政策的影响,为政策制定者设计有效的公众参与工具提供了宝贵的参考①。行为干预不仅局限于公民个体层面,还包括政府内部的组织行为和政策设计。助推策略不仅在健康行为、环境政策等领域有效,还可以在公共部门的绩效管理中发挥作用。例如,研究发现,助推策略可以提高政府机构在应对自然灾害、公共健康和社会福利方面的政策效果,揭示了行为干预在公共管理中的广泛应用前景②。

2. 问责机制与公共组织行为

问责(accountability)是管理研究中的热点议题,众多文献集中在组织问责机制中进行探讨③。然而,只有当个体相信他们将来会被追究责任时,问责机制才能正常运作。伴随着行为公共管理的发展,感知问责成为时下研究的热点议题④。该领域研究问责机制与公共组织中公务员行为之间的联系,特别关注问责机制对决策、风险管理和道德行为的影响。例如,相关研究探讨了感知问责(felt accountability)和关系问责(relational accountability)对公务员决策行为的影响⑤,分析了公共组织中的问责动态与绩效评估机制⑥。在公共管理中,问责机制与组织行为之间的关系是一个长期受到关注的研究领域。近年来,研究进一步揭示了问责机制如何影响公务员的决策行为和组织绩效。例如,有研究探讨了问责标准的具体化程度如何影响公务员在公共政策实施过程中的决策行为,并发现具体标准的问责对决策过程的影响具

---

① DVIR R. Nudging citizen's co-production: assessing multiple behavioral strategies [J/OL]. Policy sciences. (2024-01-25) [2024-11-17]. https://doi.org/10.1007/s11077-024-09546-5.

② KASDAN D O. Nudging the neoliberal agenda: administrative opportunities in the deregulated state [J]. Public administration review, 2019, 79(3): 439-442.

③ PÉREZ-DURÁN I. Twenty-five years of accountability research in public administration: authorship, themes, methods, and future trends [J]. International review of administrative sciences, 2024, 90(3): 546-562.

④ 参见 FAN Y. Accountability in public organization: a systematic literature review and future research agenda [J/OL]. Public organization review. (2024-08-30) [2024-10-10]. https://doi.org/10.1007/s11115-024-00792-y. LAKOMA K. A comparative study of governance changes on the perceptions of accountability in fire and rescue services in England [J]. Public administration, 2024, 102(1): 3-20。

⑤ OVERMAN S, SCHILLEMANS T, GRIMMELIKHUIJSEN S. A validated measurement for felt relational accountability in the public sector: gauging the account holder's legitimacy and expertise [J]. Public management review, 2021, 23(12): 1748-1767.

⑥ ZARYCHTA A, GRILLOS T, ANDERSSON K P. Accountability and effort among street-level bureaucrats: evidence from a lab-in-the-field experiment [J]. International public management journal, 2022, 25(6): 916-938.

有不确定性①。学者们还关注了感知问责对公务员和领导行为的影响。例如,研究发现,在街头官僚制中,领导者对公共价值的承诺与组织内员工的行为和心理状态息息相关,问责机制的设计对组织行为产生深远影响②。

3. 认知偏差与公共绩效管理

诺贝尔经济学奖得主丹尼尔·卡尼曼有关认知偏差(Cognitive Bias)的研究揭示了人们在做出艰难决定时采用的一系列启发式方法,以及一系列系统地将个体引入歧途的认知偏见③。近年来,认知偏差在公共管理决策中的作用受到越来越多的关注。近五年来,行为公共管理研究据此关注了认知偏差(如框架效应和动机推理)如何影响公共管理者和政策制定者的决策过程。研究内容包括认知偏差对招聘决策、政策执行、风险感知和绩效信息处理的影响,重点在于这些偏差如何在不同行政环境中影响公共服务人员的选择和行为④。既有研究分析了政客对财政状况的认知受到党派倾向和职位级别的影响,揭示了认知偏差在公共行政中的作用⑤。关于公共人力资源管理的研究发现,社会压力、锚定效应等偏差在评估和决策过程中对决策者产生了显著影响⑥。此外,研究还表明,认知偏差不仅影响个体决策,还影响组织层面的绩效管理和政策执行。例如,一项关于韩国公共部门绩效反馈的研究揭示了组织对绩效

---

① PEETERS R, CAMPOS S A. Street-level bureaucracy in weak state institutions: a systematic review of the literature[J]. International review of administrative sciences, 2023, 89(4): 977–995.

② OVERMAN S, SCHILLEMANS T, GRIMMELIKHUIJSEN S. A validated measurement for felt relational accountability in the public sector: gauging the account holder's legitimacy and expertise [J]. Public management review, 2021, 23(12): 1748–1767.

③ CANTARELLI P, BELLE N, BELARDINELLI P. Behavioral public HR: experimental evidence on cognitive biases and debiasing interventions[J]. Review of public personnel administration, 2020, 40(1): 56–81.

④ ROBERTS P S, WERNSTEDT K. Decision biases and heuristics among emergency managers: just like the public they manage for? [J]. American review of public administration, 2019, 49(3): 292–308. LIU B, QIN Z, ZHANG J. The effect of psychological bias on public officials' attitudes towards the implementation of policy instruments: evidence from survey experiments[J]. Journal of public policy, 2023, 43(2): 261–283.

⑤ ZARYCHTA A, GRILLOS T, ANDERSSON K P. Public Sector Governance Reform and the Motivation of Street-Level Bureaucrats in Developing Countries[J]. Public administration review, 2020, 80(1): 75–91.

⑥ Douglas S, Overmans T. Buyer beware! how cognitive biases can influence the hiring of consultants by public servants[J]. Public money & management, 2024: 1–6. MOSELEY A, THOMANN E. A behavioural model of heuristics and biases in frontline policy implementation[J]. Policy and politics, 2021, 49(1): 49–67.

管理的反应受制于历史和社会期望,这种反应符合行为理论的预测①。

4. 行政负担与公民-政府互动

行政负担(administrative burden)是公共管理中的一个重要议题。基于行为公共管理研究视角,该领域研究聚焦行政负担如何影响公民获取公共服务的机会,特别关注这些负担如何加剧社会不平等②。部分研究探讨了行政负担对公民与政府互动的影响,包括认知和心理因素如何影响行政负担的感知,并分析了行政负担对公民与政府互动的影响,如官僚主义对情绪的影响,以及这些情绪如何进一步影响公民对政府服务的信任和满意度③。一项基于生理测量(例如面部编码、皮肤电活动、心率)的实验室研究表明,公民与政府互动过程中行政拖延、行政负担和规则失灵的不同情况如何引发离散的情绪反应,如困惑、挫败感和愤怒④。

研究运用调查实验探讨了公民接触基于资格的项目中嵌入的行政负担信息是否以及如何影响公民对这些项目的好感度,有证据表明,接触有关行政负担的信息会提升对贫困家庭临时援助及其接受者的好感度⑤。学者们基于实地实验的证据探讨了行政负担对候选人留在招聘流程中的可能性的影响。研究表明,减少参与的摩擦成本和简化流程可以提高合规性,研究结果扩展了该领域对行政负担如何影响政府人才选拔的理解。⑥ 此外,行政负担也对公共部门机构内部的工作产生影响。例如,一项关于大学研究管理的研究指出,行政负担和"机器人官僚主义"的兴起在无意中将合规

---

① HONG S. A behavioral model of public organizations: bounded rationality, performance feedback, and negativity bias[J]. Journal of public administration research and theory, 2019, 29(1): 1−17.
② CHRISTENSEN J, AAROE L, BAEKGAARD M, et al. Human capital and administrative burden: the role of cognitive resources in citizen-state interactions[J]. Public administration review, 2020, 80(1): 127−136.
③ MOYNIHAN D P, HOPE H. Administrative burden: learning, psychological, and compliance costs in citizen-state interactions[J]. Journal of public administration research and theory, 2015, 25(1): 43−69.
④ HATTKE F, HENSEL D, KALUCZA J, et al. Does administrative burden influence public support for government programs? evidence from a survey experiment[J]. Public administration review, 2020, 80(1): 137−150.
⑤ KEISER L R, MILLER S M. Does administrative burden influence public support for government programs? evidence from a survey experiment[J]. Public administration review, 2020, 80(1): 137−150.
⑥ LINOS E, RIESCH N. Thick red tape and the thin blue line: a field study on reducing administrative burden in police recruitment[J]. Public administration review, 2020, 80(1): 92−103.

负担从管理者转移到了研究者身上,导致研究人员的负担加重①。

5. 信任、技术与公共参与

人工智能(AI)在公共管理与服务中的应用是当今世界一个新兴且至关重要的问题。近年来,行为公共管理研究开始将信任与技术的作用纳入研究范畴,且越来越多的研究开始探讨人工智能(AI)和数字技术对公民与政府互动的影响②。公民对人工智能系统的使用取决于他们对这项技术的看法。既有研究通过调查实验,分析了公民对人工智能系统的信任如何调节算法透明度和隐私关注对其遵循政府建议意愿的影响,阐明了公民认知的影响,确定了信任的作用,并探讨了公民遵循人工智能系统建议意愿的沟通策略③。基于准实验设计探讨了政府绩效与公民认知、信任、满意度之间的关系,证实了不良绩效与负面认知之间的因果关系和机制比良好绩效与正面认知之间的因果关系和机制更强,参与式治理会通过让公民参与绩效改进过程并促进他们与政府官员的互动来缓和不良绩效与负面看法之间的联系。此外,共同生产(Co-production,也称合供、合作生产)成为公民参与的一种特殊形式。学者们运用行为实验研究范式,深入探讨了内外在激励措施对公民参与共同生产意愿与行为的影响,并将信任、技术等纳入重要指标因素中④。

三、行为公共管理前沿研究方法

行为公共管理领域研究的跨学科特性赋予其方法论体系以丰富性,这一研究领域

---

① BOZEMAN B, YOUTIE J. Robotic bureaucracy: administrative burden and red tape in university research[J]. Public administration review, 2020, 80(1): 157-162.

② MCDONALD Ⅲ B D, HALL J L, O'FLYNN J, et al. The future of public administration research: an editor's perspective[J]. Public administration, 2022, 100(1): 59-71.

③ 参见 WANG Y, CHEN Y, CHIEN S. Citizens' intention to follow recommendations from a government-supported AI-enabled system[J/OL]. Public policy and administration. (2023-1-29)[2023-5-18]. https://doi.org/10.1177/09520767231176.SHINOHARA S.Bad government performance and citizens' perceptions: a quasi-experimental study of local fiscal crisis[J]. International review of administrative sciences, 2023, 89(3): 722-740.

④ 参见 LIU B, LIN S, HE S, et al. Encourage or impede? the relationship between trust in government and coproduction[J]. Public management review, 2023, 26(12), 3501-3528. LEMBER V, BRANDSEN T, TÕNURIST P. The potential impacts of digital technologies on co-production and co-creation[J]. Public management review, 2023, 21(11): 1665-1686.

的"方法宝库"涵盖了从定性分析到定量分析的多元路径,前者包括案例研究、定性访谈、关键事件分析以及调查研究等①,后者则以实验法为特色②。近年来,实验研究法在公共管理领域的应用在国内外学者中引发了广泛关注,其中基于该方法的国外研究更是呈现出迅猛增长的态势③。这一研究趋势有力地推动了行为公共管理学的兴起,而这些研究也成为行为公共管理领域研究的核心内容。尤为重要的是,由于行为公共管理领域的研究聚焦于个体层面,实验研究方法因其独特的优势——能够准确识别因果效应,深入探索个体行为机制及有效验证理论假设,已成为该领域不可或缺的研究工具④。鉴于此,本文将重点关注实验研究方法在行为公共管理研究中的应用。

运用实验方法探索公共管理相关议题的研究最初散见于与人力资源管理、政策研究相关的期刊中⑤。1992年《公共行政研究与理论杂志》在创刊之初即连续发表了多篇实验研究文章,标志着实验研究正式进入公共管理学者的视野⑥。然而,在此后相

---

① GRIMMELIKHUIJSEN S, JILKE S, OLSEN A L, et al. Behavioral public administration: combining insights from public administration and psychology[J]. Public administration review, 2017, 77(1): 45-56.

② 张书维,李纾. 行为公共管理学探新:内容、方法与趋势[J]. 公共行政评论, 2018, 11(1): 7-36.

③ 李晓倩,戴乐融,刘小雨. 实验方法在公共管理研究中应用的最新进展——基于国际期刊发表(2017—2021)的系统性文献综述[J]. 公共管理与政策评论, 2022, 11(4): 151-168.

④ 参见 BOUWMAN R, GRIMMELIKHUIJSEN S. Experimental public administration from 1992 to 2014: a systematic literature review and ways forward[J]. International journal of public sector management, 2016, 29(2): 110-131. 曹堂哲. 基于结果链的影响评估及其实验方法[J]. 公共行政评论, 2018, 11(1): 108-123. 李文钊. 因果推理中的潜在结果模型:起源、逻辑与意蕴[J]. 公共行政评论, 2018, 11(1): 124-149. JILKE S, VAN DE WALLE S, KIM S. Generating usable knowledge through an experimental approach to public administration[J]. Public administration review, 2016, 76(1): 69-72. 朱春奎. 专栏导语:公共管理研究需要强化因果推理与实地实验[J]. 公共行政评论, 2018, 11(1): 83-86。

⑤ 参见 BOZEMAN B, MCALPINE W E. Goals and bureaucratic decision-making: an experiment[J]. Human relations, 1977, 30(5): 417-429. BRETSCHNEIDER S, STRAUSSMAN J J, MULLINS D. Do revenue forecasts influence budget setting? a small group experiment[J]. Policy sciences, 1988, 21(4): 305-325. MAGAT W A, PAYNE J W, BRUCATO JR P F. How important is information format? an experimental study of home energy audit programs[J]. Journal of policy analysis and management, 2007, 6(1): 20-34。

⑥ 参见 BOZEMAN B, SCOTT P. Laboratory experiments in public policy and management[J]. Journal of public administration research and theory, 1992, 2(3): 293-313. COURHEY D H. Information credibility and choosing policy alternatives: an experimental test of cognitive-response theory[J]. Journal of public administration research and theory, 1992, 2(3): 315-331. (转下页)

当长的一段时间内,由于传统研究范式的惯性影响,公共管理领域应用实验方法的研究仍不多见。自 2010 年后,伴随着公共管理领域对心理学理论和方法的深入借鉴以及经济学领域"可信性革命"①影响,越来越多的学者呼吁在公共管理研究中使用实验方法,以回应对传统研究方法无法有效识别因果效应的质疑②。响应此趋势,《国际公共管理杂志》(*International Public Management Journal*)与 *Public Administration Review* 分别于 2015 年和 2016 年推出了实验研究专栏。国内核心期刊《公共行政评论》紧随其后,自 2015 年起,继相开设多个实验研究相关专栏,刊发了多篇公管的实验研究论文③。

当前,行为公共管理领域中应用较多的实验方法包括实验室实验(Lab Experiment)、调查实验(Survey Experiment)和实地实验(Field Experiment)。实验室实验通常利用外生性干预、随机化处理和干扰因素控制,以准确考察自变量对因变量的影响。

(接上页)LANDSBERGEN D, BOZEMAN B, BRETSCHNEIDER S. Internal rationality and the effects of perceived decision difficulty: results of a public management decision-making experiment [J]. Journal of public administration research and theory, 1992, 2(3): 247-264. WITTMER D. Ethical sensitivity and managerial decision-making: an experiment [J]. Journal of public administration research and theory, 1992, 2(4): 443-462。

① ANGRIST J D, PISCHKE J S. The credibility revolution in empirical economics: how better research design is taking the con out of econometrics[J]. Journal of economic perspectives, 2010, 24(2): 3-30.

② 参见 ANDERSON D M, EDWARDS B C. Unfulfilled promise: laboratory experiments in public management research[J]. Public management review, 2015, 17(10): 1518-1542. BLOM-HANSEN J, MORTON R, SERRITZLEW S. Experiments in public management research[J]. International public management journal, 2015, 18(2): 151-170. 代涛涛,陈志霞. 行为公共管理研究中的实验方法:类型与应用[J]. 公共行政评论,2019,12(6):166-185. HANSEN J A, TUMMERS L. A systematic review of field experiments in public administration[J]. Public administration review, 2020, 80(6): 921-931. MARGETTS H Z. Experiments for public management research[J]. Public management review, 2011, 13(2): 189-208. PERRY J L. How can we improve our science to generate more usable knowledge for public professionals? [J]. Public administration review, 2012, 72(4): 479-482。

③ 参见李文彬,沈涵,李雅婷. 客观绩效、信任度与公众满意度——基于调查-实验法的探索[J]. 公共行政评论,2019,12(4):27-43. 吴建南,刘遥. 公众如何感知公立医院和私立医院的绩效差异?——基于一项调查实验的比较研究[J]. 公共行政评论,2020,13(6):99-113+210-211. 余莎,耿曙,孔晏. 如何有效征税:来自纳税遵从实验的启发[J]. 公共行政评论,2015,8(3):151-175. 徐彪. 监管竞争能促进合作吗?——来自经典公共品实验的证据[J]. 公共行政评论,2019,12(4):5-26+189. 周佳,景怀斌. 观念形态激活对公共问题决策的影响与机制[J]. 公共行政评论,2015,8(3):126-150。

在公共管理的情境中,选择实验室实验往往是为了排除不同部门和个体在文化价值观、工作绩效和其他方面的差异对因变量的影响。早期的实验室实验主要依托博弈论与行为经济学的范式,对腐败、群体决策以及公共物品供给等公共管理的经典议题展开研究①。近年来,采用实验室实验的研究议题进一步拓宽至公民的纳税遵从;品牌化政策对政策信任的影响②,公民与国家互动中的情绪反应③、基于信息的政策工具④、公开政府数据的影响⑤等。由于实施了严密的过程管理措施,实验室实验相较于调查实验与实地实验,展现出最优的"内部效度",这意味着研究者对实验中揭示的因果关系的确认程度达到最高水平。然而,在行为公共管理领域,相较于调查实验与实地实验,实验室实验的外部效度具有一定的局限性,这具体体现在:一是实验室环境与真实环境存在显著差异,难以完全模拟现实情境的复杂性;二是参与者往往局限于学生或经过筛选的样本,可能导致的样本代表性不足,影响结果推广;三是实验设计简化及短期视角,可能忽略长期影响和现实动态性,导致评估偏差。

调查实验,亦被称为问卷实验,它依赖问卷作为媒介,向受试者施加实验性的刺激,这一过程融合了研究者控制的外部干预措施与随机分配原则。得益于其大规模的受试群体、操作上的便捷性以及成本效益,调查实验已跃升为行为公共管理领域内最受欢迎的实验设计方式之一⑥。在此类实验中,受试者通常会被随机分配到不同版本的问卷小组中。此外,部分研究还会采纳如列表实验、离散选择实验(或称联合实验)

---

① 参见 BARR A, SERRA D. Corruption and culture: an experimental analysis[J]. Journal of public economics, 2010, 94(11): 862 – 869. 马瑞,刘泽照. 公共管理实验研究:行为、功能与政策——基于CSSCI(2008—2021)的计量分析[J]. 贵州省党校学报,2022,(4): 59 – 73.
② KARENS R, ESHUIS J, KLIJN E, et al. The impact of public branding: an experimental study on the effects of branding policy on citizen trust[J]. Public administration review, 2016, 76(3): 486 – 494.
③ HATTKE F, HENSEL D, KALUCZA J. Emotional responses to bureaucratic red tape[J]. Public administration review, 2020, 80(1): 53 – 63.
④ WALKER P G, WHITTAKER A C, GHANI A C. The impact of covid-19 and strategies for mitigation and suppression in low- and middle-income countries[J]. Science, 2020, 368(6502): 413 – 422.
⑤ RUIJER E, MEIJER A. Open government data as an innovation process: lessons from a living lab experiment[J]. Public performance & management review, 2020, 43(3): 613 – 635.
⑥ 代涛涛,陈志霞. 行为公共管理研究中的实验方法:类型与应用[J]. 公共行政评论,2019, 12(6): 166 – 185.

等精细化的问卷构建策略。近年来,行为公共管理领域基于调查实验的研究涵盖了包括街头官僚的行为①,政府治理中的数字化、智能化工具使用②,社会心理背景对合作生产激励的调节作用③,启动效应与情境因素如何影响公民对公共服务满意度的回应④,行政负担影响公众对政府项目支持度,公众对公共部门与私营部门绩效感知的差异⑤,公众的腐败感知⑥,代表性官僚制与公民合作生成意愿之间的关系⑦等多样化的主题。调查实验虽然在因果推论上弱于实验室实验,但是其优势在于情境设置上更贴近现实,能够兼顾研究的内外部效度。

经济学的"可信性革命"为公共管理领域带来的深刻变革不仅在于对因果效应识别的重视,更在于向现实性的干预方式的显著倾斜。这一转变极大地促进了实地实验在公共管理研究中应用,使其成为一种备受推崇的研究手段。与侧重内部效度的调查实验和实验室实验相比,实地实验更倾向于在现实情境中展开操作,因此能够更贴切地反映实际情况,进而提升研究的实用性和可信度。随着实地实验在公共管理领域的逐渐普及,它已成为探索多样化课题不可或缺的重要工具。在已发表的基于实地实验的行为公共管理研究成果中,绩效议题尤为突出,成为研究最为频繁的主题之一,得到广泛深入的探讨。紧接其后,领导力研究也吸引了众多学者的目

---

① 参见蔡锐星,胡威. 公共危机情境下官僚的亲社会违规行为倾向:一项调查实验研究[J]. 公共管理评论,2022,4(2):5-42. 黄晴,于萍萍,梁文慈. 风箱中的老鼠:双重压力下的街头官僚亲社会违规行为倾向[J]. 公共管理评论,2024,6(3):99-122。
② 参见傅承哲,黄伟俊,欧昊麟. 公共危机情境下"柔性治理"如何跨越"数字鸿沟"?——基于三种政策工具的实证研究[J]. 公共行政评论,2024,17(2):140-156+199-200. SCHIFF K J, SCHIFF D S, ADAMS I T, et al. Institutional factors driving citizen perceptions of AI in government: evidence from a survey experiment on policing[J]. Public administration review, 2023: 1-17。
③ LETKI N, STEEN T. Social-psychological context moderates incentives to co-produce: evidence from a large-scale survey experiment on park upkeep in an urban setting[J]. Public administration review, 2021, 81(5): 935-950.
④ HJORTSKOV M. Priming and context effects in citizen satisfaction surveys[J]. Public administration, 2017, 95(4): 912-926.
⑤ HVIDMAN U, ANDERSEN S C. Perceptions of public and private performance: evidence from a survey experiment[J]. Public administration review, 2016, 76(1): 111-120.
⑥ 李论,过勇. 媒体报道内容如何影响腐败感知?——基于调查实验的实证发现[J]. 公共管理评论,2024,6(1):46-65.
⑦ RICCUCCI N M, VAN RYZIN G G, LI H. Representative bureaucracy and the willingness to coproduce: an experimental study[J]. Public administration review, 2016, 76(1): 121-130.

光,成为另一大研究热点①。此外,合作生产②、歧视现象③、透明度④、助推策略⑤、政府资助与慈善捐赠的关系⑥以及选民登记⑦等主题也备受关注,相关研究层出不穷,共同构成了公共管理领域实地实验的多元化图景,不仅深化了我们对公共管理实践的认识,还极大地丰富了公共管理学的理论体系。更为重要的是,这些实地实验为实际政策的制定与实施提供了坚实的科学依据,彰显了实地实验在公共管理研究中的独特价值与地位。

四、行为公共管理的未来研究趋势

(一)广泛探索:拓宽行为公共管理研究议题的范畴

未来行为公共管理领域的研究应致力于三个核心方向:首先,深入挖掘公共部门

---

① 参见 BELLÉ N. Leading to make a difference: a field experiment on the performance effects of transformational leadership, perceived social impact, and public service motivation[J]. Journal of public administration research and theory, 2014, 24(1): 109-136. JENSEN U T. Does perceived societal impact moderate the effect of transformational leadership on value congruence? evidence from a field experiment[J]. Public administration review, 2018, 78(1): 48-57。

② 参见 JAKOBSEN M. Can government initiatives increase citizen coproduction? results of a randomized field experiment[J]. Journal of public administration research and theory, 2013, 23(1): 27-54. JAKOBSEN M, ANDERSEN S C. Coproduction and equity in public service delivery[J]. Public administration review, 2013, 73(5): 704-713。

③ 参见 GROHS S, ADAM C, KNILL C. Are some citizens more equal than others? evidence from a field experiment[J]. Public administration review, 2016, 76(1): 155-164. JILKE S, VAN DOOREN W, RYS S. Discrimination and administrative burden in public service markets: does a public-private difference exist?[J]. Journal of public administration research and theory, 2018, 28(3): 423-439。

④ GRIMMELIKHUIJSEN S, KLIJN A. The effects of judicial transparency on public trust: evidence from a field experiment[J]. Public administration, 2015, 93(4): 995-1011.

⑤ JOHN P, BLUME T. How best to nudge taxpayers? the impact of message simplification and descriptive social norms on payment rates in a central london local authority[J]. Journal of behavioral public administration, 2018, 1(1): 1-11.

⑥ JILKE S, LU J, XU C, SHINOHARA S. Using large-scale social media experiments in public administration: assessing charitable consequences of government funding of nonprofits[J]. Journal of public administration research and theory, 2019, 29(4): 627-639.

⑦ HESS D R, HANMER M J, NICKERSON D W. Encouraging local compliance with federal civil rights laws: field experiments with the national voter registration act[J]. Public administration review, 2016, 76(1): 165-174.

行为的独特性质,开辟行为科学研究的新议题;其次,超越当前助推框架的局限,构建更具统一性和凝聚力的理论体系,以应对复杂且长期的公共管理挑战;最后,积极探索新兴技术在公共服务与行政管理中的应用潜力,同时审慎评估其伦理风险,以确保技术进步服务于公共利益的最大化。

一是开辟新议题。未来研究可以深入挖掘公共部门行为的独特性质,以确保所取得的研究成果能显著区别于心理学、管理学、经济学等领域中的"行为洞见",并为行为科学研究开辟新的议题范畴。例如,可着重探讨在有限信息条件下,公共部门人员的选择与决策过程及其优化路径[1]。分析认知偏差如何与公共服务动机相互交织,进而影响公共部门工作人员的决策制定,亦是一个值得深入研究的议题[2]。同时,信息时代背景下政府信任与信息信任之间的优先顺序问题,对理解公共部门信任机制至关重要[3]。未来行为公共管理的研究领域,除了应继续涵盖监管行为、廉政治理、行政改革等传统公共管理议题,还需深入分析非营利组织、专业团体等社会组织作为第三方主体的角色与功能,以及它们与政府、公民之间的互动如何影响第三方的运作与成效,并特别关注这些议题中公民的体验与参与程度[4]。通过拓宽议题的范畴,旨在更全面地理解并优化公共部门的行为与治理机制,并在此过程中,为行为科学领域引入新的议题和更为丰富的思考,从而增强公共管理学科对其他行为科学学科的影响。

二是构筑新理论。行为科学领域的诸多核心理论,其根源深植于实证实验的严谨结论之中。作为公共管理研究的一个重要分支,行为公共管理不仅承载着通过科学实验为宏观层面现象或直观感知背后的微观因果机制提供更为精确证据的重任,还肩负着基于广泛实验数据,提炼并构建适用于公共管理独特情境的行为理论框架的使命,以期为心理学、行为经济学等相关学科带来新的理论滋养。然而,审视当前行为公共

---

[1] LEE I P, JILKE S. Sector attraction and the role of job information: evidence from a conjoint experiment[J]. Public administration review, 2024, 84(5): 982-996.

[2] PERRY J L, HONDEGHEM A, WISE L R. Revisiting the motivational bases of public service: twenty years of research and an agenda for the future[J]. Public administration review, 2010, 70(5): 681-690.

[3] SCHMIDTHUBER L, INGRAMS A, HILGERS D. Government openness and public trust: the mediating role of democratic capacity[J]. Public administration review, 2021, 81(1): 91-109.

[4] 张书维,刘星. 行为公共管理研究的主题、方法与反思——基于2016—2021年SSCI/CSSCI来源期刊及JBPA相关文献的分析[J]. 华东理工大学学报(社会科学版), 2022, 37(5): 37-62.

管理研究的现状,不难发现,并非所有实验努力都聚焦于行为理论的深入探究。一部分研究仅限于评估特定政策或管理改革的实际效果,其目标更多在于实践应用的即时反馈而非理论构建;另一部分研究虽触及个体决策过程或态度变化的微观层面,却往往止步于表层的因果关系识别,缺乏对深层次理论逻辑的挖掘与整合①。这种研究趋势若持续下去,可能会导致实验工作呈现出碎片化状态,难以形成系统性的理论积累与对话,从而削弱行为公共管理作为一门学科的理论深度与连贯性②。因此,为了促进行为公共管理领域的健康发展,未来的研究应更加注重实验设计与理论构建的紧密结合,鼓励跨学科合作,以期在实证基础上提炼出具有普遍解释力与创新性的行为理论,为该领域的长远发展奠定坚实的理论与实践基础。

三是探索新层面。未来行为公共管理领域的研究可以考虑超越微观层面,深入探索政策与机构的中观及宏观层面,以构建更具凝聚力和统一性的理论框架③。尽管在实践中,基于助推干预的行为研究以其快速、简单、低成本及低风险的特点,可以快速解决紧迫且规模较小的公共部门挑战,但是假如在研究中若过度聚焦短期、快速干预,可能妨碍对更复杂的、长期存在的问题的关注。未来行为公共管理领域的研究可以进一步关注系统性变革、机构作用、治理结构长期效应及其驱动人类行为的深层次心理过程,同时探索如何构建政府机构绩效体系、理解政府间信息共享机制等广泛议题④。还需要在"情感-行为-认知"的个体模型中加入社会互动的元素,将西蒙的行为思想和沃尔多的公共性相结合⑤。这不仅有助于深化对公共部门行为的理解,而且能为推动公共管理的系统性进步提供理论支撑。

四是关注新发展。科技的迅猛发展引发了学界对新兴工具改进公共服务和行政

---

① JAMES O, JILKE S R, VAN RYZIN G G. Behavioural and experimental public administration: emerging contributions and new directions[J]. Public administration, 2017, 95(4): 865-873.
② JAMES O, JOHN P, MOSELEY A. Field experiments in public management// Experiments in public management research: challenges and contributions [M]. New York: Cambridge University Press, 2017: 89-116.
③ BENDOR J. Incrementalism: dead yet flourishing[J]. Public administration review, 2012, 75(2): 194-205.
④ PERRY J L, HONDEGHEM A, WISE L R. Revisiting the motivational bases of public service: twenty years of research and an agenda for the future[J]. Public administration review, 2010, 70(5): 681-690.
⑤ MOHR Z, DAVIS J. Simon's behavior and waldo's public: the abcs model of public behavior and social interactions[J]. Journal of behavioral public administration, 2023, 6(1): 1-9.

管理流程的关注①。人工智能、机器人、算法等技术的融合，正构建一个日益复杂的技术环境，促使大量研究涌现，以探讨技术应用的多维影响②。顺应这一发展趋势，未来研究可以深入探讨新兴技术对提升公共部门效能的潜力，特别是探索人工智能与数据分析在决策制定中的应用，如人事安排及资源需求预测等。同时，不可忽视的是技术应用的伦理考量；尽管从统计意义上技术的应用可以改善成效，但也可能对个体带来负面的心理、行为影响，甚至可能对社会治理与公平正义构成潜在威胁，因此，亟须深入剖析这些风险③。

（二）兼容并蓄：推动行为公共管理研究方法的发展

尽管实验研究方法在行为公共管理领域已展现出其独特的价值，并被普遍认可和接受，但与心理学、经济学等成熟学科相比，该领域对实验方法的应用仍处于起步阶段④。鉴于此，为了推进行为公共管理研究方法的进步与发展，未来研究应进一步拓展与深化实验研究方法的应用。

具体而言，未来的研究可以从以下几个方面着手。第一，将实验研究的焦点从当前的个体层面议题，如公民态度、行政决策、公务员的认知及动机等，逐步延伸至更为复杂的群体层面议题。在此过程中，可以积极借鉴社会心理学中关于群体决策与群体行为的丰富实验成果，将这些经过验证的研究范式融入公共管理领域，从而探索诸如行政或政治决策在群体中的形成机制及其深远影响、群体对公共政策的不同感知与反馈模式等更为宏观且复杂的议题。第二，尽管公共管理实验中常采用较大样本量，当

---

① DE VRIES H, BEKKKERS V, TUMMERS L. Innovation in the public sector: a systematic review and future research agenda[J]. Public administration, 2016, 94(1): 146-166.
② 参见 SCHMIDTHUBER L, INGRAMS A, HILGERS D. Government openness and public trust: the mediating role of democratic capacity[J]. Public administration review, 2021, 81(1): 91-109. MERGEL I, RETHEMEYER R K, ISSETT K. Big data in public affairs[J]. Public administration review, 2016, 76(6): 928-937. SCHMIDTHUBER L, INGRAMS A, HILGERS D. Government openness and public trust: the mediating role of democratic capacity[J]. Public administration review, 2021, 81(1): 91-109.
③ MCDONALD III B D, HALL J L, O'FLYNN J, et al. The future of public administration research: an editor's perspective[J]. Public administration, 2022, 100(1): 59-71.
④ 参见 BOUWMAN R, GRIMMELIKHUIJSEN S. Experimental public administration from 1992 to 2014: a systematic literature review and ways forward[J]. International journal of public sector management, 2016, 29(2): 110-131. HANSEN J A, TUMMERS L. A systematic review of field experiments in public administration[J]. Public administration review, 2020, 80(5): 921-931.

前的研究中仍较多使用学生样本,在一定程度上限制了研究的普遍适用性①。因此,引入由异质参与者构成的多样化样本,对验证假设在不同群体中的有效性及促进可靠知识的生成至关重要。第三,在未来的研究中,行为公共管理学者应重视实验结果的可复制性以及复制实验的重要作用。社会科学实验若缺乏医学研究式的持续验证②、复制及元分析整合③,则所得知识可能趋于分散、琐碎,乃至自相矛盾,而非形成深刻洞察社会现象因果机制的自洽理论④,而复制实验对提升结果可推广性、验证初步发现及降低错误发现率至关重要。为检验情境理论并了解处理效应的边界条件,公共管理研究人员应在不同文化背景、情境或群体间进行重复实验⑤。同时,还可以考虑不同实验类型的融通,如结合实验室实验与实地实验的实地实验室实验(lab-in-field experiments),以规避单一实验的不足,强化结果的稳健性⑥。

尽管实验研究方法在行为公共管理领域占据核心地位,但它并非唯一选择。实际上,实验方法自身的特点限制了可探索问题的范围,因为并非在所有情境下都适合随机化处理,这往往使得一些至关重要的公共部门问题被忽略。公共管理研究倡导紧密关联实践者的实际需求,而非仅基于特定研究手段⑦。在此背景下,未来行为公共管

---

① HANSEN J A, TUMMERS L. A systematic review of field experiments in public administration[J]. Public administration review, 2020, 80(5): 921-931.

② 参见 ARCENAUX K, NICKERSON D W. Who is mobilized to vote? a re-analysis of 11 field experiments[J]. American journal of political science, 2009, 53(1): 1-16. WALKER R M, JAMES O, BREWER G A. replication, experiments and knowledge in public management research[J]. Public management review, 2017, 19(9): 1221-1234。

③ GRIMMELIKHUIJSEN S, JILKE S, OLSEN A L, et al. Behavioral public administration: combining insights from public administration and psychology[J]. Public administration review, 2017, 77(1): 45-56.

④ BOUWMAN R, GRIMMELIKHUIJSEN S. Experimental public administration from 1992 to 2014: a systematic literature review and ways forward[J]. International journal of public sector management, 2017, 30(2): 110-131.

⑤ CHEN G, ZHANG S, CHEN W, et al. A replication of "unconscious bias in citizens' evaluations of public sector performance"[J]. Public administration, 2024: 1-20. DOI: 10.1111/padm.13031.

⑥ 参见 BREWER G A, BREWER JR G A. Parsing public/private differences in work motivation and performance: an experimental study[J]. Journal of public administration research and theory, 2011: 347-362. PERRY J L. How can we improve our science to generate more usable knowledge for public professionals?[J]. Public administration review, 2012, 72(4): 479-482。

⑦ GAINES B J, KUKLINSKI J H, QUIRK P J. The logic of the survey experiment reexamined[J]. Political analysis, 2007, 15(1): 1-20.

理研究应更好地承认方法多样性的价值及实验设计的局限性。这要求研究者在方法上采取一种海纳百川、兼容并包的态度,不仅要吃透行为科学的理念及范式,将其精髓加入到民族志、扎根理论方法、叙事分析、行动研究等质性分析手段之中,以揭示复杂社会现象背后的深层逻辑与意义结构;同时,也要积极拥抱新兴的认知神经科学技术、行为遗传学、大数据处理与分析等"硬科技"手段[1]。借助认知神经科学技术及行为遗传学的方法,行为公共管理学能深入探究政府与公民互动的微观机制;云计算及大数据技术则突破了小样本的限制,为分析政府公务人员及公民行为提供了真实、准确、及时的大规模数据。这些技术为打开行为公共管理的"黑箱",揭示行为背后的神经生理机制和社会心理动因提供了前所未有的可能[2]。

通过这种跨学科、多方法的融合与创新,行为公共管理研究不仅能够更加精准地捕捉和解释现实世界中的复杂行为模式,还能够为公共政策的制定与实施提供更加科学、全面的依据,进而推动公共管理实践的持续优化与革新。

(三) 扎根实践:强化行为公共管理研究成果的应用

在行为公共管理领域,扎根实践的价值毋庸置疑。正如盖恩斯等人所指出,政治科学家不同于心理学家,他们研究心理过程并非出于其自身目的[3]。行为公共管理学者的研究亦是如此。行为公共管理研究不应仅局限于学理的探讨或特定研究手段的应用,而应紧密关联实践者的实际需求,旨在确保公共管理研究能够真正服务于实际工作者和政策制定者。然而,公共管理中研究与实践之间的鸿沟一直是学界讨论的热点,不少评论家对公共管理理论与研究的实践价值提出了质疑[4]。奥图尔进一步指出,理论与实践的联系并非简单的线性转化过程,而是需要深入理解和紧

---

[1] 参见 MCDONALD Ⅲ B D, HALL J L, O'FLYNN J, et al. The future of public administration research: an editor's perspective[J]. Public administration, 2022, 100(1): 59 – 71. 陶磊,文博. 行为遗传学:行为公共管理研究的新视角与新路径[J]. 公共行政评论, 2022, 15(5): 182 – 195。

[2] 参见 ANDREWS L. Public administration, public leadership and the construction of public value in the age of the algorithm and 'big data'[J]. Public administration, 2019, 97(2): 296 – 310. 张书维,李纾. 行为公共管理学探新:内容、方法与趋势[J]. 公共行政评论, 2018, 11(1): 7 – 36。

[3] GAINES B J, KUKLINSKI J H, QUIRK P J. Society for political methodology[J]. Political analysis, 2007, 15(1): 1 – 20.

[4] BOGASON P, BRANS M. Making public administration teaching and theory relevant[J]. European political science, 2007: 84 – 97.

密互动①。因此,在行为公共管理领域,扎根实践不仅有助于提升研究的实用性和有效性,更是促进理论与实践深度融合、共同发展的关键所在。

第一,未来研究应以问题为导向,将行为公共管理的研究成果与实际应用紧密结合,不仅能够有效提升对关键实践领域问题的认知与解决能力,还能够促进行为公共管理领域的学理发展,推动理论与实践的相互促进。值得注意的是,在公共健康、公共安全、养老保障以及风险管理等一系列关乎社会福祉的重要领域中,行为实验所揭示的深刻洞见蕴含着巨大的应用潜力与广阔的前景②。这些领域不仅直接关系到民众的生活质量与安全,也是当前社会面临的一系列复杂挑战之所在。因此,未来的研究工作应深入挖掘这些领域内亟待解决的现实议题,将研究的触角延伸至最紧迫、最实际的问题之上③。我们应当秉持问题导向的研究原则,紧密围绕公共健康领域的疾病预防与控制、公共安全领域的应急响应与灾害管理、养老保障体系的完善与优化,以及风险管理中的精准预测与有效应对等核心议题,开展深入细致的研究工作。通过精心设计并实施行为实验,不仅能够有效解决这些实践中的难题,为政策制定与决策提供科学依据,还能够在这一过程中不断产出新的学理发现,推动相关理论的创新与发展。

第二,未来研究可以探索多样化的行为策略。当前,针对公共管理领域行为干预策略的研究大多集中于检验降低行为障碍、改变信息呈现方式等策略的有效性④。然而,随着公共管理实践的不断发展,仅仅依靠这些策略已难以满足日益复杂多变的公共管理实践。因此,未来研究应当拓宽视野,结合实践中对成本收益的精细考量和对社会福利的深远影响,深入探究更多样化的行为干预策略。将传统工具与行为工具进行组合应用,实现相辅相成与优势互补⑤;结合新兴技术如人工智能、大数据分析等,来设计和实施更为精准、高效的行为干预措施。通过这些努力,为公共管理实践提供

---

① O'TOOLE JR L J. The theory-practice issue in policy implementation research [J]. Public administration,2004,82(2):309-329.
② 吕孝礼,高娜,朱宪. 行为洞见与公共管理实践:国际进展与启示[J]. 中国行政管理,2020(8):125-133.
③ 张书维,李纾. 行为公共管理学探新:内容、方法与趋势[J]. 公共行政评论,2018,11(1):7-36.
④ 吕孝礼,高娜,朱宪. 行为洞见与公共管理实践:国际进展与启示[J]. 中国行政管理,2020(8):125-133.
⑤ 张书维,汪彦,秦枭童. 道阻且长,"行"者将"治":公共事务的行为治理之道[J]. 广西师范大学学报(哲学社会科学版),2024,60(1):50-68.

更多元化的策略选择，以更好地应对各种挑战，推动公共治理水平的不断提升。

第三，为了显著提升研究效果的实践应用价值，未来的研究工作还应当着重于对不同的行为干预手段进行综合性的评估与比较。这一过程中，尤为关键的是要深入考量相同的行为干预手段在不同的文化情境，以及面对不同类型的公众偏好时展现出的异质性影响[1]。这就要求研究者在设计实验和评估效果时，必须充分考虑到这些差异，采用多元化的评估指标和方法，以确保干预措施能够精准对接目标群体的实际需求，从而达到最佳的实践效果。

Behavioral Public Administration: History, Status and Trends

Zhang Ran, Zhang Shuwei, Qu Rujie, Chen Liwen, Fan Yangyang

Abstract: Since the beginning of the 21st century, particularly in the past decade, a "behavioral revolution" has swept across the social sciences, leading to substantial advancements in both the practice and academic study of behavioral public administration. Researchers are increasingly conducting randomized behavioral intervention experiments within public administration contexts, and both domestic and international academic journals are showing growing interest in publishing such studies. Although existing literature has provided various perspectives on the development and context of behavioral public administration, a comprehensive and integrated overview is lacking, and current reviews do not fully reflect the latest progress in the field. Therefore, it is necessary to undertake a thorough and systematic examination of the history, status, and trend of behavioral public administration from a holistic disciplinary perspective. This study systematically reviews the historical trajectory and academic origins of behavioral public administration, its local discourse and international forefront, as well as cutting-edge research methodologies.

---

[1] GRIMMELIKHUIJSEN S, JILKE S, OLSEN A L, et al. Behavioral public administration: combining insights from public administration and psychology[J]. Public administration review, 2017, 77(1): 45-56.

Additionally, it forecasts future research directions in behavioral public administration along three dimensions: topic expansion, methodological integration, and practice-grounded research.

Keywords: behavioral public administration, literature review, behavioral science, public administration

中国公共部门人力资源管理研究：现状、趋势与倡议

刘帮成[*]

摘　要：基于对中国公共部门人力资源管理研究重要性的认同，本文在15本典型英文期刊和15本典型中文期刊上2014—2023年发表的中国场景下公共部门人力资源管理相关学术论文的分析基础上，对我国公共部门人力资源管理研究现状和趋势进行分析，并基于新形势新要求，对未来研究进行展望，以期助推中国公共部门人力资源管理现代化，为丰富全球公共部门人力资源管理知识体系贡献更多中国智慧。

关键词：公共部门人力资源管理、中国场景、理论框架、知识体系

一、引言

相较于其他资源，人力资源对战略目标和任务实现的重要性已得到广泛认同。在公共管理实践和研究中，公共部门人力资源管理凭借其特殊的"价值属性"日益成为实务界和理论界关注的焦点。比如，根据国务院学位委员会公共管理学科评议组发布的关于公共管理学一级学科和二级学科指导性目录及学科简介（2023年）的通知来看，人力资源管理是公共管理一级学科下属行政管理二级学科的重要内容之一。类似

---

[*] 刘帮成，教授，上海交通大学国际与公共事务学院副院长，上海市创新政策评估研究中心主任。研究方向为人才政策与战略性人力资源管理、科技政策与创新创业管理、组织发展与变革管理等。
特别感谢上海交通大学国际与公共事务学院在站博士后李言博士协助本文数据整理分析。

地,就美国公共管理学会(ASPA)组织出版的公共管理基础方面的书籍来看,人力资源管理也被认为是公共管理中的核心内容之一。① 研究公共部门人力资源管理的一个重要原因是希望有助于开发与建设"好的政府"相关的知识。② 由于以政府为主体的公共部门承担着向社会公众提供公共产品或服务的重要责任,且往往是相当复杂的治理产品,③因此选拔"合适"的人员到公共部门任职,通过"恰当"的制度设计和安排,让其充分发挥聪明才智和积极主动担当作为是关键。然而如何有效激励和管理公共部门从业人员却是当前公认的颇具挑战性的问题。④ "政治路线确定之后,干部就是决定的因素。"中国共产党一百多年的奋斗历程表明,全面建设社会主义现代化国家,全面推进中华民族伟大复兴,关键在党,关键在人,关键在于建设一支堪当重任的高素质干部队伍。习近平总书记在党的二十大报告中明确指出:"全面建设社会主义现代化国家,必须有一支政治过硬、适应新时代要求、具备领导现代化建设能力的干部队伍。"⑤党的二十届三中全会着眼全局和战略,对这一重要任务又提出了新的系统化的明确要求。

面对新形势新趋势,如何有效地回应公共部门人力资源管理实践中的迫切问题,为建设堪当民族复兴重任的高素质干部队伍保驾护航,已成为当前国内学界关注的重要问题之一。我国公共部门人力资源管理研究的现状进展如何,面对新形势新要求新趋势,下一步的着力点在哪里? 本文基于30本典型中英文学术刊物在2014—2023年发表的相关研究文献计量学分析来试图回答有关问题,助力中国公共部门人力资源管理领域的学术概念提炼和理论框架发展,力求在全球公共部门人力资源管理知识体系建设中贡献更多中国智慧和力量。

---

① INGRAHAM P W, RUBAII N. Human resource management as a core dimension of public administration[M]// Stillman R. & Raadschelders J. Foundations of public administration. Irvin: Melvin & Leigh Publishers, 2016.
② 刘帮成. 中国场景下的公共服务动机研究:一个系统文献综述[J]. 公共管理与政策评论, 2019,8(5):3-17.
③ 包国宪,王学军. 我国政府绩效治理体系构建及其对策建议[J]. 行政论坛,2013,20(6):1-7.
④ BEHN R. The big questions of public management[J]. Public administration review,1995,55(4):313-324.
⑤ 习近平. 高举中国特色社会主义伟大旗帜 为全面建设社会主义现代化国家而团结奋斗——在中国共产党第二十次全国代表大会上的报告[M]. 北京:人民出版社,2022:42.

二、研究设计

（一）数据来源

本文的样本数据包括以中文公开发表的相关典型期刊文献、以英文公开发表的聚焦中国场景的相关研究文献。为确保研究文献质量，选取 Web of Science 核心合集数据库和中国知网 CSSCI 数据库，参考同行专家意见及期刊影响因子等信息，筛选出具有代表性的 15 本中文期刊和 15 本英文期刊。具体检索及筛选过程如下。

首先，以"公共部门人力资源管理""公共部门人事管理""公共部门从业人员""公务员"或"干部"作为主题词，对 2014 年 1 月 1 日至 2023 年 12 月 31 日在中国知网（学术期刊网/CSSCI 刊）的学术论文进行主题词检索，总共得到 10673 篇文献。随后，将范围限定在 15 本相关度较高的专业类学术期刊，共检索出 557 篇文献。由于依据主题词检索获得的文献可能包含与研究主题关联度不高的情况，进一步删除与本研究主题无关的文献。文献筛选标准如下。第一，关注公共部门，排除了关注企业人力资源管理、以企业员工为调查对象或者没有注明研究单位的文献。第二，重点关注研究性学术论文，排除会议报道、书评等类型文章。第三，聚焦中国场景。不涉及中国情景，或仅仅是宽泛意义上境外经验总结与启示的论文被排除在分析之外。在对检索到的文献进行逐一阅读后，最终获得来自 15 本中文期刊 10 年间发表的 430 篇学术论文，以此作为进一步分析样本。

类似地，在 Web of Science 核心合集库中，以"public sector human resource management""public human resource management""public personnel management""public servant""public employee""civil servant""civil employee""cadre"（"OR"作为连接的逻辑关系）以及（"AND"作为连接的逻辑关系）"China"为目标词，对 2014 年 1 月 1 日至 2023 年 12 月 31 日发表的文献进行主题词检索，总共得到 1700 篇文章。对 15 本典型英文学术期刊进一步检索，得到 141 篇文献。文献筛选过程和筛选标准与中文期刊标准相同，在此不再赘述，最终获得来自 15 本典型英文期刊 10 年间发表的 112 篇学术论文，以此作为进一步分析样本。

（二）分析方法与研究内容

本文采用文献计量法并结合可视化技术对中国公共部门人力资源管理的研究内

容进行分析。文献计量法通常通过数学和统计学方法对文献外部特征进行描述、评估和预测。信息可视化技术是科学计量学和知识计量学的重要研究方法和手段。当前用于绘制知识图谱的各类工具较多,本文基于 VOSviewer 来进行分析,该软件可在共词网络基础上构造关键词图谱等,提供网络视图、叠加视图和密度视图等多种可视化方式。同时本文还将借助文献题录信息统计分析工具(Statistical Analysis Toolkit for Informetrics,SATI)对学科研究结构和发展动态进行描绘。

具体来说,在收集文献的基础上主要进行以下几个方面的处理:通过对文献发表的时空和数量特征进行分析,了解中国公共部门人力资源管理研究热度;通过洛特卡定律(Lotka's law)计算中国公共部门人力资源管理研究的成熟度分析;通过对关键词分析,识别中国公共部门人力资源管理研究的热点和主流研究方向;通过对研究类型、研究设计等信息进行编码和统计,勾勒中国公共部门人力资源管理的惯用研究方法等。

三、数据分析

(一) 中国公共部门人力资源管理研究热度分析

自 2014 年以来,典型中文期刊上的相关学术论文发表大致呈现出波动趋势,而同期典型英文期刊上的学术论文发表整体呈现出波动上升趋势。其中,中文论文的年均发表量为 41.8 篇,英文论文的年均发表量为 11.2 篇。单纯从发文数量来看,中文期刊的发文热度要远高于英文期刊的发文量。

(二) 中国公共部门人力资源管理研究的成熟度分析

基于洛特卡定律对中国公共部门人力资源管理这一研究领域进行成熟度分析。洛特卡定律可以反映作者与其所著论文数量之间的关系,又被称为"平方反比定律"①,即"所有写一篇论文的作者占所有论文作者的约 60%,写 2 篇论文的作者数量约是写一篇论文作者数量的 $1/4(1/2^2)$,以此类推,写 n 篇论文的作者数量约是写一篇论文作者数量的 $1/n^2$"②,常用于分析某一研究领域的研究状况和发展成熟度。

---

① PAO M L. Lotka's law: A testing procedure[J]. Information processing & management,1985,21(4): 305 - 320.
② 郭薇,常健. 中国行政管理学研究作者成熟度的文献计量学分析[J]. 学海,2008(4): 92 - 99.

本文统计共有 598 名作者参与写作"中国公共部门人力资源管理"430 篇中文文献,作者发文数量分布如表 1 所示。其中,发表 1 篇论文的作者数量为 513(85.79%),远高于 60%;发表 2 篇论文的作者数量为 53(8.86%),占发 1 篇论文作者数量的 10.33%,远低于 25%。同时,根据普赖斯定律①,当核心作者发文量占总发文量的 50%时,一般方被认为该学科高产作者群形成。在"中国公共部门人力资源管理"领域中,最高产作者发表论文数为 16 篇,16 的平方根的 0.749 倍为 2.996 篇,发文 3 篇及以上的作者占比仅为 5.35%,远低于 50%。这表明当前聚焦中国公共部门人力资源管理的研究队伍规模已初步形成,但研究队伍结构的成熟度较低,发表 1 篇论文的作者较多,尚未形成较为稳定的高产核心作者队伍,研究成果发表也较为分散。

表 1 典型中文期刊上有关中国公共部门人力资源管理研究的发表作者发文量统计

发文量(篇)	作者数(人)	比 例
1	513	85.79%
2	53	8.86%
3	17	2.84%
4	8	1.34%
5	1	0.17%
6	2	0.33%
7	1	0.17%
8	1	0.17%
9	0	0%
10	0	0%
11	0	0%
12	1	0.17%

① $M = 0.749 * (Nmax 的平方根)$。M 指论文数量,Nmax 指对应年限中论文发表数量最多作者的论文数量。当某作者发表论文数量大于 M 时,表明该作者为该领域的核心作者;而当核心作者发表论文总量达到该领域全部论文的 50%时,说明该领域核心作者群已初步形成。

续 表

发文量(篇)	作者数(人)	比 例
13	0	0%
14	0	0%
15	0	0%
16	1	0.17%
合 计	598	100.00%

接下来,以同样的方法对英文文献进行相应分析,结果如表2所示。分析发现,共有212名作者在国际期刊中探讨了"中国公共部门人力资源管理"。发表1篇论文作者数量为188(88.68%),远高于60%;发表2篇论文的作者数量为16(7.55%),占发表1篇论文作者数量的8.51%,同样低于25%。根据普赖斯定律,最高产作者发表英文文献数量为5篇,5的平方根的0.749倍为1.67,发文2篇及以上的比例应为50%,实际上仅为11.32%。

表2 典型英文期刊上有关中国公共部门人力资源管理研究的发表作者发文量统计

发文量(篇)	作者数(人)	比 例
1	188	88.68%
2	16	7.55%
3	6	2.83%
4	1	0.47%
5	1	0.47%
合 计	212	100.00%

(三) 基于15本中文期刊发表的有关中国公共部门人力资源管理的研究文献分析

1. 中文刊文时空分布

从发文数量看,按与本研究话题相关的发文数量从高到低进行罗列,即《中国行政管理》(139)、《中共中央党校学报(国家行政学院学报)》(52)、《行政论坛》(41)、《中国人力资源开发》(36)、《公共行政评论》(32)、《公共管理与政策评论》(32)、《政治学研究》(24)、《公共管理学报》(21)、《国家行政学院学报》(21)、《公共管理评论》(11)、《管理世界》(9)、《经济研究》(5)、《管理评论》(4)、《改革》(2)、《中国社会科学》(1)。从发文分布看，《中国行政管理》刊发中国公共部门人力资源管理的研究较多，占总样本量的32.33%，但在《管理世界》《中国社会科学》等期刊上的发文量相对较少，有36篇论文刊发于《中国人力资源开发》这一人力资源管理领域期刊，占总样本量的8.37%，这表明关于中国公共部门人力资源管理的研究在典型中文期刊中尚未形成核心区，而且作者发表成果的刊物相对分散。

表3 典型中文期刊上有关中国公共部门人力资源管理研究的发文量统计①

期　　刊	频　次
中国行政管理	139
中共中央党校学报(国家行政学院学报)	52
行政论坛	41
中国人力资源开发	36
公共行政评论	32
公共管理与政策评论	32
政治学研究	24
公共管理学报	21
国家行政学院学报	21
公共管理评论	11
管理世界	9
经济研究	5

① 《中共中央党校学报(国家行政学院学报)》是由原《中共中央党校学报》《国家行政学院学报》并刊而来，但由于《国家行政学院学报》2014—2019年涉及公共部门人力资源管理的相关议题较多，故在本文中分开讨论。在《中共中央党校学报(国家行政学院学报)》的统计数据中囊括了2019年前《中共中央党校学报》的刊文数量和2019年后刊发在《中共中央党校学报(国家行政学院学报)》的论文数量。

续表

期　　刊	频　次
管理评论	4
改革	2
中国社会科学	1

基于SATI4.0软件绘制了中文刊文的研究机构合作知识图谱(见图1),可以看出研究中国公共部门人力资源管理的学术机构主要包括北京大学政府管理学院、清华大学公共管理学院、中国人民大学公共管理学院、上海交通大学国际与公共事务学院、北京师范大学政府管理学院、中山大学政治与公共事务管理学院等。

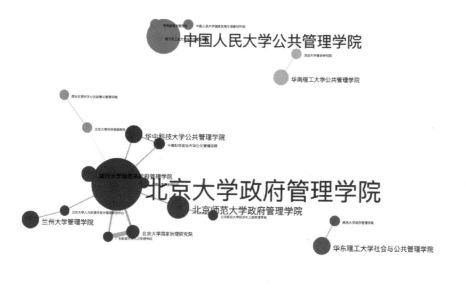

图1　在典型中文期刊上发表中国公共部门人力资源管理相关研究的机构合作知识图谱

2. 中文刊文关键词分析

通过 VOSviewer 高频关键词贡献图谱分析,可以了解中国公共部门人力资源管理领域的研究热点及演化路径。通过对 430 篇文献进行分析,在合并处理相似关键词后,共有 1158 个关键词,以每个关键词出现 3 次为最低值,删除人名和地名等,最终得到 82 个高频关键词。使用 VOSviewer 的模块化聚类算法对 82 个关键词进行共现分析(见图 2),可以发现公共服务动机、公务员、领导干部、基层干部等词频较高,进一步分析可以发现呈现出四个主要的研究聚类。第一个聚类高频词包括公共服务动机、工作投入、变革担当、繁文缛节、组织认同、高承诺工作系统等,重点在于将公共服务动机研究与中国公务员管理实践联系起来,探讨公共服务动机与公共部门组织行为的关系。第二个聚类高频词包括领导干部、作风建设、竞争性选拔、政治素质、廉政建设等,聚焦党管干部背景下领导干部的晋升激励机制、政治能力和政治素养提升等议题。第三个聚类高频词包括公务员、人事制度、工资制度、创新行为、职业倦怠等,重点在于通

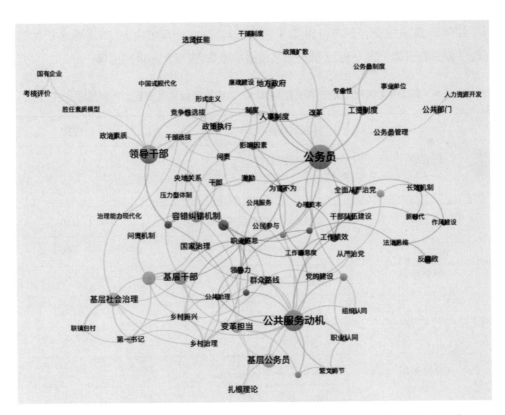

图 2 在典型中文期刊上发表中国公共部门人力资源管理相关研究的共词知识图谱

过对公务员职位分类、工资制度、人事制度等管理制度和激励机制的分析,探索适应新时代的高素质干部队伍建设。第四个聚类高频词包括基层干部、精准扶贫、乡村振兴、政策执行和容错纠错机制等,这类研究更多是将基层干部置于精准扶贫和乡村振兴等国家战略背景下,分析制度与行动者的关系、基层干部治理能力建设、第一书记和驻村干部等作用发挥和角色互动等。

3. 中文刊文研究方法分析

根据文献研究范式的差异,将典型刊物上近10年来发表的相关研究论文简单划分为一般理论分析研究类和基于调研数据分析类,其中基于调研数据分析的文献所应用的主要研究方法又粗略地分为定性研究法和定量研究法两类。表4汇总了经手工整理的统计分析结果,从中可以看出,典型中文期刊上发表的有关中国公共部门人力资源管理研究,多属于一般理论分析和文献综述类研究,共195篇,占比45.35%;在基于调研数据分析的文献中,107篇采用的是横截面研究设计,12篇采用了纵向研究设计;进一步发现,在研究方法和数据来源方面,99篇采用包括问卷调查在内的量化研究,另有26篇采用混合研究,110篇采用质性研究;在分析层次上,99篇聚焦个体层面,17篇进行了跨层次分析,9篇聚焦其他诸如团队、组织及地区层面等。

表4 典型中文期刊上发表中国公共部门人力资源管理相关研究的文献综合分析

研究设计	横截面研究设计	107
	纵向研究设计	12
	实验研究设计	6
研究方法和数据来源	质性研究(档案或文件、访谈)	110
	量化研究(问卷)	99
	混合研究	26
	理论分析	195
分析层次	个体层面	99
	跨层次、多层次	17
	其他(团队、组织、地区)	9

总体来看,15本典型中文期刊上近10年来发表的有关中国公共部门人力资源管理研究呈现以下特征:总体偏重一般性理论分析,采用的多是宏观性、描述性的规范研究;基于数据分析类研究占比在逐步扩大。

(四) 基于15本英文期刊发表的有关中国公共部门人力资源管理的研究文献分析

1. 英文刊文时空分布

类似地,对15本典型英文学术期刊上发表的相关论文数从高到低进行罗列,即 *China Quarterly*(37)、*Journal of Chinese Governance*(13)、*Journal of Chinese Political Science*(9)、*Public Personnel Management*(9)、*Public Performance & Management Review*(7)、*International Review of Administrative Sciences*(6)、*Chinese Management Studies*(5)、*Asia Pacific Journal of Human Resources Governance*(4)、*International Public Management Journal*(4)、*Public Management Review*(4)、*Public Administration*(4)、*Review of Public Personnel Administration*(3)、*Public Administration Review*(2)、*Journal of Public Administration Research and Theory*(1),共计112篇研究论文。

从发文分布看,2本英文刊物(即 *China Quarterly* 和 *Journal of Chinese Governance*)发表中国公共部门人力资源管理研究相关论文量最大,占总样本量的44.64%,但在 *Journal of Public Administration Research and Theory*、*Public Administration Review* 等刊物上的发文量较少,另有16篇(14.29%)发文分布在 *Asia Pacific Journal of Human Resources*、*Public Personnel Management*、*Review of Public Personnel Administration* 等公共组织行为与人力资源管理专业学术期刊上,这亦表明关于中国公共部门人力资源管理的研究在英文期刊中尚未形成核心区,作者发表成果出版物相对分散。

表5 典型英文期刊上发表中国公共部门人力资源管理相关研究的发文统计

期　　刊	频　次
China Quarterly	37
Journal of Chinese Governance	13
Journal of Chinese Political Science	9

续表

期刊	频次
Public Personnel Management	9
Public Performance & Management Review	7
International Review of Administrative Sciences	6
Chinese Management Studies	5
Asia Pacific Journal of Human Resources Governance	4
International Public Management Journal	4
Public Management Review	4
Public Administration	4
Review of Public Personnel Administration	3
Public Administration Review	2
Journal of Public Administration Research and Theory	1

类似地，基于SATI4.0软件分析可以看出，在典型英文期刊上探讨中国场景下公共部门人力资源管理议题的学术机构主要包括上海交通大学、清华大学、中国人民大学、西安交通大学、香港大学等。

2. 英文刊文关键词分析

借助VOSviewer对112篇文献进行高频词分析，对相似关键词进行合并处理后，共有705个关键词，以每个关键词出现3次为最低值，并删除人名和地名等，最终得到74个高频关键词。英文关键词聚类分析图见图3，可以发现绩效、公共服务动机、工作满意度、干部管理等词频较高。进一步分析可划分两个聚类。一个聚类的高频词包括公共服务动机、工作满意度、绩效等。总体上围绕公共服务动机这一关键变量，使用来自中国的访谈或问卷数据，探讨与服务型领导等中观因素、主动性格等微观个体特征的前因变量，以及工作满意度、组织绩效等结果变量的关系。另外一个聚类的高频词包括干部管理、制度、国家能力、政策执行等。这部分研究多聚焦中国情景和中国问题，将中国现象概念化，对中国特色的公共部门人力资源管理实践予以客观解释。

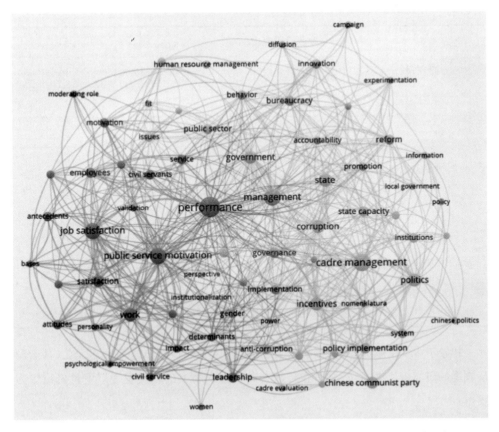

图 3 典型英文期刊上发表中国公共部门人力资源管理相关研究的关键词聚类分析图

3. 英文刊文研究方法分析

类似地,对 112 篇英文文献进行分类,其中 13 篇(11.61%)属于一般理论分析和文献综述类研究,基于调研数据的研究中共 99 篇(88.39%)。由此可见,典型英文期刊上发表的中国公共部门人力资源管理的相关研究以实证研究为主,这与近年来国际上有关人力资源管理的研究趋势基本一致。

从表 6 可以看出,基于调研数据分析的有关中国公共部门人力资源管理的英文论文中,54 篇论文采用的是横截面研究设计,14 篇论文采用纵向研究设计,6 篇论文采用实验研究设计;在研究方法和数据来源方面,51 篇论文采用了包括问卷法在内的量化研究,28 篇研究采用质性研究法,20 篇论文采用混合研究法,另有 13 篇论文聚焦理论分析;在分析层次上,46 篇论文聚焦在个体层面,16 篇论文进行了跨层次设计分析,9 篇论文聚焦团队、组织、地区等其他层面。

表6 典型英文期刊上发表有关中国公共部门人力资源管理相关研究的文献综合分析

研究设计	横截面研究设计	54
	纵向研究设计	14
	实验研究设计	3
研究方法和数据来源	质性研究（档案或文件、访谈）	28
	量化研究（问卷）	51
	混合研究	20
	理论分析	13
分析层次	个体	46
	跨层次（含多层次）	16
	其他（团队、组织、地区）	9

相较于中文文献，相关英文文献呈现出以下特征：研究方法呈现多元化，基于调研数据的研究占比更高，特别是在传统公共管理刊物上的相关发表以定量研究更为突出。

四、研究发现

基于对2014—2023年发表在15本典型中文期刊和15本典型英文期刊上的中国公共部门人力资源管理相关研究文献的综合分析，本文初步有以下几点发现。

就相关研究的发表态势来看，虽然关于中国公共部门人力资源管理研究被认为是公共管理领域重要的研究议题，过去10年来在15本典型中文期刊上的发文量却呈现先增后降再增的波动态势，而且文献发表比较分散，相关领域的理论研究高地和核心研究群体呈现不够明显，初步可以认为典型中文期刊上有关这一领域的研究发表尚处于蓄力阶段，研究成熟度较低。相比之下，在典型英文期刊上的相关发表机构和作者群体也比较分散，但总体发表量则呈现平稳并逐步上升趋势，意味着中国公共部门人力资源管理相关的研究议题得到越来越多的国际关注，逐渐成为国际公共管理领域的重要议题，这为扎根中国实践开展高质量研究和提炼中国场景下的相关概念及开发理论体系提供了一种途径,有助于丰富全球公共部门人力资源管理知识体系。

就相关研究关注的具体研究问题来看,过去10年来在15本典型中文期刊上公开发表的学术论文普遍能结合中国场景下的制度政策和管理实践展开研究,具体研究主要集中在公共服务动机、组织变革与实践以及公务员管理等方面。同期在15本典型英文期刊上公开发表的学术论文研究热点则聚焦公共服务动机、绩效管理、工作满意度以及中国的政治体制和公务员制度等议题。可以看出,关于"公共服务动机"的研究成为中英文期刊上发表的有关中国场景下公共部门人力资源管理研究的热点问题。这一趋势与国际上有关公共部门人力资源管理研究的热点问题比较一致,即工作动机一直是管理实践和研究界都特别感兴趣的话题,特别是针对公共部门从业人员的管理。[1] 同时,绩效管理、工作满意度等一直是西方文献中有关人力资源管理的重要研究议题,典型英文期刊上发表的有关中国公共部门人力资源管理的研究基本上延续着这一趋势。而典型中文期刊上的有关发表则比较多关注了组织变革与实践,这与我国推进全面深化改革,特别是有关机构改革的总体部署和推进力度趋势基本一致。此外,典型中英文期刊上发表的有关中国公共部门人力资源管理的研究不约而同地将公务员管理、公务员制度和体制机制等作为研究的重点问题,这为完善和优化相关的人员管理制度,营造有利于干事创业和担当作为的卓越生态系统提供了理论研究支撑。

方法和工具是指导人们认知事物和世界的重要手段,研究者用什么样的方式、方法来观察事物和思考解决问题等将直接关乎研究成果质量(信度和效度),特别是在社会科学研究领域,在某种程度上也为近年来国内社会科学研究方法相关的教学和研讨活动受到高度关注提供了一个佐证。具体到2014—2023年30本典型中英文期刊上公开发表的中国公共部门人力资源管理相关研究来看,总体上,研究方法呈现多元化趋势。其中中文期刊上的发文以一般阐释和理论分析方法为主,量化研究正日趋增加;而英文期刊上发表的学术论文则以量化研究方法为主。令人欣喜的是,与有关研究发现一致[2],基于中国本土实践和真实场景开展的案例研究也逐渐得到重视,这将

---

[1] WRIGHT, B. The role of work context in work motivation: a public sector application of goal and social cognitive theories[J]. Journal of public administration research and theory, 2004, 14(1): 59–78.

[2] 何佳讯,葛佳烨,张凡. 中国学者管理学研究的世界贡献:国际合作、前沿热点与贡献路径——基于世界千种管理学英文期刊论文(2013—2019年)的定量分析[J]. 管理世界, 2021, 37(9): 36–67.

助推中国公共部门人力资源管理学术概念建构和理论框架发展,完善全球公共部门人力资源管理知识体系。

五、趋势与展望

人力资源是各项事业发展的基础,而干部是各项任务推进的骨干。党的二十届三中全会通过的《中共中央关于进一步全面深化改革、推进中国式现代化的决定》①对深化干部人事制度改革做出系统化部署,明确要求全面提高干部现代化建设能力,为推进中国式现代化提供坚强干部人才保障。"调动全党抓改革、促发展的积极性、主动性、创造性"是新征程中对全党全体干部提出的总要求,并针对当前中国公共部门人力资源管理实践中的重点和难点问题,要求"深化干部人事制度改革"来进行优化。具体来讲,一是要"鲜明树立选人用人正确导向,大力选拔政治过硬、敢于担当、锐意改革、实绩突出、清正廉洁的干部",同时"加大调整不适宜担任现职干部力度"来"推进领导干部能上能下常态化",以此"着力解决干部乱作为、不作为、不敢为、不善为问题"(即选人用人)。二是要"健全有效防范和纠治政绩观偏差工作机制",以"树立和践行正确政绩观"(即绩效考核与管理)。三是要"健全常态化培训特别是基本培训机制,强化专业训练和实践锻炼",以"全面提高干部现代化建设能力"(即培训和开发)。四是要切实落实"三个区分开来",以"激励干部开拓进取、干事创业"(即容错机制和激励管理)。此外,还对完善和落实领导干部任期制,健全领导班子主要负责人变动交接制度,健全加强对"一把手"和领导班子监督配套制度等干部人事战略管理方面提出明确要求。

习近平总书记对中国哲学社会科学寄予厚望:"坚持和发展中国特色社会主义,必须高度重视哲学社会科学,结合中国特色社会主义伟大实践,加快构建中国特色哲学社会科学。"②并进一步指出:"加快构建中国特色哲学社会科学,归根结底是建构中国自主的知识体系。"③然而建构中国自主的知识体系不是闭门造车、一蹴而就的事情,

---

① 中共中央关于进一步全面深化改革 推进中国式现代化的决定[M]. 北京:人民出版社,2024.
② 习近平. 在哲学社会科学工作座谈会上的讲话. 2016 - 05 - 17. http://www.szass.com/llqy/llrd/content/post_1147881.html.
③ 习近平在中国人民大学考察时强调:坚持党的领导传承红色基因扎根中国大地　走出一条建设中国特色世界一流大学新路. 2022 - 04 - 25. https://www.gov.cn/xinwen/2022-04/25/content_5687105.htm.

需要研究者和科学家们以新时代科学研究的"四个面向"为指引,严谨负责,全球视野,久久为功开展扎实工作。具体到中国公共部门人力资源管理研究领域,以习近平总书记关于哲学社会科学工作的系列指示为指导,以党的二十届三中全会有关干部人事制度建设和改革现实需要为主场域,聚焦我国公共部门人力资源管理现代化核心任务,基于对中英文共30本典型学术期刊上近10年来发表的相关研究文献的回顾,本着开展负责任的管理研究[14]和加快推进中国公共部门人力资源管理现代化研究[15]进程分享几点个人建议。

首先,公共部门人力资源管理作为公共管理学科下属基础性二级学科行政管理的重要研究内容,不是可有可无的内容,更不是说已经研究得很透彻了。实际情况可能刚好是反过来的,一方面国家治理体系和治理能力现代化对公共部门人力资源管理现代化提出明确更高要求,另外一方面现有相关研究还很难有效满足管理实践需要,中国公共部门人力资源管理研究需要得到更多方面的支持和持续性投入。近年来,令人欣喜的是,越来越多不同学科领域的研究者对这一问题表现出浓厚兴趣,并产生了系列高质量研究成果,还有一些兄弟院校机构(比如重庆大学、华东师范大学)专门新开设相关专业,成立研究机构,推出专门出版物或新增研究方向等,强化中国公共部门人力资源管理研究的人才基础、后备力量,打造可持续发展平台。

其次,中国公共部门人力资源管理研究议题需要扎根中国场景,更精准聚焦中国公共部门人力资源管理实践现代化的现实迫切需求,开展科学严谨的高质量研究。中国共产党百年来的奋斗历程,特别是十八大以来的发展实践形成的一个广泛共识就是,建设和带领好一支堪当重任的高素质干部队伍对各项事业高质量推进的极端重要性。面对百年未有之大变局和高质量发展现实任务,党的二十届三中全会专门对干部人事制度改革做出具体明确的部署和要求。笔者开展的一项基于公共部门一线从业人员开展的持续性调查显示,当前中国公共部门人力资源管理迫切需要解决的十大问题依次为绩效考核与管理、职业发展与晋升、薪酬及福利、激励机制(含工作积极性、惩罚问题)、培训与开发、管理理念及体制机制、招聘与选拔、人员流动机制(含能上能下、轮岗、借调、挂职等)、人力资源规划与编制、人岗匹配问题等。这些都可为中国场景下的公共部门人力资源管理研究议题选择提供指引或参考。

此外,管理研究问题聚焦明晰基础上,负责任的高质量研究还需要研究者富有人文关怀的关照、放眼全球的心胸以及科学严谨的研究设计技能等。① 公共部门人力资源管理研究的对象是真实存在的公共部门从业人员，负责任的高质量研究需要基于这样的一个现实设计研究方案。扎根中国实践开展研究，不能闭门造车，而是需要在广泛借鉴全球相关研究基础上进行，这样方能为解决当前的中国公共部门人力资源管理现实问题做出更有价值的决策参考，在提炼和总结的基础上更有助于提炼中国的知识概念和发展相应的理论体系，也将更有效地为全球公共部门人力资源管理知识体系构建贡献更多中国人的智慧和力量。而研究设计是研究发现的信度和效度的重要前提条件，也是负责任的高质量研究的重要保障。比如公共部门人力资源管理研究中虽然也关注有关公共部门人力资源政策或制度（比如公务员制度）方面的问题，但大部分研究往往将政策或制度作为一种外生变量或限制条件去考虑，宏大的政策体系或制度框架对目标人（群）或组织的效应及其释放机理往往被当作一个"黑箱"，对其缺乏足够的关注。长此以往，相关研究"发现问题—分析问题—留下问题"的刻板印象会不断被强化。值得庆幸的是，学术界正在努力试图打破这个怪圈。比如近年来有关行为公共政策和行为公共管理方面的研究受到热捧就是一个值得鼓励的尝试，还新出现了专业的学术研究交流平台（比如 Journal of Behavioral Public Administration、Behavioural Public Policy 以及《行为公共管理与政策》）来鼓励支持这方面的努力和探索。

相信随着学术共同体的更多关注和支持，包括中国公共部门人力资源管理研究在内的公共管理和政策领域的研究会产出更多负责任的高质量研究，助推国家治理体系和治理能力现代化，凝炼中国语境的学术概念及理论框架，为人类知识体系丰富和完善贡献更多智慧和力量。

---

① 参见徐淑英，李绪红，贾良定，等. 负责任的管理研究：哲学与实践[M]. 北京：北京大学出版社, 2018. ABNER G B. KIM S Y. PERRY J L. Building evidence for public human resource management: using middle range theory to link theory and data[J]. Review of public personnel administration, 37(2): 139 - 159. PERRY J L. How can we improve our science to generate more usable knowledge for public professionals? [J]. Public administration review, 72(4): 479 - 482. 刘帮成. 深化推进中国公务员管理现代化研究[J]. 公共管理与政策评论, 2023, 12(1): 46。

Chinese Public Human Resource Management: Status, Trends, and Agenda

Liu Bangcheng

Abstract: Given the importance of research on Chinese public human resource management, this study reviews the status and trends of public human resource management in Chinese context based on the literature that appeared in 15 representative Chinese journals and 15 typical English journals (2014 – 2023). Considering the new situation and new requirements, the study drafts the agenda to nudge the modernization of Chinese public human resource management and enrich the knowledge system of global public human resource management with more Chinese wisdom.

Keywords: public human resource management, Chinese context, theoretical framework, knowledge system

数字领导力研究综述——基于 CiteSpace 的可视化分析*

陈　诚　刘明莉　吕　鹏**

摘　要： 数字技术的迅猛发展促进领导力变革。近年来,数字领导力的研究呈现快速上升的趋势,但缺乏系统性的回顾与整合。本文基于 2000—2024 年数字领导力领域的国内外学术论文,运用 CiteSpace 软件对该领域进行了可视化分析。研究发现：2000—2024 年,该领域国内外论文数量均呈现增长趋势,2020 年是增速的转折点;国外相关研究中较为热点的话题为虚拟团队和电子领导力,国内相关研究中关注较多的话题为虚拟团队和教育信息化,且存在向"数智化"转型的趋势。本文旨在梳理数字领导力的研究主题变化、研究热点演变和国内外研究差异,帮助构建数字领导力领域的知识体系。

关键词： 数字领导力、知识图谱、数字化转型

一、引言

近年来,大数据、云计算、区块链、人工智能等新一代数字技术进一步发展,技术的

---

* 本文是国家自然科学基金面上项目"'赋能'还是'负担'？公共部门数字领导力的内涵结构及多层次作用机制"(7247041195)的研究成果。
** 陈诚,华中科技大学公共管理学院行政管理系教授、博士生导师。研究方向为行为公共管理和公共部门人力资源管理。
刘明莉,华中科技大学公共管理学院硕士研究生。
吕鹏,华中科技大学公共管理学院博士研究生。

创新和融合应用打破了原有的组织结构和领导范式。① 在这一变革浪潮中,数字领导力作为一种新型领导形式应运而生。目前学界对数字领导力的概念内涵并未形成共识,参考罗曼(Roman)对公共部门信息时代领导者(e-leadership)的定义,数字领导力可以被视为领导者通过数字技术促进个体、团队以及组织在态度、情感、思维和行为绩效等方面发生变化的能力和过程。②

数字技术对领导情境③、领导过程④、领导能力⑤都带来了巨大的冲击,这逐渐引起学界的关注。近年来,数字领导力的相关研究呈现快速增长的态势,学界在组织⑥、团队⑦和个体⑧等研究层面都取得了较为显著的进展,但该领域的大量研究成果缺少系统性的整合与梳理⑨。目前,部分学者对数字领导力的研究做了初步的研究综述。康特拉斯(Contreras)等对数字领导力的概念进行了简单回顾,并探索了虚拟团队和远程工作的现状、挑战以及未来发展方向⑩。部分文献针对具体领域的数字领导力研究进行了系统性综述,深入探讨了教育行业等具体领域中数字领导力的

---

① AVOLIO B J, KAHAI S, DODGE G E. E-Leadership:implications for theory, research, and practice[J]. The leadership quarterly, 2000, 11(4):615-668.
② ROMAN A V, Wart M V, Wang X, et al. Defining e-leadership as competence in ict-mediated communications:an exploratory assessment[J]. Public administration review, 2019, 79(6):853-866.
③ TUR B, HARSTAD J, ANTONAKIS J. Effect of charismatic signaling in social media settings:evidence from ted and twitter[J]. The leadership quarterly, 2022, 33(5):101476.
④ TÜRK A. Digital leadership role in developing business strategy suitable for digital transformation [J]. Frontiers in psychology, 2023, 13:1066180.
⑤ BENITEZ J, ARENAS A, CASTILLO A, et al. Impact of digital leadership capability on innovation performance:the role of platform digitization capability[J]. Information & management, 2022, 59(2):103590.
⑥ 李燕萍,苗力. 企业数字领导力的结构维度及其影响——基于中国情境的扎根理论研究[J]. 武汉大学学报(哲学社会科学版),2020,73(6):125-136.
⑦ KASHIVE N, KHANNA V T, POWALE L. Virtual team performance:e-leadership roles in the era of Covid-19[J]. Journal of management development, 2022, 41(5):277-300.
⑧ ERHAN T, UZUNBACAK H H, AYDIN E. From conventional to digital leadership:exploring digitalization of leadership and innovative work behavior[J]. Management research review, 2022, 45(11):1524-1543.
⑨ 刘松博,李静雯,张凯瑞,等. 数字化转型和领导的相互影响——基于调适性结构理论的视角[J]. 外国经济与管理,2023,45(10):116-136.
⑩ CONTRERAS F, BAYKAL E, ABID G. E-leadership and teleworking in times of covid-19 and beyond:what we know and where do we go[J]. Frontiers in psychology, 2020, 11:590271.

现状、发展趋势及其实践应用。① 国内学者门理想在回顾了数字领导力的核心内涵与测量方法后,进一步探索了公共部门领导者在推进数字化转型过程中可参考的研究议题与潜在方向。② 班克斯(Banks)分析了数字领导力有别于传统领导力的核心特征,梳理了数字领导力的情境和研究方法。③ 林芹(Lin)聚焦有明确数字领导力概念的相关文献,对数字领导力的概念演进和核心特征进行了总结,并对研究主题进行了梳理。④

这些研究有助于我们更好地了解这一领域,但是仍存在以下局限。第一,现有的综述性研究更多着眼于数字领导力的概念辨析、核心特征提炼和研究主题的梳理等方面,或者聚焦于数字领导力某个具体层面,缺少对研究的整体发展趋势和研究主题演进的分析。第二,现有文献缺少对国内外数字领导力的研究文献进行全面性的分析,这在一定程度上限制了国内学者对数字领导力研究的宏观把握。特别是近两年来,该领域的研究文献呈现爆发式的增长,其研究主题和前沿热点仍需进行总结和梳理。

为解决上述研究问题,本文利用 CiteSpace 软件对数字领导力相关研究进行系统性的知识图谱分析,得到核心机构图谱、聚类图谱、关键词共现网络时区视图以及关键词突现信息表格等统计信息。由于 2000 年以前数字领导力的相关研究较少,并考虑到文献的前沿性,本文将检索的时间范围设置在 2000 年 1 月到 2024 年 5 月。根据统计数据,本文分析国内外研究的发文数量、主题演进以及研究热点演变,并指出国内外研究的异同。最后,综合前文分析现有研究的不足,并从研究内容、研究对象和研究工具等方面提出未来的研究展望。

---

① 参见 ALAJMI M K. The impact of digital leadership on teachers' technology integration during the covid-19 pandemic in kuwait[J]. International journal of educational research,2022,112:101928. JAMESON J, RUMYANTSEVA N, CAIM M, et al. A systematic review and framework for digital leadership research maturity in higher education[J]. Computers & education open,2022,3:100115. RAJCSANYI-MOLNAR M, BALAZS L, ANDRAS I. Online leadership training in higher education environment[J]. Acta polytechnica hungarica,2024,21(3):39-52。
② 门理想. 公共部门数字领导力:文献述评与研究展望[J]. 电子政务,2020(2):100-110.
③ BANKS G C, DIONNE S D, MAST M S, et al. Leadership in the digital era: a review of who, what, when, where, and why[J]. The leadership quarterly,2022,33(5):101634.
④ LIN Q. Digital leadership: a systematic literature review and future research agenda[J/OL]. European journal of innovation management. (2024-01-13)[2024-11-17]. https://www.emerald.com/insight/content/doi/10.1108/ejim-07-2023-0522/full/html.

二、数据来源与分析工具

（一）数据来源

由于数字领导力是一个新兴研究领域，且本文认为数字领导力是在电子领导力和信息领导力等研究基础发展而来的，借鉴卡拉考斯（Karakose）等[1]学者的做法，在数字领导力领域文献回顾时纳入更多相关研究主题词。具体做法如下。

为减少文章遗漏的风险，本文选取 CNKI 数据库和 Scopus 数据库作为中英文文献的数据来源。其中，中文文献来源于 CNKI 数据库，检索条件为：主题＝"数字"并含"领导力"OR"信息化"并含"领导力"OR"电子"并含"领导力"OR"数智"并含"领导力"OR"虚拟团队"并含"领导者"OR"信息技术"并含"领导者"[2]，时间跨度＝2000－2024，检索方式为模糊查找，共获得相关文献 723 篇。英文期刊检索数据来自 Scopus 数据库，设置"主题"检索，以"digital leadership""e-leadership""virtual leadership""e-leader""technology leader""online leadership""electronic leadership""leadership 4.0""informationization leadership"为关键词[3]，时间跨度＝2000－2024，检索方式为模糊查找，检索结果显示符合检索条件的文献共有 1848 篇。

本文将有关"数字领导力"主题并公开发表的期刊文献纳入分析数据库。综合考量数据量和文献权威性，中英文文献均不纳入硕博论文。为进一步保证研究的精确性，剔除书评、新闻报道、会议纪要等非研究型文献以及与主题不相关的文献，去除作者、年份等关键信息缺失的文献，筛选出中文文献 343 篇，英文文献 559 篇。在此基础上，本文通过查找、对比相关主题的研究综述，对数据库进行修订和补充，最终获得中文文献 303 篇，英文文献 679 篇。

---

[1] KARAKOSE T, KOCABAS I, YIRCI R, et al. The development and evolution of digital leadership：a bibliometric mapping approach-based study［J］. Sustainability, 2022, 14(23)：16171.

[2] 参见霍国庆,孟建平,刘斯峰. 信息化领导力研究综述［J］. 管理评论, 2008(4)：31－38+24+64. 刘宁,李晨,赵波. 数字领导力研究综述与展望［J］. 南京邮电大学学报（社会科学版）, 2024, 26(2)：72－81. 刘松博,李静雯,张凯瑞,等. 数字化转型和领导的相互影响——基于调适性结构理论的视角［J］. 外国经济与管理, 2023, 45(10)：116－136.

[3] ESPINA-ROMERO L, NOROÑO SANCHEZ J G, ROJAS-CANGAHUALA G, et al. Digital leadership in an ever-changing world：a bibliometric analysis of trends and challenges［J］. Sustainability, 2023, 15(17)：13129.

（二）分析工具

本文利用 CiteSpace 软件对数字领导力领域的文献数据进行计量分析。CiteSpace 是一款科学知识图谱工具，可以对各知识单元或知识群之间的复杂网络关系进行可视化分析，能够直观展现数字领导力研究领域的研究概况和主题演进。在数据库获取样本文献数据后，我们将其转换为 CiteSpace 可识别的格式并导入软件，分析 2000—2024 年国内外数字领导力相关文献的年份、研究机构、期刊和关键词等信息，从而帮助研究者认识该领域的研究全景和前沿动态。

三、国内外数字领导力的研究现状

（一）年度变化

对 2000—2023 年国内外数字领导力相关论文的年度数量变化情况进行统计，能够反映该领域的研究发展趋势。由于文献检索的截止时间为 2024 年 5 月，为了对比不同年份全年的论文数量，本文在年份数统计时未纳入 2024 年。从图 1 可以看出，自 2000 年以来，数字领导力的研究热度总体呈现波动上升的趋势。依据发文数量和增长情况，国内的研究趋势大致和国外有着同步性的特征，数字领导力研究大致可以分为三个阶段。第一阶段为总体稳定时期，国外为从 2000 年到 2013 年，国内为从 2000 年到 2014 年。在这一阶段，国内外每年的发文量均在 20 篇以下，此时数字领导

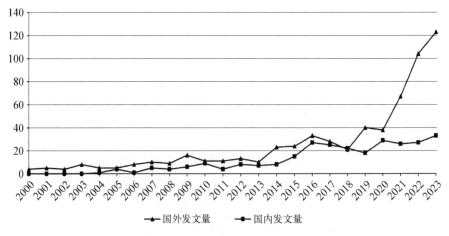

图 1 国内外数字领导力领域研究文献发表趋势（2000—2023 年）

力的研究热度不高。第二阶段为小幅上升时期,国外为从 2014 年到 2018 年,国内为从 2015 年到 2019 年,这一时期国内外发文数量出现了小幅度的上升,每年发文量都超过或接近 20 篇,但都在 2016 年以后呈现下降的趋势。在第三阶段,国内外的发展趋势呈现出比较明显的差异。国外论文数量从 2019 年开始总体上呈现了快速上升的趋势。2021—2023 年,国外期刊每年的论文增加量都超过或接近 20 篇,2022 年以后的发文量每年都超过 100 篇。国内的发文数量从 2020 年开始呈现小幅度的上升,但没有出类似国外快速的发展趋势。此外,从数量变动趋势来看,国内的研究相对于国外研究有着 1 年时间的滞后。

(二) 机构分析

CiteSpace 工具的研究机构分析可以帮助研究者识别该领域中的核心科研机构。[①] 数字领导力研究的核心机构以高校为主,国外数字领导力领域发文数量排名前四的科研机构分别为:印度尼西亚建国大学、杜姆鲁普纳尔大学、加利福利亚州立大学以及约翰内斯堡大学。国内数字领导力领域发文量最多的科研机构依次是华东师范大学教育学部、浙江师范大学教育学院、浙江广厦建设职业技术学院和河南大学教育科学学院,这也从侧面佐证了当前数字领导力在教育领域受到了较为广泛的关注。从网络密度来看,国外机构的网络密度只有 0.0022,国内为 0.0029,国内外研究机构均呈现联系松散的特点,缺乏广泛而深入的合作网络。

表1 2000—2024 年国内数字领导力研究机构发文量统计

机 构 名 称	发文数量(篇)
华东师范大学教育学部	17
浙江师范大学教育学院	13
浙江广厦建设职业技术学院	7
河南大学教育科学学院	6
北京师范大学教育学部	4

---

① CHEN C. Science Mapping: a systematic review of the literature [J]. Journal of data and information science, 2017, 2(2): 1-40.

续　表

机 构 名 称	发文数量(篇)
浙江师范大学教师教育学院	4
中国人民大学劳动人事学院	4
石河子大学经济与管理学院	4

表2　2000—2024年国外数字领导力研究机构发文量统计

机 构 名 称	发文数量(篇)
印度尼西亚建国大学	12
杜姆鲁普纳尔大学	6
加利福尼亚州立大学	6
约翰内斯堡大学	5
希望之光大学	4
加州州立大学圣伯纳迪诺分校	4

(三) 期刊分析

对国内外数字领导力研究文章的期刊来源进行分析,有助于我们进一步了解学界对数字领导力的关注度。表3和表4分别列出了国内外发文量超过4篇的期刊。从国内发文期刊的种类来看,主要包括教育学类、领导学类和科技政策研究类的期刊。目前发文多的期刊中CSSCI来源期刊以教育学类为主,包括《电化教育研究》《中国电化教育》《中国远程教育》《教师教育研究》等,其他领域的CSSCI来源期刊只有《科技进步与对策》等少数几种,这说明国内其他领域对数字领导力的研究仍需进一步深入。在表4中,国外发文期刊的种类主要包括领导学类、组织行为学类、心理学类、教育学类和信息管理类的期刊,涵盖的学科领域比国内期刊更为广泛,而且包含了更多管理学领域的期刊。此外,《心理学前沿》(*Frontiers in Psychology*)、《领导力季刊》(*Leadership Quarterly*)、《商业视野》(*Business Horizons*)等都是该领域较有影响力的刊物,数字领导力在国外不同研究领域都得到一定的关注。

表3 2000—2024年国内数字领导力研究的期刊来源分布

期　刊　名	发文量（篇）
领导科学	21
电化教育研究	18
中国教育信息化	14
现代教育技术	14
现代远距离教育	11
中国电化教育	10
中国教育技术装备	7
中国远程教育	6
数字教育	6
现代远程教育研究	6
教师教育研究	5
中国人力资源开发	4
科技进步与对策	4
远程教育杂志	4
领导科学论坛	4

表4 2000—2024年国外数字领导力研究的期刊来源分布

期　刊　名	发文量（篇）
Frontiers in Psychology	13
Sustainability (Switzerland)	10
Leadership Quarterly	9
International Journal of Data and Network Science	7
Organizational Dynamics	6

续　表

期　刊　名	发文量(篇)
Tech Trends	5
Business Horizons	4
Education and Information Technologies	4
Emerging Science Journal	4
Gruppe. Interaktion. Organisation. Zeitschrift für Angewandte Organisationspsychologie	4
Management Science Letters	4
Systematic Reviews in Pharmacy	4
Management Science Letters	4
Procedia Computer Science	4
Systematic Reviews in Pharmacy	4

四、国内外数字领导力研究的主题演进分析

(一) 关键词聚类分析

论文关键词作为对论文内容高度的简洁和凝练,其中心度和频次显示了特定时段国内外研究者共同关注的问题。通过 CiteSpace 软件的聚类功能对关键词进行分析,能够帮助研究者明确某研究领域的热点和发展趋势。①

1. 国外关键词聚类

如图 2 所示,国外数字领导力领域研究主要集中在 10 个关键聚类群。表 5 对国外数字领导力研究聚类结果的基本情况进行进一步总结,聚类的 Silhouette 值均大于 0.5,聚类群具有较高信度,能够代表国外数字领导力的研究重点,结果显示聚类结果有效。结合表 5 聚类的关键词,国外数字领导力的研究可以归纳为三个方面。第一,

---

① 参见陈悦,陈超美,刘则渊,等. CiteSpace 知识图谱的方法论功能[J]. 科学学研究,2015, 33(2):242 – 253. CHEN C. Science Mapping:a systematic review of the literature[J]. Journal of data and information science, 2017, 2(2):1 – 40。

数字领导力的概念。该方面包括的聚类标签有#0 数字领导力（digital leadership）、#2 虚拟团队（virtual team）和#3 电子领导力（e-leadership）。虚拟领导力（virtual leadership）和电子领导力是数字领导力的初期存在形式。第二部分，数字领导力与决策。这一方面包括的聚类标签有#5 决策制定（decision making）和#6 随机决策模型（stochastic decision model），主要关注数字技术与决策的相关问题。第三部分，数字领导力的应用领域。这一方面包括#1 人（human）、#7 高等教育（higher education）、#8 流程管理（flow management）和#9 新冠（COVID-19）。数字领导力在高等教育、流程管理中得到较多的应用，且在新冠疫情之后得到进一步的关注。

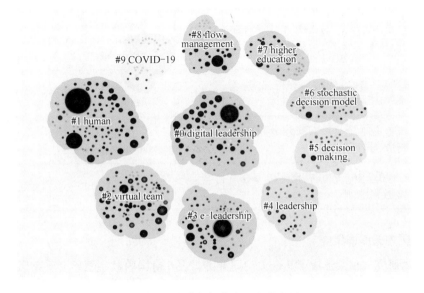

图 2　国外数字领导力研究聚类图

表 5　国外数字领导力研究聚类基本详情

聚类编号	关键词	聚类成员数	聚类标签	Silhouette 值
0	数字领导力、数字化转型、创新、动态能力、创新能力	93	数字领导力（digital leadership）	0.853
1	人、文章、领导力、成人、问卷	83	人（human）	0.855
2	虚拟团队、虚拟领导力、行为复杂性、信息系统	70	虚拟团队（virtual team）	0.832

续 表

聚类编号	关 键 词	聚类成员数	聚类标签	Silhouette值
3	电子领导力、印尼、领导力、电子学习、数字技术	63	电子领导力（e-leadership）	0.785
4	领导力、互联网、数字领导力、远程医疗、伦理	58	领导力（leadership）	0.833
5	决策制定、计算机为媒介的沟通、环境可持续性、电网分析、绿色供应链	49	决策制定（decision making）	0.929
6	随机决策模型、技术演变、引导性研究、技术变革、跨学科研究	35	随机决策模型（stochastic decision model）	0.911
7	高等教育、行为数据分析、公共政策、电子技能、信息通信技术	31	高等教育（higher education）	0.953
8	流程管理、企业盈利能力、电力系统制造、硬件、采购	29	流程管理（flow management）	0.988
9	COVID-19、大流行、情绪智力、K-12教育、教师	28	COVID-19	0.828

2. 国内关键词聚类

国内研究文献共形成了9个关键词聚类。表6对国内数字领导力研究聚类结果的基本情况进行进一步总结，聚类的Silhouette值均大于0.5，聚类群具有较高信度，能够代表国内数字领导力的研究重点，结果显示聚类结果有效。结合表6聚类的关键词，国内数字领导力的研究可以归纳为数字领导力的概念、数字领导力的领导过程和数字领导力的教育应用三个方面。第一，数字领导力的概念。这一方面包括#0信息化领导力、#1领导力、#3数字领导力、#6数字化领导力等标签，聚焦于"信息化""数字化""数智化"等数字领导力的内涵研究。第二，数字领导力的领导过程。该方面包括#4信息技术、#7领导行为、#8非制度性参与等聚类标签，聚焦于信息技术、虚拟团队等技术因素和领导行为、非制度性参与等领导过程因素。第三，数字领导力的教育应用。这一方面包括#2教育信息化、#5校长两个标签，主要为数字领导力在教育领域应用的相关内容。

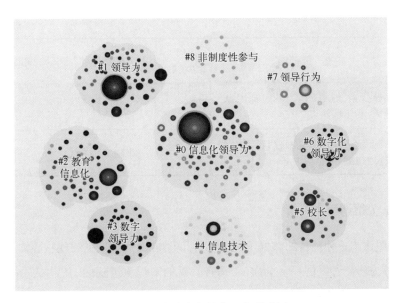

图 3 国内数字领导力研究聚类图

表 6 国内数字领导力研究聚类基本详情

聚类编号	关 键 词	聚类成员数	聚类标签	Silhouette 值
0	信息化领导力、中小学校长、领导力、提升策略、信息素养	69	信息化领导力	0.895
1	领导力、数字化转型、数字时代、信息化领导力、公共部门	44	领导力	0.940
2	教育信息化、影响因素、教学领导力、分布式领导、基础教育	42	教育信息化	0.874
3	数字领导力、数字政府、元宇宙、政府领导力、数智时代	30	数字领导力	0.818
4	信息技术、领导者、环境动态性、业务流程、竞争优势	29	信息技术	0.934
5	校长、信息化、中等职业学校、连片特困地区、建设	26	校长	0.858
6	数字化领导力、创新、公共图书馆、团队工作角色绩效、变革	20	数字化领导力	0.922

续 表

聚类编号	关 键 词	聚类成员数	聚类标签	Silhouette 值
7	领导行为、虚拟团队、半虚拟团队、领导、实体性	17	领导行为	0.923
8	非制度性参与、意见和建议、群众路线、理想型、网络民主	11	非制度性参与	0.988

（二）关键词演进分析

时区图作为一种独特的数据可视化工具,能够在时间维度上展现核心知识的演进过程,能够为研究者提供一个全面、动态且直观的知识演进视图。① 本文由关键词共现网络时区图分析 2000—2024 年关键词演进情况。研究以"keyword"为节点,阈值为"Top10% per slice(up to 100)",整理关键词网络时区视图(图 4 与图 5)。

1. 国外关键词演进分析

如图 4 所示,国外研究视图包含 684 个节点,2566 条连线,网络密度 D = 0.0110。其中,以下几个方面较为突出。

一是数字领导力、虚拟团队和虚拟领导力。由于电子邮件、视频会议以及其他基于互联网的群件等虚拟通信工具的普及②,不少组织都采用了虚拟领导,针对虚拟团队和虚拟领导力的研究也逐渐增加③。虽然研究者对虚拟团队进行了不同定义,但是它们共享以下三个特征:团队正常运作、以某种方式分散和利用技术联络。④ 虚拟领导力便是在这种新的工作团队中形成的新型领导风格。尽管数字领导力和虚拟领导力都关注领导力过程中技术扮演的角色,但是通过定义和特征对比不难看出,虚拟领

---

① 陈悦,陈超美,刘则渊,等. CiteSpace 知识图谱的方法论功能[J]. 科学学研究,2015,33(2): 242-253.
② LIAO C. Leadership in virtual teams: a multilevel perspective[J]. Human resource management review, 2017, 27(4): 648-659.
③ CORDOVA-BUIZA F, AGUIRRE-PARRA P, GARCIA-JIMENEZ M G, et al. Virtual leadership as a development opportunity in business context[J]. Problems and perspectives in management, 2022, 20(2): 248-259.
④ GIBSON C B, COHEN S G. Virtual teams that work: creating conditions for virtual team effectiveness[M]. San francisco: jossey-bass, 2003: 196-213.

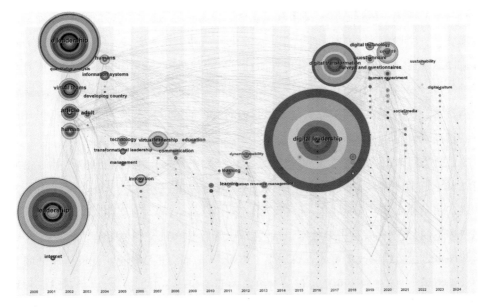

图 4　国外数字领导力研究关键词时区图

导力所在的团队侧重于以某种形式分散,包括地理分散和文化分散,①而数字领导力则更强调领导力过程,没有严格的团队类型区分。现有研究指出,虚拟领导者需要花费精力关注虚拟协作、信任、凝聚力等因素对团队的影响。② 在作用效果方面,研究者也注意到有效的领导力可以使用多种方式使虚拟团队受益,如绩效、满意度等。③ 虚拟领导力和数字领导力无论是在定义,还是影响因素和作用效果方面,都有共通之处。

二是数字领导力和电子领导力。电子领导力是技术背景下对有效行使领导职能的初步探索和研究,其研究热度呈现逐年攀升的趋势。这一概念产生较早,侧重于对

---

① LIAO C. Leadership in virtual teams: a multilevel perspective[J]. Human resource management review, 2017, 27(4): 648-659.
② 参见 GIBSON C B, COHEN S G. Virtual teams that work: creating conditions for virtual team effectiveness[M]. San francisco: jossey-bass, 2003: 183-195. TURESKY E F, SMITH C D, TURESKY T K. A call to action for virtual team leaders: practitioner perspectives on trust, conflict and the need for organizational support[J]. Organization management journal, 2020, 17(4-5): 185-206。
③ 参见 ALDILBY H K, FARMANESH P. Exploring the impact of virtual leadership on job satisfaction in the post-covid-19 era: the mediating role of work-life balance and trust in leaders[J]. Frontiers in psychology, 2023, 14: 994539. GREIMEL N S, KANBACH D K, CHELARU M. Virtual teams and transformational leadership: an integrative literature review and avenues for further research [J]. Journal of innovation & knowledge, 2023, 8(2): 110351。

信息技术的使用。尽管已有定义将电子领导力作为一种"社会影响过程"①,然而迫于技术背景,在研究实践中仍倾向于将技术简化为一种工具。研究表明,电子领导力在促进团队沟通、知识共享和项目管理方面具有显著优势。② 有效的电子领导需要具备多种技能,包括精通技术、建立信任、组织变革和建立团队。尽管面临社会联系薄弱、数据过载、自我管理差异等挑战,电子领导力通过灵活运用技术手段,能够在虚拟环境中实现高效管理和领导。③

三是数字领导力和数字化转型。数字领导力在发挥作用的过程中不可避免地将推动组织数字化转型,这种变革涉及技术、战略规划、组织设计、业务模式等多个维度。目前以数字化转型为主题的文献呈现广泛多样、碎片化的特点。④ 与传统组织变革不同,数字化转型中的技术包括大数据、云计算和社交媒体等新型信息技术⑤,这些技术带给组织的改变可能不再局限于组织内部,而会扩展到更广泛的组织之间和需求端市场⑥。这种数字变革不仅是对组织内部的变革提出了挑战,也是对组织和外部环境互动提出了新的要求。

四是数字领导力的应用领域。由图4可见,2020年之后这一领域相关研究数量猛增,其中一个可能的原因是COVID-19大流行,研究者和实践者更清晰地认识到数字领导在现代组织环境中的重要性和受欢迎程度。此外,数字领导力在教育行业的研究

---

① AVOLIO B J, KAHAI S, DODGE G E. E-leadership: implications for theory, research, and practice[J]. The leadership quarterly, 2000, 11(4): 615-668.
② 参见ROMAN A V, WART M V, WANG X, et al. Defining e-leadership as competence in ict-mediated communications: an exploratory assessment[J]. Public administration review, 2019, 79(6): 853-866. AVOLIO B J, KAHAI S, DODGE G E. E-Leadership: implications for theory, research, and practice[J]. The leadership quarterly, 2000, 11(4): 615-668. WART M V, ROMAN A V, WANG X, et al. Operationalizing the definition of e-leadership: identifying the elements of e-leadership[J]. International review of administrative sciences, 2019, 85(1): 80-97.
③ ROMAN A V, WART M V, WANG X, et al. Defining e-leadership as competence in ict-mediated communications: an exploratory assessment[J]. Public administration review, 2019, 79(6): 853-866.
④ HANELT A, BOHNSACK R, MARZ D, et al. A systematic review of the literature on digital transformation: insights and implications for strategy and organizational change[J]. Journal of management studies, 2021, 58(5): 1159-1197.
⑤ YOO Y, HENFRIDSSON O, LYTINEN K. The new organizing logic of digital innovation: an agenda for information systems research[J]. Information systems research, 2010, 21(4): 724-735.
⑥ HANELT A, BOHNSACK R, MARZ D, et al. A systematic review of the literature on digital transformation: insights and implications for strategy and organizational change[J]. Journal of management studies, 2021, 58(5): 1159-1197.

同样值得关注。教育领域对数字领导力的研究涵盖了基础教育到高等教育的各个层面,数字领导力涉及对教育技术的战略规划和实施,如学习管理系统和数字资源的开发运用等。① 数字领导力是领域适应数字化转型的关键因素,对于未来人才培养具有重要意义。

2. 国内关键词演进分析

如图 5 所示,国内研究关键词共现网络图谱共 322 个节点,643 条连线,网络密度 D=0.0124。国内数字领导力研究的关键词网络时区视图主要涵盖以下主题,这些主题与数字领导力的产生和发展密切相关。

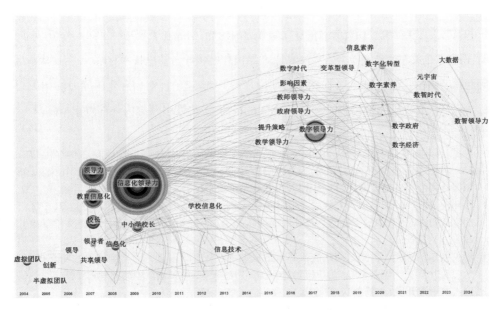

图 5　国内数字领导力研究关键词时区图

---

① 参见 ARHAM A F, NORIZAN N S, ALAREENI B, et al. Digital leadership in education:a meta-analysis review[C]//Digitalisation:opportunities and challenges for business. icbt 2022, cham:springer, 2023:849-857. MAHESHWARI G, CLARKE S, NGUYEN Q, et al. Effect of e-leadership on employees' outcomes in the higher education sector during covid-19 and beyond:a case study from Vietnam[J/OL]. Educational management administration & leadership.(2024-01-28)[2024-11-17]. https://journals.sagepub.com/doi/10.1177/17411432231222715. Z Y, ADAMS D, CHEAH K.A systematic review of e-leadership and its effects on student learning in higher education[J/OL]. Management in education.2022:1-14.[2024-11-17]. https://journals.sagepub.com/doi/abs/10.1177/08920206221111668。

一是数字领导力与虚拟团队。虚拟团队是技术和传统团队工作的结合,作为一种新型团队组织,虚拟团队的产生需要与之相匹配的新型领导者。① 当前国内研究主要关注虚拟团队所提供的特殊环境中领导力的内涵及其所产生的影响。例如,在研究早期,学者认为虚拟团队领导者在其主要职能之外,具有双重角色属性,即"关心任务"和"关心成员"。② 也有学者基于虚拟团队分散性的特点,研究团队不同时期领导者所扮演的差异化角色。③ 此外,学者们也关注既有领导风格在虚拟团队中的影响力。④

二是数字领导力与教育信息化。在信息技术向数字技术发展过渡的阶段,教育领域对信息化领导力的探索与研究呈现出显著的增长态势。这一研究现象反映了在基础教育信息化建设中,对包括校长在内的各层级领导者领导能力的要求和期望,涉及理论、现状、评价和策略等四类研究。研究者对信息化领导力的内涵、构成和表现进行了深入分析。⑤ 同时,研究者也关注信息领导力的实践情况,总结出存在领导者信息技术有限、社会支持不足等问题。⑥ 此外,部分研究者在领导力理论背景下,构建了针对信息化领导力的相关指标体系。⑦ 策略研究聚焦提升领导者信息素养、加强政策引领等内外部双重措施。⑧

---

① 参见杜熙垚,钟建安.如何成为有效的虚拟团队领导者[J].科技进步与对策,2004(2):71-73. 王荟.基于虚拟团队的领导行为分析[J].中国商贸,2014(28):200-201+204. 宋源.虚拟团队中的共享领导模式[J].中国人力资源开发,2007(8):13-16。

② 杜熙垚,钟建安.如何成为有效的虚拟团队领导者[J].科技进步与对策,2004(2):71-73.

③ 胡峰.论虚拟团队中的领导能力及其内涵的重新定位[J].现代财经(天津财经大学学报),2007(1):15-19.

④ 参见顾琴轩,张冰钦.虚拟团队变革型和交易型领导对团队创造力的影响机理:共享领导视角[J].中国人力资源开发,2017(11):6-16+107. 宋源.虚拟团队中的共享领导模式[J].中国人力资源开发,2007(8):13-16.

⑤ 参见孙祯祥,郭张燕."校长信息化领导力"现状的调查研究[J].现代远距离教育,2013(5):72-81. 王瑛,贾义敏,张晨婧仔,等.教育信息化管理实践中的领导力研究[J].远程教育杂志,2014,32(2):13-24.

⑥ 参见冯亚洁,兰瑞乐.校长信息化领导力研究现状分析[J].中国教育信息化,2016(21):14-16. 孙祯祥,郭张燕."校长信息化领导力"现状的调查研究[J].现代远距离教育,2013(5):72-81. 张文波.中小学教育信息化发展新阶段问题的现状及对策研究[J].中国电化教育,2014(5):39-43. 边琦,田振清,王俊萍,等.中小学校长信息化领导力的现状与对策分析——以内蒙古地区为例[J].中国电化教育,2016(8):102-106。

⑦ 张立国,周釜宇,梁凯华,等.面向教育新基建的中小学校长信息化领导力评价量表设计[J].中国远程教育,2023,43(3):64-72.

⑧ 参见崔海涛,李春艳,邢镇.基于主管部门视角的校长信息化领导力提升策略研究[J].中国教育技术装备,2019(5):58-60. 胡小勇,祝智庭,王佑镁,等.促进基础教育信息化发展的领导研究[J].中国电化教育,2007(3):19-22.

三是数字领导力和数字政府。数字时代的到来同样对公共部门的组织形态和领导过程产生了不容忽视的影响。[①] 随着信息技术的发展,早期研究者已经意识到政府领导力建设需要基于互联网思维提升其决策力与影响力[②]。然而明确针对公共部门的数字领导力研究近年来方才崭露头角,成为学术界日益关注的前沿议题。较多研究者关注到在此背景下领导干部所应具备的能力。如,杨国栋在其研究中指出,政府数字领导力具有目标、体系、结构三重维度。[③] 马亮提出可从数字科技、数字经济、数字社会、数字政府、数字安全、数字生态等六个方面分析数字领导力的结构和维度。[④] 也有研究者认为数字领导力包含数字认知应用能力、数字战略引领能力、数字变革推动能力、数字协调沟通能力、数字变革评估能力、数字文化建设能力六大维度。[⑤] 此外,周恩毅和谭露从大数据赋能角度,研究政府领导力建设的内在逻辑、现实困境和提升策略。[⑥] 总体而言,该领域关于数字领导力的研究主要从宏观视角切入,其核心聚焦于界定并阐释在数字化时代背景下,政府领导者所需具备的能力结构与素养框架。研究方法上,以定性为主,较少从微观层面探索数字领导力的影响作用。

数字领导力研究的新趋势。随着数字技术的深化和演进,人们对技术的期望和与需求也相应提升到了新的高度,体现为由数字化向更为高级、综合的"数智化"迈进。数智化不仅是对组织结构、流程和运行模式的改变,更潜藏着领导力价值特征的重塑。[⑦] 数智化领导力是在数智空间中构建共时、共识、共情的智能结构和社会秩序,并由此提高数智社会治理绩效的能力。[⑧]

(三) 研究热点变化趋势分析

突变词是指在一定时内词频突然发生变化的关键词,对突变词进行分析有助于

[①] 门理想. 公共部门数字领导力:文献述评与研究展望[J]. 电子政务,2020(2):100-110.
[②] 朱锐勋. 基于互联网思维的政府领导力研究[J]. 电子政务,2016(2):60-66.
[③] 杨国栋. 政府数字领导力建构的三重维度[J]. 领导科学,2021(11):18-21.
[④] 马亮. 数字领导力的结构与维度[J]. 求索,2022(6):100-110.
[⑤] 杜孝珍,代栋栋. 公共部门数字领导力的结构维度与建设路径[J]. 上海行政学院学报,2022,23(6):70-83.
[⑥] 周恩毅,谭露. 大数据赋能政府领导力建设的内在逻辑、现实困境及具体策略[J]. 决策与信息,2023(10):67-74.
[⑦] 任兵,陈志霞,刘熙. 沙漏模型:元宇宙时代政府领导力的数智化转型[J]. 领导科学,2024(2):38-45.
[⑧] 陈志霞,任兵. 面向元宇宙:政府数智领导力的特征、价值及提升[J]. 理论探索,2022(6):91-99+107.

把握数字领导研究热点的变化趋势。为从整体上把握我国大数据治理研究的变化趋势,利用 CiteSpace 的"突发检测计算工具"绘制出突变率前 10 位的关键词。

1. 国内研究热点变化趋势

从国内突变词的时间演变来看,在初期突现时间较长的关键词是"虚拟团队"和"领导行为",两者影响的时间延续了 10 年。2005 和 2008 年,关键词"领导者""校长"相继突变,体现了学界对教育领域的数字领导力的关注。2012—2019 年,突变的关键词为"信息技术""信息化",此时对数字领导力的理解停留在信息化阶段。2020 年后,随着数字经济兴起,"数字经济""数字时代""数字政府"等成为新的研究热点,这体现了对传统信息领导力概念的超越,并开始重视数字领导力的"提升路径"。

表 7　2004—2024 年国内数字领导力领域研究突变词信息表

关键词	突变强度	起始年份	结束年份	2004—2024
虚拟团队	3.3819	2004	2014	
领导行为	2.1827	2004	2014	
领导者	3.0154	2005	2010	
校　长	2.366	2008	2010	
信息技术	2.5595	2012	2017	
信息化	2.0464	2019	2020	
数字时代	2.3009	2020	2022	
数字经济	2.0226	2021	2022	
数字政府	1.7413	2021	2024	
提升路径	2.132	2022	2024	

2. 国外研究热点变化趋势

从国外研究来看,突变时间较早且突变时间较长的关键词是"计算机中介沟通(computer mediated communication)"和"虚拟团队(virtual teams)",此时学界的关注点在虚拟技术和沟通中介对领导力的影响。2018 年和 2019 年,"信息利用(information use)"和"信息系统(information systems)"相继突变。2019 年到 2020 年,"男性(male)"和"女性(female)"成为新的突变关键词,数字领导力下的性别问题得到关注。2020年关键词"新冠（COVID-19）"突变并持续到2022年,突变强度为6.94,这体现了在特殊背景下对数字领导力的探究。关键词"信任（trust）"与"可持续性（sustainability）"在2022年突变,并一直持续至今。

表8　2000—2024年国外数字领导力领域研究突变词信息表

关　键　词	突变强度	起始年份	结束年份	2000—2024
计算机中介沟通（computer mediated communication）	3.09	2006	2017	
虚拟团队（virtual teams）	5.44	2007	2016	
动态能力（dynamic capability）	4.37	2018	2019	
信息利用（information use）	3.78	2018	2020	
信息系统（information systems）	3.61	2019	2020	
男性（male）	3.35	2019	2020	
女性（female）	3.16	2020	2022	
新冠（COVID-19）	6.94	2020	2022	
信任（trust）	4.12	2022	2024	
可持续性（sustainability）	3.31	2022	2024	

五、研究结论与展望

（一）研究结论

本文基于2000—2024年的982篇学术论文,运用可视化工具CiteSpace整理了国内外数字领导力研究的关键词共现网络图谱、关键词突现分析表格以及关键词演化时区视图。通过这些图谱,本文深入剖析了国内数字领导力研究的发展趋势、主题演进和研究热点演变。

我们发现,2000—2023年国内外关于数字领导力研究的论文数量整体上均呈现增长趋势。尤其是在2020年这一时间节点之后,该领域的论文数量出现爆发式的增长,这显示出数字领导力作为研究热点的强劲势头和受到的广泛关注。有以下几个方面值得关注。首先,现有研究从不同视角界定了数字领导力的概念、内涵和外延,虽未直接系统梳理相似概念,但在各自领域的研究明晰了概念之间的特征。在国内外研究中,出现频次较高的关键词均体现为数字领导力、虚拟团队、电子领导力和教育等。其次,研究者以数字领导力产生的影响作用为研究视角,分析了数字领导力的发展将会给组织、团队、个体带来的影响,详见图6。此外,现有研究也关注了数字领导力的管理实践问题,如数字技术和实践结合问题、发展路径和策略问题等。国内外研究均向"数字化"和"数智化"方向转变。本文总结了国内外数字领导力研究的重要内容,为系统了解数字领导力的研究焦点、发展脉络和影响因素,以及启发未来相关研究的推进思路提供借鉴。

(二) 研究不足与展望

首先,研究内容较为分散,互相之间缺乏联系。国内已有的研究内容局限在宏观层面的发展目标、顶层设计,中观层面的实施路径、政策措施,而对于微观层面的数字技术应用关注较少,且宏观、中观、微观视角上存在割裂。值得注意的是,数字领导力的有效运用将是众多内外部因素相互作用,且具有复杂动态行为系统的过程,不同层面的问题构成了影响数字化转型发展的因素集合,现有研究缺乏深入系统的分析,在一定程度上限制了其对现实治理实践的指导价值。未来研究可以通过构建更为全面和细致的分析框架,深入探索数字领导力在复杂环境中的运作机制,以更好地指导并促进数字化转型与治理实践的协同发展。

其次,研究内容较为传统。在现有研究中,对于"技术应用"的探讨,主要聚焦在信息技术层面,相较日益成熟的数字技术体系而言,较为基础和传统,更贴近"信息化"的范畴。"信息化"的核心理念在于利用信息技术提升工作效率和管理水平。在具体实践中,这一过程更多地体现为将传统业务操作模式迁移至线上平台,并未充分触及数据收集、精细化处理和智能分析,与真正意义上的"数字化"转型仍有区别。更进一步地,距离实现系统基于数据分析自主决策、优化流程的"数智化"阶段仍有成长空间。未来研究应在明晰各相近变量的基础上,建立清晰的研究框架。结合数字技术的最新进展,特别是大数据、云计算、人工智能等领域的创新应用,探索数字领导力如何赋能组织重构与优化,推动其向更高层次的"数智化"转型。

再次,在研究对象上,现有研究大多聚焦教育和商业领域的数字领导力,较少关注公共部门数字领导力。相较于私营企业,公共部门面临的目标价值取向、政治生态、组

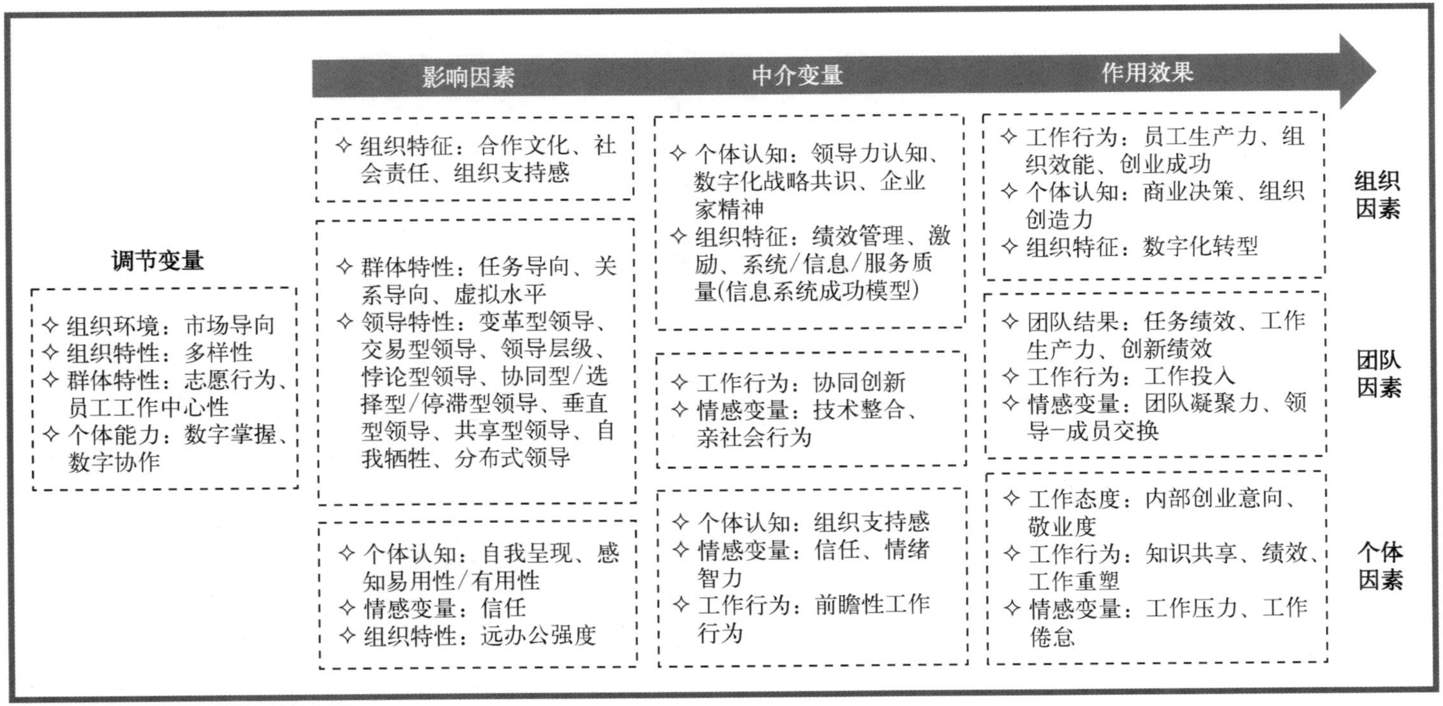

调节变量

- 组织环境：市场导向
- 组织特性：多样性
- 群体特性：志愿性
- 员工工作中心性、数字掌握
- 个体能力：数字协作

影响因素

- 组织特征：合作文化、社会责任、组织支持感
- 群体特性：任务导向、关系导向、虚拟水平
- 领导特性：变革型领导、交易型领导、协同型领导、悖论型/停滞型领导、选择型/共享型领导、垂直型领导、分布式领导、自我榔性、分布式领导
- 个体认知：自我呈现、知易用性、有用性
- 情感变量：信任感
- 组织特性：远程办公强度

中介变量

- 个体认知：领导力认知、数字化战略共识、企业家精神
- 组织特征：绩效管理、激励、系统/信息/服务质量（信息系统成功模型）
- 工作行为：协同创新
- 情感变量：技术整合、亲社会行为
- 个体认知：组织支持感、信任、情绪智力
- 工作行为：前瞻性工作行为

作用效果

- 工作行为：员工生产力、组织绩效、创业效能
- 个体认知：商业决策、创造力
- 组织特征：数字化转型
- 团队结果：任务绩效、生产力、创新绩效
- 工作行为：工作投入
- 情感变量：团队凝聚力、领导-成员交换
- 工作态度：内部创业意向、敬业度
- 工作行为：知识共享、工作重塑
- 情感变量：工作压力、工作倦怠

组织因素

团队因素

个体因素

图 6　数字领导力的作用机制

织体系、制度设计等方面存在较大的差异。① 这一偏向不仅限制了我们对数字领导力全面性的理解,也忽视了公共部门在数字化转型过程中所面临的独特挑战。未来研究可以拓展视野,将公共部门数字领导力纳入重点研究范畴,关注数字领导力在不同领域、不同环境中的具体应用和表现。

此外,研究工具方法较为单一,回顾数字领导力(尤其是公共部门领域)的相关研究发现,以定性方法描述数字领导力内涵的文献居多,实施量化检验的研究偏少②,目前研究也缺乏普适性和公认的数字领导力测量量表③。此外,现有关于数字领导力内涵和测量结构维度存在较大的差异。这可能是学者们对数字领导力的内涵存在不同视角的界定,甚至存在混用状态,简单地用信息领导力和虚拟领导力等相近变量进行替代。④ 这种研究方法上的不均衡,不仅限制了我们对数字领导力的深刻性、广泛性的理解,也影响了研究成果的普适性和说服力。未来研究可从领导力本质出发,厘清公共部门数字领导力的内涵结构并在此基础上开发测量量表,以推动该领域的实证研究。

A Review of Digital Leadership Research
— A Visual Analysis Based on CiteSpace

Chen Cheng, Liu Mingli, Lü Peng

Abstract: The rapid development of digital technology has driven significant transformations in leadership. In recent years, research on digital leadership has surged, yet systematic reviews and integrations remain scarce. This study conducts a visual analysis of digital

---

① 杨开峰,储梦然,刘杨. 公共管理学科与国家治理现代化:延续、变革与展望[J]. 中国行政管理,2023,39(10):21-31.
② 参见杜孝珍,代栋栋. 公共部门数字领导力的结构维度与建设路径[J]. 上海行政学院学报,2022,23(6):70-83. 门理想. 公共部门数字领导力:文献述评与研究展望[J]. 电子政务,2020,(2):100-110.
③ BANKS G C, DIONNE S D, MAST M S, et al. Leadership in the digital era: a review of who, what, when, where, and why[J]. The leadership quarterly, 2022, 33(5): 101634.
④ 杨开峰,储梦然,刘杨. 公共管理学科与国家治理现代化:延续、变革与展望[J]. 中国行政管理,2023,39(10):21-31.

leadership research from 2000 to 2024 using CiteSpace, covering both domestic and international academic publications. The findings reveal a consistent growth trend in the number of publications during this period, with 2020 marking a turning point of accelerated growth. International studies predominantly focus on topics such as virtual teams and e-leadership, while domestic research emphasizes virtual teams and educational informatization, reflecting a transition toward "intelligent digitalization". This study aims to outline the thematic evolution, highlight emerging research hotspots, and analyze the differences between domestic and international studies, contributing to the construction of a knowledge framework for digital leadership.

Keywords: digital leadership, knowledge mapping, digital transformation

行为洞见与公共管理实践

高等学校心理筛查与危机管理的干预研究*

时 勘 张中奇**

摘 要： 本研究旨在依据国家十七部委加强学生心理健康管理的通知，探索本研究所提出的心理筛查和危机管理的三级模型在改善学生心理健康状况、完善高校健康管理方面的成效。本研究采用问卷调查法，共收集9476份问卷。从初级阶段心理应对和网络依赖、中级阶段特质焦虑和压力反应，直至高级阶段抑郁症状、心理痛苦和自伤自杀的预防角度，分别调查了大学生群体的心理健康状况和相应的管理措施，重点测查了对于不同阶段人群采用的心理咨询和危机干预方法的有效性，并以教育部有关规定进行对照和整改。5个月后，考察创建的学校心理健康管理模式的有效性。基于危机管理前后被试在各结果变量上状况对比，本研究证实了心理危机管理三级干预模型的明显成效。基于健康型组织建设的高等学校三级干预模型，在分层次改善学生心理健康、提升高等学校健康管理水平方面有显著的效果，这一研究模式实现了新质生产力背景下的健康管理模式创新。

关键词： 心理筛查、危机干预、三级干预模型、高等学校健康管理、健康型组织建设

---

* 本文是浙江省哲学社会科学新兴（交叉）重大项目"重大突发公共卫生事件下公众风险感知、行为规律及对策研究"（项目编号：21XXJC04ZD）的研究成果。
** 时勘，博士生导师，教授，温州大学温州模式发展研究院院长。研究方向为管理心理学、社会心理学。
张中奇，温州大学温州模式发展研究院硕士研究生。

一、引言

当今社会,健康的概念已经跨越个体健康范畴,扩展至组织,乃至社会的范围。早在1948年,世界卫生组织(WHO)在其宪章中就明确指出,健康是身体、心理及社会等层面的全面完好状态,不仅仅是没有疾病与虚弱。对此,时勘等人对健康型组织的理论与实践进行了深入探索,将身心健康、胜任发展和变革创新作为健康型组织建设的三大核心维度,为组织的健康发展提供了理论指导[①]。这一理论框架不仅适用于企业组织,也为高等教育机构提供了指导性意见。尤其是在心理健康管理和危机应对领域,它构建了一个能够有效地促进学生和教师身心健康的生态环境,这不仅包含心理健康服务,还涉及优化教学与管理环境,建立支持性、包容性的校园文化。在此背景下,个体能够更好地应对压力,提升自我效能,并增强整个学校组织的健康性和适应力。

2023年年初,教育部等十七部门联合印发了《全面加强和改进新时代学生心理健康工作专项行动计划(2023—2025年)》,通过跨部门合作、医教体融合、家校社等协同努力,来维护学生的心理健康[②]。加强学生心理健康工作已被提升至国家战略层面,得到前所未有的重视。通过"五育"并举来完善心理预警干预,营造健康成长环境,是改善当前高校心理健康教育工作的关键之处。目前,高校心理危机管理正处于一个复杂而动态的阶段:一方面,随着社会对心理健康重视程度的加强,国家相关政策,如《精神卫生法》及《"健康中国2030"规划纲要》等规划的出台,为高校提供了政策导向与法律依据,促使教育部门领导一方面构建包括心理筛查、预警机制的心理健康服务体系,另一方面着力解决学生群体面临的日益增长的心理健康问题,如学业压力、人际关系、职业规划等。在此背景下,务必要避免心理危机事件频发,特别要克服高校管理体系存在的不足,例如资源配置不均、专业人员短缺、干预措施不够精准、家校社协同机制不健全等问题。虽然我国高等教育机构在健康管理方面已取得一定成绩,但在心

---

① 时勘,周海明,朱厚强,等. 健康型组织的概念、结构及其研究进展[J]. 苏州大学学报(教育科学版),2016,4(2):15-26.
② 教育部,最高人民检察院,中央宣传部,等:《教育部等十七部门关于印发〈全面加强和改进新时代学生心理健康工作专项行动计划(2023—2025年)〉的通知》,2023-04-27,http://www.moe.gov.cn/srcsite/A17/moe_943/moe_946/202305/t20230511_1059219.html.

理危机管理方面仍需提升系统效能,通过多方合作的持续努力,更加有效地识别、预防学生心理问题,进而促进校园健康环境的稳定和改善。

二、文献综述

(一) 高等学校的心理筛查

据估计,目前在高等学校每10名青少年中就有一名有心理问题,且这一比例在世界范围内呈现上升趋势[①]。我们发现,患有精神障碍的年轻人直至出现症状需要几年的时间才被确诊,即便被发现后,也较少能够及时得到专业的救助。针对这一状况,不少国家呼吁采取积极主动的方法,以提高心理健康问题的早期识别和干预成效。我国在《"健康中国2030"规划纲要》《中小学心理健康教育指导纲要》《关于加强学生心理健康管理工作的通知》等文件中明确提出类似要求,希望能加强学生心理健康状况筛查和心理危机事件的预防。心理筛查作为高校心理健康工作中一项重要环节,能够及早发现学生的心理问题,并为他们提供必要的支持和服务。随着心理筛查工具的不断发展和完善,越来越多的高校开始采用标准化心理筛查量表来进行心理健康评估工作。目前采用的筛查工具主要包括特质焦虑量表(Trait Anxiety Inventory, TAI)、抑郁症状量表(Patient Health Questionnaire-9, PHQ-9)等。但是,尚缺乏系统的实证研究来验证和完善这一工作,这正是本研究将要探索的关键问题。可以认为,随着心理筛查的不断深入,单一的标准化量表已无法全面揭示学生的复杂心理问题,因此,联合采用多项筛查工具、通过分层次筛查来揭示之,已经成为必然的趋势。道迪(Dowdy)等人使用儿童行为评估量表2和行为与情绪筛查量表(Behavior Assessment System for Children-2 Behavioral and Emotional Screening System, BASC-2 BESS),再加上社会情感健康调查量表(Social Emotional Health Survey, SEHS)对2240名学生进行全面的心理健康筛查研究,结果证实,识别行为和情绪困扰具有优势[②]。联合量表的使用不仅能够提高筛查的准确性,还能够帮助发现潜在的心理健康风险因素,为学生提供更为全

---

① HUMPHREY N, WIGELSWORTH M. Making the case for universal school-based mental health screening[J]. Emotional and behavioural difficulties, 2016, 21(1): 22-42.
② DOWDY E, FURLONG M, RAINES T C, et al. Enhancing school-based mental health services with a preventive and promotive approach to universal screening for complete mental health[J]. Journal of educational and psychological consultation, 2015, 25(2-3): 178-197.

面的支持方案。不过,即使采用了这些策略,仍然缺乏一套全面的心理健康筛查体系,因为目前的研究现状限制了对心理健康问题的系统发现和早期干预。为此,本研究提出,将构建心理危机管理的三级干预模型,采用包括心理应对、网络依赖、特质焦虑、压力反应、抑郁症状、心理痛苦、自我伤害和健康管理的心理筛查量表,通过分层次来细分不同的心理健康问题,有助于解决早期识别问题,为制定有针对性的心理干预措施提供新的科学依据。

(二) 心理危机管理

心理危机最早由卡普兰(G. Caplan)于1964年提出。他认为,当个体遭遇挑战超出既往处理机制时,便会出现暂时的心理困扰,而这种状态就是心理危机。高等学校的危机管理就是针对相关的危机事件所采取的识别和预防、反应和控制、应急和评估的整个过程。① 当前,大学生面临学业竞争、人际关系和职业规划等多重压力,易表现出焦虑、抑郁、自我伤害等心理危机症状,严重时可能导致极端行为和自杀倾向。傅小兰等人在《中国国民心理健康发展报告2021~2022》调研结果中指出,与大学生群体接近的18—24岁年龄组抑郁风险检出率高达24.1%,这显著地高于其他年龄组。② 因此,在高等学校,心理危机的预防与干预已成为维护校园安全、促进学生全面发展的关键问题,这对构建和谐校园文化、提升教育质量具有重要意义。

在传统高校心理危机管理领域,大多以芬克(S. Fink)的四阶段危机生命周期模型或者米特洛夫(I. Mitroff)和皮尔森(C. Pearson)的五阶段模型作为核心理论基础,通过对危机发展的不同时期进行阐述,进而决定针对性的措施。不过,这些措施大多数侧重于事后应对,虽起到了一定的补救作用,但仍暴露出预警机制的缺失、资源配置不合理、干预措施单一及缺乏系统性管理等不足。这些局限性不仅影响了危机处理的及时性,也难以从根本上预防心理危机的发生与发展。因此,迫切需要更加超前精细化的管理模式以及跨学科、跨领域的深度合作,来全面提升高校心理危机管理的能力与效果,促进学生心理健康的发展。

鉴于此,本研究提出基于危机生命周期理论的三级干预模型,旨在通过构建预防、

---

① 张桂蓉. 后真相时代校园危机管理如何实现"抽薪止沸"?[J]. 南京社会科学,2020(7):77-84+106.

② 傅小兰,张侃,陈雪峰,陈祉妍. 中国国民心理健康发展报告(2021~2022)[M]. 北京:社会科学文献出版社,2023:1-29.

应对与恢复的管理系统,从个体心理韧性建设到危机即时响应,再到长期心理康复与社会功能恢复的全程支持。我们提出的三级干预模型强调分层次、多维度的策略整合,力求在我国高等学校心理危机管理的前瞻性、系统性和科学性方面进行系统尝试,通过构建分级干预机制,整合校内外资源,对可能面临的各类心理困扰、危机情境进行早期识别、高效应对与全面恢复,来改变危机管理预测系统的成效。

三、心理危机管理三级干预模型的提出

(一) 理论基础

危机生命周期理论十分强调危机产生的不同阶段及其特征,许多学者将危机分解为线性阶段,并将不同阶段的特征应用于危机管理[①]。这一理论认为,危机并非孤立的事件,而是一个经历多个阶段的过程,每个阶段都有其独特的特点。为此,我们将危机划分为前、中、后三个阶段来进行探讨。危机前阶段会出现危机征兆,若危机征兆没有被及时发现或消除,则会进入危机中阶段,这时就会对社会造成一定的威胁或影响,若危机得到有效处置后,危机即会消除,由危机所引起的明显问题则会得到基本解决,从而进入恢复期[②]。但是,若对于中期阶段的危机症状没有及时应对或者无法应对,则有可能转入危机的最严重阶段。因此,从危机周期理论的角度来看,危机并非瞬时事件,而是一个动态演变的循环周期,包含预警、爆发、应对与恢复这一连贯性过程。通过理解危机的生命周期,组织可以更有效地预测潜在威胁、快速响应突发事件、系统性地管理危机,并从中汲取经验教训,达到增强组织韧性与可持续发展的目的。

(二) 三级干预模型的阶段划分和整体研究构想

1. 三级干预模型的阶段划分

本研究创造性地界定了学校心理危机管理的三级干预模型,即初级干预阶段、中

---

① 参见 SIMOLA S K. Organizational crisis management: overview and opportunities [J]. Consulting psychology journal: practice and research, 2005, 57(3): 180 - 192. WOOTEN L P, JAMES E H. Linking crisis management and leadership competencies: the role of human resource development [J]. Advances in developing human resources, 2008, 10(3): 352 - 379。
② 卢文刚,黄小珍. 利用城市公交车报复社会事件应急管理研究——基于10起典型案例的分析[J]. 城市发展研究,2014,21(11): 87 - 94.

级干预阶段和高级干预阶段,这样的分层次划分,旨在为高校及更广泛的社会群体提供一套系统化、多层次的管理系统。我国学者褚朋朋等人研究表明,网络依赖是大学生最常见的问题,也是造成深入的心理问题的萌芽①。刚入大学的新生摆脱了高考压力,但同时也会面临着来自学业竞争、人际关系、未来就业压力等,此时若缺乏有效的应对策略和足够的心理支持,不能有效地应对,大学生们就会转而投入网络来作为心理补偿,但是过度依赖网络并不能解决现实的问题,这样,网络依赖就可能造成一种恶性循环。这就是初级干预可能面对的问题。因此,初级干预模型主要聚焦于学校老师进行心理韧性的培养与社交网络的强化,通过教育提升、技能训练等手段,提前布局,降低此类依赖行为的触发概率。为此,我们采用心理应对量表和网络依赖量表来评估大学生对于网络使用情况和对于此类问题的应对方式,以便及时发现问题,主要采取团体心理辅导等相应措施来解决此类问题。

当学生面对突如其来的负性生活事件,而心理应对方式未能达到应对需求、心理韧性不足时,除了可能造成网络成瘾状况,还可能有焦虑、抑郁等负面情绪。国外学者达维什(Darvesh)等人研究指出,网络成瘾与焦虑、抑郁密切相关,这也是造成青少年焦虑症状的重要因素②。因此,在危机的突发与应对中,中级干预模型迅速响应,针对特质焦虑与即时压力反应,除了团体辅导之外,还采取诸多个性化干预方案,如认知行为疗法,以有效遏制危机态势蔓延,维护个体的心理稳定。对此,在中级干预阶段,我们采用特质焦虑量表和即时压力反应量表来评估学生的特质焦虑水平和即时压力反应程度,以便及时识别需要重点关注的学生并采取针对性的干预措施。

如果以上问题未得到充分解决,个体的心理危机形势会进一步恶化,则会表现为抑郁症状、心理痛苦,甚至自伤自杀行为,这就进入了高级危机干预阶段。以往研究表明,抑郁是自伤自杀行为的有效预测指标,而根据李欢欢等人的研究,心理痛苦与自杀意念和自杀未遂的关系尤为密切,是对自伤自杀行为更为敏感的指标③。因此,我们

---

① 褚朋朋,高峰强,王鹏,等. 大学新生网络成瘾与应对方式的交叉滞后分析[J]. 中国特殊教育,2016(9):90-96.
② DARVESH N, RADHAKRISHNAN A, LACHANCE C C, et al. Exploring the prevalence of gaming disorder and Internet gaming disorder: a rapid scoping review[J]. Systematic reviews, 2020(9):1-10.
③ LI H, XIE W, LUO X, et al. Clarifying the role of psychological pain in the risks of suicidal ideation and suicidal acts among patients with major depressive episodes[J]. Suicide and Life-threatening behavior, 2014, 44(1):78-88.

采用抑郁症状量表、心理痛苦量表和自杀风险评估量表来评估学生的心理健康状况，以便提供专业的心理咨询和心理陪伴等康复措施，帮助受危机影响严重的个体重建自信，促进其全面复原。在至关重要的恢复与重建阶段，高级干预模型着眼于长期福祉，通过专业的心理咨询、个别心理康复以及自杀预防机制，深度介入抑郁症状、心理痛苦与自我伤害的管理，促进受危机影响个体全面复原。

2. 整体研究构思的提出

三级干预模型强调学校整体危机管理状况的把握和问题的及时调整，健康管理是危机管理的一个重要组成部分，它不仅关注个体的健康状态，还关注组织层面的健康管理体系。运用健康管理调查量表，可以评估学校在心理健康管理方面的现状，包括提供的服务、支持系统和资源分配等。这些信息对于制定有效的危机管理策略至关重要，能够帮助学校了解自身在危机管理方面存在的不足，并通过改善健康管理来提升危机应对能力，同时学校能够更好地识别和解决潜在的心理健康问题，从而有效预防心理危机事件的发生，并在发生时能够迅速响应和妥善处理。整体构想见图1：

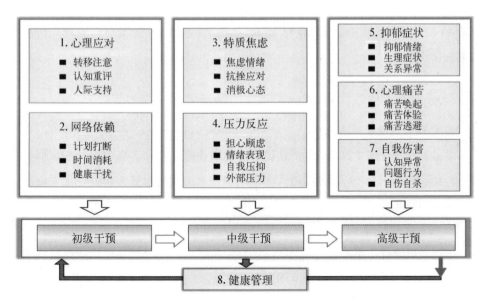

图1 心理筛查与危机管理的整体构想图

（三）本研究的实践意义

心理筛查与危机管理的三级干预模型依据危机周期理论，对高校学生的心理健康状况、心理创伤的严重程度进行分级,在一定程度上反映出个性心理需求,据此分别采取不同的干预措施,从而更高效、精准地调动学校的资源,帮助学生渡过心理难关。与已有的干预模型相比,提出的三级干预模型的整体构想更加注重事前筛查和早期预防,在危机迹象显现初期就采取干预措施,以防止危机的进一步恶化。同时,本干预模型特别注重学生成长过程中的心理支持服务,帮助受危机影响的个体重建自信,促进其全面发展。该模型通过构建全面覆盖的预防、应对与恢复的管理系统,来强化个体的心理韧性建设,发现危机后及时响应,并注重长期的心理康复和社会适应功能恢复的全程支持,具有非常重要的实践意义。

四、某高校心理筛查和危机管理的现状调查

(一) 研究对象

本研究选取河南省某高校的大学生为研究对象,在该校按照全面抽样的方法,获得了有效数据9476份,问卷回收率达到85.05%;其中,男性3064人(32.33%),女性6412人(67.67%)。由于均为大学生,样本集中于18—25岁(90.46%);农村户籍占主要部分,为73.96%。

(二) 研究工具

1. 心理应对量表

本量表改编自陈祉妍等编制的国民心理健康技能量表[①],各条目得分相加即为总分,得分范围为1—44分,得分越高代表情绪调节与心理应对能力越差。量表内部一致性系数为0.76。

2. 网络依赖量表

本量表改编自项明强等编制的智能手机依赖量表[②],用于评估手机成瘾或依赖的程度,采用6点计分的方式,得分范围为1—60分,得分越高代表使用手机等电子设备的依赖成瘾倾向越严重。量表的内部一致性系数为0.93。

---

① 傅小兰,张侃,陈雪峰,陈祉妍. 中国国民心理健康发展报告(2017—2018)[M]. 北京:社会科学文献出版社,2019:220-263.
② 项明强,王梓蓉,马奔. 智能手机依赖量表中文版在青少年中的信效度检验[J]. 中国临床心理学杂志,2019(5):959-964.

3. 特质焦虑量表

本量表设计参照 TAS、TAI 的有关项目,结合我国的本土试用结果以及升学、就业等特殊需要自编的量表。采用 4 点计分的方式,量表的内部一致性系数为 0.92。

4. 压力反应量表

采用了自编的压力反应量表,用于测查个体受情境影响而表现出的压力感受与情绪状态,得分范围为 1—80 分,得分越高代表个体压力与情绪状态越严重,内部一致性系数为 0.96。

5. 抑郁症状量表

采用的流调中心抑郁症状量表(CES-D),0—3 四点计分,得分范围为 0—60 分。按照中国科学院心理研究所使用流调中心抑郁量表全国常模,以 43 分作为临界值,高于 43 分的被试表明有抑郁倾向[①]。量表的内部一致性系数为 0.94。

6. 心理痛苦量表

采用李欢欢心理痛苦三维量表(TDPPS)[②],用 Likert5 点计分式,得分范围为 1—85 分,总分超过 61.89 分的人群,说明心理痛苦状态严重。量表的内部一致性系数为 0.98。

7. 自我伤害量表

改编自王燊等编制的中学生心理危机状态问卷[③],问卷共 37 题,分为认知、抑郁、焦虑、生理症状和自杀自伤 5 个维度。主要测查被试最近 4 周(即一个月)的情况,对自我伤害状态和自杀想法进行评定,共 25 题。量表最后 4 道题将报告被试伤害自己的次数和具体方式。量表的内部一致性系数为 0.96。

8. 健康管理量表

采用改编自盖尔芬德(Gelfand)等人编订的基于松紧文化的组织干预问卷[④],用于

---

① 章婕,吴振云,方格,等. 流调中心抑郁量表全国城市常模的建立[J]. 中国心理卫生杂志,2010,24(2):139-143.

② LI H, XIE W, LUO X, et al. Clarifying the role of psychological pain in the risks of suicidal ideation and suicidal acts among patients with major depressive episodes[J]. Suicide and life-threatening behavior, 2014, 44(1):78-88.

③ 王燊,李欢欢,包佳敏,等. 父母控制、父母婚姻冲突与中学生心理危机的关系:歧视知觉的中介作用[J]. 心理科学, 2020, 43(1):102-109.

④ GELFAND M J, RAVER J L, NISHII L, et al. Differences between tight and loose cultures: A 33-nation study[J]. Science, 2011, 332(6033):1100-1104.

评估被试所在单位健康管理状况,各条目得分相加即为总分,得分范围为1—40分,得分越高代表所在单位健康管理工作越完善。量表的内部一致性系数为0.98。

(三) 三级危机干预管理模型的筛选标准

1. 初级干预阶段筛选标准需要具有下列条件:

(1) 焦虑量表得分<47分;

(2) 压力反应量表得分<54分;

(3) 流调中心抑郁量表得分<43分;

(4) 心理痛苦量表得分小于61.89或痛苦逃避维度小于10.75分;

(5) 对自我伤害量表中23、24题(尝试过自伤、自杀)做出否定选择。

2. 中级干预阶段的筛选标准应具有下列条件之一者。按照吴明隆的分类①,焦虑量表和压力反应量表得分应达到27%者符合分析条件。具体标准为:

(1) 焦虑量表得分≥47分;

(2) 压力反应量表得分≥54分;

(3) 流调中心抑郁量表得分≥43分;

(4) 心理痛苦量表得分超过61.89或逃避维度超过10.75分;

(5) 对自我伤害量表中23、24题(尝试过自伤自杀)做出肯定选择。

3. 高级干预阶段筛选标准主要测查三级危机干预的情况,调查要求须符合下列条件:

(1) 按照心理研究所使用流调中心抑郁量表的常模进行,量表的得分在43分及以上者符合分析条件;

(2) 心理痛苦量表得分超过61.89或逃避维度超过10.75分;

(3) 对自我伤害量表中23、24题(尝试过自伤自杀)做出肯定选择。

(四) 三级危机管理的实际筛选结果

1. 各阶段的调查结果

依据三级干预模型的筛选标准,将9476人调查结果进行划分后:初级干预阶段有5505人,这意味着这部分学生可能刚开始经历心理健康问题,如心理应对、网络依

---

① 吴明隆. 问卷统计分析实务——SPSS 操作与应用[M]. 重庆:重庆大学出版社,2010:160.

赖等。中级干预阶段有3882人，这表明他们的心理健康问题可能已经对日常生活或学习产生了一定影响，可能涉及焦虑和压力。高级干预阶段虽然只有89人，但这部分学生处于高度危机情境，可能面临抑郁症状、心理痛苦和自杀风险等极端情况，需要立即进行高强度的干预。学校将根据划分情况，分列成三个层次，进行有针对性的危机干预和健康管理工作。

2. 健康管理的调查结果

健康管理的调查结果显示，大多数学生认可学校健康管理举措，但也有学生认为学校危机管理存在一些薄弱环节需要改进。深入分析发现，该高等学校在健康管理的执行力度、日常心理筛查以及专业师资配比方面均存在一定的提升空间，需要学校领导和心理咨询机构在细化管理、强化支持以及师资建设方面进行针对性的优化工作。在首次调查之后，该校领导针对教育部的通知精神和健康型组织建设的要求，在进行心理辅导和危机干预的同时，结合学校管理环境存在的问题，按照健康型组织建设所提出的"身心健康、胜任发展、变革创新"的要求，进行了全面保障学生心理健康、促进校园文化建设的改进工作。

五、心理筛查和危机管理的三级干预措施

（一）三级危机管理的心理辅导体系

心理筛查和危机干预的调研结果，验证了本研究提出的三级干预模型的心理辅导体系的成效。

在初级干预阶段，展开以心理应对、含转移注意、认知重评和人际支持为主的心理辅导工作，重点对于网络依赖严重的学生展开时间管理、智慧学习的辅导，以抗击各种干扰，有效地提升心理健康水平。通过团体心理辅导，发挥了任课教师、辅导员和心理委员的作用。

在中级干预阶段，根据出现的特质焦虑，特别是担心顾虑、情绪表现和自我要求的问题，开展了压力管理的心理辅导，就应对担心顾虑、情绪表现、自我压抑和外部压力等问题，将心理健康课程的学习与团体辅导工作结合起来，特别对于有抑郁症状的学生进行个别陪护，以免存在特质焦虑的学生滑向高危机阶段。

在高级干预阶段，凡是筛查出有自伤自杀行为的学生，除对存在自杀风险的学生实施特殊监护外，必须通知学生家长知晓。对于学生要制定个性化干预方案，包括药

物治疗,行为辅导,以应对抑郁情绪、增强应对能力,并提供特殊支持系统。此外,动员宿舍室友组成互助小组,通过同伴支持使之感受集体温暖,并持续关注其情绪变化,确保自伤自杀行为得到有效预防和及时干预。创造有利于问题学生心理康复的外部环境。对于特殊陪护仍然效果不好的学生,要转介至精神科门诊治疗。

(二)三级危机干预的管理措施

在构建出三级危机干预模型的心理健康体系后,我们还向校方提供了行为干预措施,特别是能帮助更早识别心理健康问题的举措,使得筛查系统能更有效缓解学生的心理痛苦,促进个体心理的健康发展。具体管理措施包括:

在初级干预阶段,旨在帮助学生建立健康的生活习惯和应对策略,定期开展系列的心理应对技能训练,如开展时间管理技巧研讨会、健康生活方式讲座以及正念冥想练习等。此外,鼓励学生参与体育锻炼,以增强身体健康和心理韧性。还要加强社交技能的提升,让有问题的学生学会与他人沟通,以便建立更积极的人际关系。学校领导需要定期组织各种关爱活动,帮助学生在学习之余放松心情,促进个人成长和创造力发展。

在中级干预阶段,向那些面临特质焦虑的学生提供认知行为疗法等个性化服务,使得有问题的学生杜绝负性思维,采用更积极方式管理压力。心理咨询部门还需要传授放松技巧,引导有中度抑郁状态的学生注重情绪调节,减少情绪波动带来的负面影响。在日常的生活中建立支持小组,让大家分享彼此的经历,相互倾听,达到缓解压力的目的。

在高级干预阶段,对处于高度危机情境的学生,提供危机热线服务,学校务必针对高级干预阶段的学生建立24小时支持热线,并鼓励他们与家人沟通交流,争取获得家庭支持。此外,对于筛查出的高危机人群,务必制定个性化干预方案,并定期跟踪评估干预效果。最后,对于这类特殊学生群体,需建立定期回访制度,以监测高危学生的恢复进程。

(三)学校的健康管理举措

依据教育部十七部委文件,从学校健康管理角度,需要从未来发展的视角,就健康管理问题进行全面整改。综合目前所获得的调查信息,需开展如下工作。

第一,强化心理咨询中心的功能定位,设立专门的心理危机应对小组,确保在紧急情况下能够快速响应。

第二,建设私密的心理咨询室,引进专业的网络心理测试系统,提供常态化反馈服务。

第三,强化心理咨询师的专业队伍建设,严格执行教育部规定,配备满足咨询要求的心理咨询教师,定期邀请专业人员来校授课。整个学校还要鼓励跨学科合作,引入临床心理学专家指导。

第四,将心理健康课程纳入必修课范畴,开展心理健康知识讲座,引导学生树立正确的心理健康观念。

第五,依托大数据技术,建立健全危机预警系统,对有心理风险的学生进行及时筛查、识别和跟踪辅导,不断完善三级危机干预模式。

六、三级危机干预模型的实际效果

本研究经过 5 个月分阶段的三级危机干预,再次对该校学生进行调查,获得了 8655 份有效数据。对前后测样本分别进行配对后,最终获得 7402 份样本。考虑到前测与配对后的样本相比少了 2074 份,我们对这部分未完成后测的学生单独进行了分析。结果显示,其与总体样本分布趋势完全一致,因此,这属于人数分布的正常缺失,也就是说,样本减少因素不会对研究结果产生显著影响。为此,本研究采用配对样本 t 检验的统计方法对该校学生在心理应对、网络依赖、特质焦虑、压力反应、抑郁症状、心理痛苦、自伤自杀和健康管理方面的前后测情况进行了比较分析,得到了如下效果评估结果:

(一)干预前后各阶段人群比例变化分析

基于配对样本($n = 7402$)的数据,经过 5 个月系统的三级危机干预之后,各干预阶段人群比例呈现出显著变化:初级干预阶段的个体比例从原有的 59.23% 增长至 66.02%,呈现出明显的积极的上扬趋势;中级干预阶段的比例从 39.94% 减少至 33.56%;高级干预阶段则从 0.83% 降至 0.42%,显示出明显的缩减态势。这一系列数据变动就是实行了三级干预模型之后产生的效果。总体迹象是,不少原处于中级干预阶段和高级干预阶段的大学生向初级干预阶段转化,即心理健康状态有了实质性的改善,心理困扰得到缓解,这有力地证实了三级干预模型的有效性。此外,在健康管理调查中,得分在高分段的人数越多,说明该单位健康管理工作已逐渐走向完善。调查发现:评分在1—10分的人,从前侧的1.48%下降至后测的1.21%;评分在10—20分的人,从3.97%下降至3.54%,这两段是负面评价结果,有明显的降低。而评分在20—30分的人,从27.53%上升至27.64%;评分在30—40分的人,从67.09%上升至67.61%,这两段是正面评价,呈上升趋势。调查结果反映出健康管理满意度明显提升。

(二) 心理健康指标与健康管理措施的整合评估状况

为进一步评估危机管理前后大学生在各结果变量得分的对比情况,采用配对样本t检验对该校学生的心理应对、网络依赖、特质焦虑、压力反应、抑郁症状、心理痛苦、自伤自杀和健康管理方面进行了前后测情况的分析,结果(见表1)发现,在经过系统的三级危机干预之后,学生在心理应对、网络依赖、特质焦虑、压力反应、抑郁症状、心理痛苦和自伤自杀方面的心理健康指标均呈现出积极变化。在健康管理方面,学校的健康管理措施得到明显的完善:与前测相比(M后测-M前测),被试在心理应对($t=11.83, p<0.001, d=0.14$)、网络依赖($t=19.03, p<0.001, d=0.22$)、特质焦虑($t=27.54, p<0.001, d=0.32$)、压力反应($t=27.47, p<0.001, d=0.32$)、抑郁症状($t=49.84, p<0.001, d=0.58$)、心理痛苦($t=26.14, p<0.001, d=0.30$)和自伤自杀($t=33.65, p<0.001, d=0.39$)方面的状况都有所减轻。这说明三级心理干预的模式是有效的。在健康管理举措方面($t=-8.24, p<0.001, d=-0.10$)也有所改善,该校在健康管理领域实现了显著的进步,不仅措施体系更为健全,还赢得了学生群体广泛认可,进一步证实了干预行动对构建和完善校园健康管理体系的积极作用。

表1 各变量前后测的差异

量表	$M \pm SD$		t
	前测($n=7402$)	后测($n=7402$)	
心理应对	25.19±4.58	24.31±4.93	11.83**
网络依赖	32.79±10.15	29.80±10.74	19.03**
特质焦虑	41.54±8.33	38.54±9.44	27.54**
压力反应	47.67±11.36	43.42±12.28	27.47**

续 表

量　　表	$M \pm SD$		t
	前测($n=7402$)	后测($n=7402$)	
抑郁症状	19.96±9.09	16.01±10.60	49.84**
心理痛苦	31.40±14.26	27.65±12.68	26.14**
自伤自杀	35.65±11.72	32.15±10.05	33.65**
健康管理	31.42±7.16	32.34±7.27	-8.24**

注：* 表示 $p<0.05$，** 表示 $p<0.01$。

七、调查结果的总体讨论

（一）构建的三级危机管理模式的有效性

近年来，高等院校心理危机事件越来越复杂，由异常心理和精神疾病导致的破坏性行为越来越多。例如，我国的大学生中，心理问题、人格障碍、心理疾病的数量在不断增加，他们的心理健康和精神疾病已经成为影响学校安全和稳定的重要因素[1]。因此，针对心理危机事件构建一个精细化、高效化的危机管理模式是强化危机管理的重要举措。本研究编制完成了包括心理应对、网络依赖、特质焦虑、压力反应、抑郁症状、心理痛苦、自我伤害和健康管理的心理筛查量表系统，并完成了对于河南某高校大学生的心理健康筛查，获得了9476份大学生被试问卷，调研结果发现，心理健康问题主要集中于网络依赖、特质焦虑、抑郁症状等方面，这也与以往的研究相一致[2]。与现有的心理健康管理现状相比，本研究的三级干预模型展现出了更为精细化和系统化的干预成效，这一结果弥补了以往仅仅侧重于危机发生后应对的不足。

（二）社会心理服务与健康型组织建设

通过实证分析结果表明，更具体地展示了分层次筛查和危机管理在针对方面

---

[1] 李晓明. 大学校园危机管理的理念与价值实现[J]. 教育与职业，2012(8)：25-27.
[2] 许英华. 大学生心理健康状况的调查[J]. 中国公共卫生管理，2018,34(1)：138-140.

的优势,这种管理模式的转化,有助于在精细化管理和系统整合资源方面提升效能。另一方面,学校根据健康管理状况调查的结果,通过"五育"并举加强了心理健康教育,在优化社会心理服务、营造健康成长环境、加强心理咨询队伍建设等方面进行了大幅度的改革,突出了"身心健康、胜任高效和变革创新"的组织管理新思想,这与教育部等十七部门发布的《全面加强和改进新时代学生心理健康工作专项行动计划(2023—2025年)》的要求更加符合,健康型组织建设的思想值得进一步推广。

(三)心理筛查和辅导课程还有待继续探索

作为高等学校的危机管理工作,目前得到了实证研究结果的支持。在心理筛查方面,还不能保证万无一失,要继续探索导致心理危机的偶然因素;在危机干预的心理辅导课程设计方面,还需要针对性地开发特殊性的、个性化的危机管理课程,使得心理辅导课程能够吸引更多的学生参与,并能融入心理援助工作体系,形成给予问题学生全面关怀的支持系统。

八、结论与展望

(一)本研究的结论

第一,本研究提出的心理筛查和危机管理的三级干预模型,是一种全面递进的心理健康支持体系,特别是分级识别和应对不同需求的学生群体有重要的创新。三级干预模型由于强调分层次机制,能够较早地识别出潜在的心理健康问题,并能采用针对性干预举措,分层次缓解学生的心理压力,促进个体心理韧性的发展。在这一干预过程中,初级干预阶段注重预防与心理韧性的培养;中级干预阶段针对特质焦虑等问题,及时化解存在的敏感问题;高级干预阶段则能对严重心理问题进行关注,并能着眼于较长时期的心理康复。因此,通过这三个阶段形成了全面的、连续的支持体系,真正通过研究数据5个月的变化趋势反映了这一模型在动态中的积极转变,从而证实了三级干预模型的有效性,实现了重要的创新。

第二,通过实施危机管理的三级干预模型,成功地提升了大学生的团体抗逆力水平,有效地改善了高等学校学生的心理健康状况。这种干预措施聚焦增强个体应对技巧,优化了学生的社交支持网络系统,同时也提升了高等学校教师队伍的素养。这种抗逆力模型的提升,将正常心理状态的大学生和教师们也团结起来,以积极的心态共同构建高等学校的预防与干预体系,使得大学生集体和教师群体在共同面对挑战时展现出更强的团队合作能力。这种系统性的心理危机管理提升了学校整体人员的综合素养,为构建高等学校的健康型组织做出至关重要的贡献,进一步为未来心理健康教育发展明确了方向。

第三,实施高等学校危机管理的三级干预模型,对于加强新质生产力背景下的高等学校思想教育创新也是一个重要的贡献。目前,我国的高等教育管理正处于变革之中。贯彻党的二十大精神,培养符合现代化要求的高等教育人才,将高校危机管理问题与思想政治工作结合起来,也使高等学校思想教育工作找到了现代化人才建设和危机管理的新的结合点,这也是新质生产力背景下大学生管理工作的重要创新。

(二) 未来研究展望

在心理健康和危机管理领域,面对危机管理的不断挑战,未来研究还需与实践探索持续深化和不断拓展。为此,如下研究探索将会有重要的意义。

第一,在心理筛查方面,现有筛查手段尚存局限性,尤其在识别导致自伤自杀等极端行为的偶然因素上,要求我们在理论与实践层面不断探索,通过更多的实证研究,完善筛查工具,确保能在萌芽早期更精准地捕捉到心理健康的微妙波动,进一步降低危机事件发生概率。

第二,未来研究可以拓展至高等学校的不同地域、类型与规模,以验证三级干预模型的普遍适应性。同时,研究还应聚焦长期追踪干预效果的持续性,以获得不同的干预措施在三级干预模型中的效能,特别是不同类型的高等学校,在个体心理健康和学校社会功能的探索方面的差异和长远影响。

第三,引入健康型组织评价模型时,不仅需要关注个体(教师与学生)的身心健康,还需要重视组织层面的能力发展与文化创新,围绕"身心健康、胜任发展和变革创新"的功能,构建出更加完善、高效的高等学校心理危机管理体系。

第四,心理筛查与危机干预应该从目前的高等学校向中小学拓展,本研究的心理筛查和危机干预工作可以拓展到企事业单位,使得心理健康工作获得更加广泛的应用效果。

An Intervention Study of Psychological Screening and Crisis Management in Higher Education Institutions

Shi Kan, Zhang Zhongqi

Abstrac: Based on the circular of 17 national ministries and commissions to strengthen the management of students' mental health, we explore in this study the effectiveness of the three-level model of psychological screening and crisis management proposed in improving students' mental health and improving health management in universities. A total of 9476 questionnaires were collected using the questionnaire survey method. From the perspectives of psychological coping and network dependence at the primary stage, trait anxiety and stress response at the intermediate stage, up to the prevention of depressive symptoms, psychological pain and self-inflicted suicides at the advanced stage, we investigated the mental health status of the college student population and the corresponding management measures, focusing on measuring the effectiveness of the psychological counseling and intervention counseling methods adopted by the population at different stages, and making comparisons and corrections with the relevant regulations of the Ministry of Education. After five months, the effectiveness of the school mental health management model created was examined. The validity of the three-tier intervention model of psychological crisis management was confirmed based on the comparison of subjects' status on each outcome variable before and after crisis management. The three-level intervention model of higher education based on the construction of health-oriented organization has significant effectiveness in improving students' mental health at different levels and enhancing the level of health management in higher education, realizing the management innovation in the context of new quality productivity.

Keywords: psychological screening, crisis intervention, tertiary intervention model, higher education health management, healthy organization building

大鱼小池之惑：志愿者资质过剩感如何影响其志愿结果*

苗 青 潘 超**

摘 要：本文研究聚焦志愿者资质过剩感以及后续的影响。借鉴相对剥夺理论，建立一个平行中介模型，揭示了资质过剩感可能通过情绪劳动的中介作用对志愿服务结果产生影响。我们采用两种研究方法验证我们的研究假设，其中研究1对1625名志愿者展开了三次问卷调查，研究2则对150名参与者展开了情景实验调查。两项研究结果均表明，资质过剩感在大学生志愿服务群体（强制志愿服务群体中）普遍存在，它通过增加表层扮演和减少深层扮演的双重途径对志愿者的后续志愿结果产生负面影响，即减少了志愿工作绩效，同时强化了志愿倦怠和离职倾向。基于以上结果，本研究提出未来志愿者管理的相关建议，从而减少志愿者的资质过剩感并促进有利的志愿结果。

关键词：资质过剩感、情绪劳动、工作绩效、工作倦怠、离职倾向

一、引言

资质过剩感指个体接受比他们拥有的教育、技能及经验要求更低的工作内容时产

---

* 本文为2021年度国家社科基金重大项目"发挥第三次分配作用促进慈善事业健康发展研究"（21&ZD184）的研究成果。
** 苗青，浙江大学社会治理研究院公共管理学院教授。研究方向为领导力、干部培育、人力资源管理、社会治理等。
潘超（通讯作者），浙江大学公共管理学院博士生。

生的一种感知①,普遍存在于公司雇员、公务员、护士等各个行业②。然而在非营利组织领域,研究人员似乎很少注意到志愿者的资质过剩感问题。直到最近,才有学者指出,在强制性志愿服务中存在具有较高技能或能力的个体有时被安排从事一些非常简单的志愿工作③。如在一些大学教育中,课外志愿活动似乎变成一门必修课,学生们被要求去从事的往往是捡垃圾、指挥交通等不需较高熟练度和技能的志愿活动④,这将导致他们感觉到自己的能力和所受的教育并没有施展出来。

以往关于志愿者的个体—环境匹配研究为分析资质过剩提供了文献基础。这些文献包括三个方面,志愿者—组织匹配(如个人和组织价值观的契合度)、志愿者—领导匹配(如个人属性与主管之间的契合度)和志愿者—工作匹配(如个人能力与工作要求的契合度)。其中,研究志愿者—组织匹配和志愿者—领导匹配的文献较多⑤,如主张要让志愿者的个人信念与组织期望保持一致,或者志愿者个

---

① RUSSELL Z A, FERRIS G R, THOMPSON K W, et al. Overqualified human resources, career development experiences, and work outcomes: Leveraging an underutilized resource with political skill[J]. Human resource management review, 2016, 26(2): 125-135.

② 参见 CHEN C, CHEN T. Does civil servants' overqualification influence their public service motivation? a self-classification perspective [M]//Frontier research in behavioral public administration. Singapore: Springer Nature Singapore, 2023: 135-146. ERDOGAN B, KARAKITAPOĞLU-AYGÜN Z, CAUGHLIN D E, et al. Employee overqualification and manager job insecurity: Implications for employee career outcomes[J]. Human resource management, 2020, 59(6): 555-567. LI W, DUFFIELD C, DOLEMAN G. Overqualification and underemployment for nursing graduates in Australia: a retrospective observational study[J]. International journal of nursing studies, 2022, 136: 104376。

③ MIHATSCH L, VON DER LINDE M, KNOLLE F, et al. Survey of german medical students during the covid-19 pandemic: attitudes toward volunteering versus compulsory service and associated factors[J]. Journal of medical ethics, 2022, 48(9): 630-636.

④ PAN, Z. "Student participation in volunteer activities is incorporated into grade point management", 2019, retrieved from http://zqb.cyol.com/html/2019-01/07/nw.D110000zgqnb_20190107_4-04.htm

⑤ 参见 ADAMS C H, SCHLUETER D W, BARGE J K. Communication and motivation within the superior-subordinate dyad: testing the conventional wisdom of volunteer management[J]. Journal of applied communication research, 1988, 16(2): 69-81. BAHAT E. Person-organization fit and commitment to volunteer organizations[J]. VOLUNTAS: International journal of voluntary and nonprofit organizations, 2021, 32: 1255-1270. LIU Z, JIA H. Testing the mediating effect of need-supply fit on the relationship between volunteer management practices and volunteer satisfaction in China[J]. Journal of social service research, 2022, 48(1): 28-44。

人特质与管理者相契合等①。此外,有关志愿者—工作匹配的研究主要关注志愿者的工作安排,如研究表明超过志愿者任务范围的不合规任务会降低志愿者的留任意愿②。然而这些研究均没有考察资质过剩感,即志愿者自身能力或技能十分突出,却从事一些无法凸显其个人价值的志愿任务时他们的主观感受③。一些初步研究发现,一些国家,如日本、美国,通过公共政策迫使公立学校学生进行志愿服务,这些高学历的志愿者被迫去进行一些简单的志愿工作④,这种能力和志愿任务要求的不匹配将导致他们产生资质过剩感。遗憾的是,现有关于志愿者资质过剩的研究只展开了定性研究⑤,也并未深入揭示资质过剩可能带来的各种影响。本研究的目的是通过大样本问卷及情景实验法,探讨志愿者资质过剩感对志愿者后续心理与行为影响的作用机制,从而深化对志愿者资质过剩感的理解,并呼吁未来研究者重视这一被忽视问题。

相对剥夺理论(relative deprivation theory, RDT)和情绪劳动理论(emotional labor theory, ELT)为解释资质过剩感及其引发的消极情绪提供了理论基础。⑥ 资质过剩感出现在当个体觉得自身能力远超志愿任务要求时,他们会认为自己的能力未被认可,

---

① 参见 LEE S P. Exploring a model of structural relationship for corporate engagement in sustainable volunteer management[J]. voluntas: international journal of voluntary and nonprofit organizations, 2021, 32(6): 1346 – 1358. OOSTLANDER J, GÜNTERT S T, VAN SCHIE S, et al. Leadership and volunteer motivation: a study using self-determination theory[J]. nonprofit and voluntary sector quarterly, 2014, 43(5): 869 – 889。
② VAN SCHIE S, GÜNTERT S T, WEHNER T. How dare to demand this from volunteers! the impact of illegitimate tasks[J]. voluntas: International journal of voluntary and nonprofit organizations, 2014, 25: 851 – 868.
③ SUNDEEN R A, RASKOFF S A, GARCIA M C. Differences in perceived barriers to volunteering to formal organizations: lack of time versus lack of interest[J]. Nonprofit management and leadership, 2007, 17(3): 279 – 300.
④ 参见 CLOYD M. When volunteering is mandatory: a call for research about service learning[J]. Multicultural education, 2017, 24: 36 – 40. Sparks S. Community service requirements seen to reduce volunteering[J]. Education week, 2013, 33(1): 6 – 9。
⑤ SUNDEEN R A, RASKOFF S A, GARCIA M C. Differences in perceived barriers to volunteering to formal organizations: lack of time versus lack of interest[J]. Nonprofit management and leadership, 2007, 17(3): 279 – 300.
⑥ 参见 ERDOGAN B, BAUER T N. Overqualification at work: a review and synthesis of the literature [J]. Annual review of organizational psychology and organizational behavior, 2021, 8(1): 259 – 283. HSU P F, LIN S K. Effects of reciprocal, perceived person – environment fit, and emotional labor on job involvement: moderated mediation analyses[J]. Cogent business & management, 2019, 6(1): 1603816。

而被大材小用。这种个体与工作的不匹配会让他们体验到被剥夺感,进而引起其他的消极情绪。① 此外,情绪劳动理论主张,个体会采取不同的情绪劳动策略来应对消极情绪,通常包括表层扮演和深层扮演②。其中,深层扮演需要改变自身的真实感受和认知,而表层扮演只需要伪装自己的面部表情以符合外部环境的表达规则③,这两种情绪劳动策略会对后续志愿结果会产生不同的影响④。本文旨在将情绪劳动文献和资质过剩感文献结合在一起,探索资质过剩、情绪劳动和志愿结果之间的联系。

本研究的贡献可能包括以下方面。首先,本研究使用情境实验和调查两种方法来测量志愿者的资质过剩感及其后续影响。尽管一些研究者已经关注到一些资质过高的志愿者被大材小用,但是这些研究均为质性研究⑤,研究结果可能难以重复。本文创新性地采用情景实验的方式比较了不同资质过剩感组(高 vs.低)的参与者的情绪劳动和后续的志愿结果,这是对学术界"需要采用更多实验研究证明资质过剩和各种反应之间因果关系"这一倡议的回应⑥。本研究还通过多波段收集数据(可以克服共同方法偏差),以大样本调查数据对资质过剩感及其负面效应做出定量分析,以求填补现有的志愿者资质过剩感文献的空白。其次,本研究借鉴相对剥夺理论,把资质过剩感和情绪劳动文献结合起来,考察了情绪劳动在志愿者资质过剩感和后续志愿结果间的中介作用,据此来深化我们关于资质过剩感是如何对后续志愿结果产生影响的认识。

本文结构:首先,通过回顾先前相关研究从而提出我们的研究假设;其次通过问卷法(研究一)初步探讨情绪劳动在志愿者资质过剩感和后续志愿结果间的中介作

---

① 参见 SMITH H J, PETTIGREW T F. Advances in relative deprivation theory and research[J]. Social justice research, 2015, 28: 1-6. LIU S, LUKSYTE A, ZHOU L E, et al. Overqualification and counterproductive work behaviors: examining a moderated mediation model[J]. Journal of organizational behavior, 2015, 36(2): 250-271。
② HOCHSCHILD A R. The managed heart: commercialization of human feeling[M]. Berkerley: University of California Press, 2019.
③ 吕晓俊,李成彦.特质-规则视角下情绪劳动策略研究——来自基层公务员的考察[J].上海行政学院学报,2019,20(3): 79-90
④ ALLEN J A, AUGUSTIN T. So much more than cheap labor! volunteers engage in emotional labor [J]. The social science journal, 2021: 1-17.
⑤ CHOMA B L, OCHOCKA J. Supported volunteering: a community approach for people with complex needs[J]. Journal on developmental disabilities, 2005, 12(1): 1-18.
⑥ LIU S, WANG M. Perceived overqualification: a review and recommendations for research and practice[J]. The role of the economic crisis on occupational stress and well being, 2012: 1-42.

用;然后通过情景实验法(研究二)验证研究一结果的稳健性,并得到更可靠的因果性推论;最后讨论了研究结果并提出了未来的实践建议。

二、文献综述与假设

(一) 资质过剩感与志愿服务

在志愿服务文献中,个体与环境的匹配度问题积累了大量的文献。① 当志愿者的动机、行为和态度与环境相匹配时,就会产生许多积极的结果,如更高的志愿满意度、对志愿组织更强的情感承诺等。② 在这批文献中,研究者集中讨论了志愿者—组织匹配以及志愿者—领导匹配 ③,而对志愿者—工作匹配的问题也有一些讨论。比如说,研究者发现了不合理的工作任务对志愿者继续服务意愿的消极作用④,然而这些研究似乎均从工作这一外部特征出发,忽略了志愿者面对与自身能力不匹配的志愿工作时所体验到的最直观的感受,即资质过剩感。

目前针对志愿者资质过剩仅有少数几份文献。如一些博物馆志愿者报告声称他们感受到自己被大材小用⑤。在教育程度较高的志愿者访谈中,研究者发现这些志愿

---

① EDWARDS J R. 4 person-environment fit in organizations: an assessment of theoretical progress [J]. The academy of management annals, 2008, 2(1): 167-230.
② VAN VIANEN A E M, NIJSTAD B A, VOSKUIJL O F. A person-environment fit approach to volunteerism: volunteer personality fit and culture fit as predictors of affective outcomes[J]. Basic and applied social psychology, 2008, 30(2): 153-166.
③ 参见 BAHAT E. Person-organization fit and commitment to volunteer organizations [J]. VOLUNTAS: International journal of voluntary and nonprofit organizations, 2021, 32: 1255-1270. Bortree D S, Waters R D. Race and inclusion in volunteerism: using communication theory to improve volunteer retention[J]. Journal of public relations research, 2014, 26(3): 215-234. NESBIT R, CHRISTENSEN R K, BRUDNEY J L. The limits and possibilities of volunteering: a framework for explaining the scope of volunteer involvement in public and nonprofit organizations [J]. Public administration review, 2018, 78(4): 502-513。
④ 参见 VAN SCHIE S, GÜNTERT S T, WEHNER T. How dare to demand this from volunteers! the impact of illegitimate tasks [J]. Voluntas: international journal of voluntary and nonprofit organizations, 2014, 25: 851-868. DING Z, YANG H, WANG J, et al. The influence of illegitimate tasks on the intention to continue volunteering: a moderated mediation model[C]// 2021 IEEE International conference on industrial engineering and engineering management (IEEM). IEEE, 2021: 1318-1322。
⑤ HOLMES K. Experiential learning or exploitation? volunteering for work experience in the uk museums sector[J]. Museum management and curatorship, 2006, 21(3): 240-253.

者认为他们拥有比志愿者工作所要求的更高的技能水平[1]。甚至在残障志愿者看来，当他们认为自己所从事的志愿工作太过简单时，同样会产生资质过剩感[2]。总的来说，目前对于志愿者资质过剩感的研究还处在初期，定量研究还不多见，对资质过剩感可能引起的后果还知之甚少。这可能是由于在研究者和大众眼中，志愿者始终是乐于奉献的代名词，即使志愿者的能力和环境不匹配，也觉得并不重要。这种看法或许掩盖了志愿者的真实体验，尤其是那些强迫性志愿者，他们的资质过剩感究竟如何影响他们的后续志愿服务行为，值得进一步研究。

（二）资质过剩感和情绪劳动

资质过剩感被证明通常与消极情绪密切相关[3]，如一些资质过剩的志愿者报告声称他们对工作安排的不满。相对剥夺理论为我们理解资质过剩感带来的消极反应提供了理论框架。[4] 根据相对剥夺理论，当志愿者自身能力或经验远超志愿工作要求时，这种不匹配导致志愿者产生一种资质过剩感，因为他们认为自己没有得到相应的对待，进而体验到一种相对剥夺的负面情绪。

情绪劳动最早被研究者定义为个体对情感的管理，从而表现出可被公众观察到的面部表情和身体动作。[5] 情绪劳动的策略分为表层扮演和深层扮演，其中表层扮演仅涉及外部表现的改变以符合外部要求，而不涉及内部态度和认知的改变；深层扮演则强调个体从内到外的一致性改变。[6] 就两种情绪劳动策略的效果而言，相较于深层扮演，采取表层扮演会使个体体会到不真实感，因而会给人们带来更多心理压力或影

---

[1] SUNDEEN R A, RASKOFF S A, GARCIA M C. Differences in perceived barriers to volunteering to formal organizations: lack of time versus lack of interest[J]. Nonprofit management and leadership, 2007, 17(3): 279-300.

[2] CHOMA B L, OCHOCKA J. Supported volunteering: a community approach for people with complex needs[J]. Journal on developmental disabilities, 2005, 12(1): 1-18.

[3] MA B, ZHANG J. Are overqualified individuals hiding knowledge: the mediating role of negative emotion state[J]. Journal of knowledge management, 2022, 26(3): 506-527.

[4] ERDOGAN B, BAUER T N. Overqualification at work: a review and synthesis of the literature[J]. Annual review of organizational psychology and organizational behavior, 2021, 8(1): 259-283.

[5] HOCHSCHILD A R. The managed heart: commercialization of human feeling[M]. Berkeley: University of California Press, 1983.

[6] HUMPHREY N M. Emotional labor and employee outcomes: a meta-analysis[J]. Public administration, 2023, 101(2): 422-446.

响人们的心理健康。① 目前,针对社工、医生、教师等其他社会服务行业的情绪劳动研究较多②,尽管早有学者提出要关注非营利组织中情绪劳动的管理,但总体而言研究仍比较少③。

本研究认为,当志愿者感知到资质过剩时,为应对这种负面感知,他们可能会在两种情绪劳动策略中表现出差异。根据相对剥夺理论和情绪劳动理论④,对资质过剩感知较强的志愿者来说,资质过剩感带来的相对剥夺感使得他们无法对志愿服务产生真正的价值认同,但他们同时又需要根据志愿服务行为规范被动地管理自己外部表情及行为,此时他们内心情感无法真诚地流露,只能用假装的微笑完成志愿任务,即资质过剩感会带来更多的表层扮演和较少的深层扮演。相反,对资质过剩感较弱的志愿者来说,他们认为自己的能力在志愿活动中得到了很好的发挥,因此产生更少的相对剥夺感,发自内心认可志愿活动并为之努力,此时他们的内部认知和外部表现保持一致,身心合一地做好志愿工作,即表现出了更多的深层扮演行为。基于此,我们认为:

H1a:志愿者的资质过剩感会增加其表层扮演。

H1b:志愿者的资质过剩感会减少其深层扮演。

(三) 情绪劳动的中介作用

本研究基于先前研究焦点选择了三种具有代表性的变量作为志愿结果,包括志愿

---

① 参见 ALLEN J A, AUGUSTIN T. So much more than cheap labor! volunteers engage in emotional labor[J]. The social science journal, 2021: 1-17. HAYTON J W. "They need to learn to take it on the chin": exploring the emotional labour of student volunteers in a sports-based outreach project in the north east of england[J]. Sociology of sport journal, 2017, 34(2): 136-147。

② 参见 ROGERS M E, CREED P A, SEARLE J. Emotional labour, training stress, burnout, and depressive symptoms in junior doctors[J]. Journal of vocational education & training, 2014, 66(2): 232-248. WINTER K, MORRISON F, CREE V, et al. Emotional labour in social workers' encounters with children and their families[J]. The british journal of social work, 2019, 49(1): 217-233。

③ 张冉,玛瑞迪斯·纽曼. 情绪劳动管理:非营利组织人力资源管理的新视角[J]. 浙江大学学报(人文社会科学版),2012,42(2):5-21。

④ 参见 ERDOGAN B, BAUER T N. Overqualification at work: a review and synthesis of the literature [J]. Annual review of organizational psychology and organizational behavior, 2021, 8(1): 259-283. HSU P F, LIN S K. Effects of reciprocal, perceived person-environment fit, and emotional labor on job involvement: moderated mediation analyses[J]. Cogent business & management, 2019, 6(1): 1603816。

工作绩效、志愿工作倦怠以及志愿离职倾向。其中,志愿工作绩效是积极的志愿结果,指志愿者在完成任务和履行义务方面的工作表现。① 而志愿工作倦怠和志愿离职倾向是消极的志愿结果,志愿工作倦怠指对工作的一种疲惫感、缺乏动力等消极情绪,志愿离职倾向是指志愿者不愿继续从事这一志愿活动的倾向。②

志愿服务的过程可以被视为一种情绪劳动的过程,这是因为志愿服务过程包含了志愿者与他人的大量互动,在这个过程中志愿者投入了大量的情绪。研究发现,志愿者的情绪劳动会对其自身的心理与行为产生影响,如表层扮演会导致志愿意愿的减少,而深层扮演则和志愿者更多积极情感的传递相关③,这可能对后续的志愿结果产生影响。

本研究认为,情绪劳动能够在资质过剩感和志愿结果之间发挥中介作用。根据相对剥夺理论,资质过剩感知强的志愿者在对当前的志愿环境或工作内容进行自我评价时,会认为自身具有的能力高于志愿活动所要求的技能、知识和经验等,感到无法充分发挥自身才能,从而感觉自己没有得到自己应有的对待而产生相对剥夺感④,此时志愿者在面对志愿工作时更可能采用消极的态度解读自己的工作。然而由于志愿服务的特殊性,即志愿服务更加强调以过程为导向,志愿者必须遵守情感表达规则,他们被要求表现出同情心、爱心、乐于助人、冷静等,而不能表现出其他情绪反应,如烦恼、震惊、不安或不知所措,因此,为了迎合志愿者"面带微笑""富有亲和力"的形象要求,他们倾向于选择更多的表层扮演。研究发现,一些社会工作者长时间处于这种忽视自己内心感受而服从外部要求的表层

---

① ENGLERT B, HELMIG B. Volunteer performance in the light of organizational success: a systematic literature review[J]. Voluntas: international journal of voluntary and nonprofit organizations, 2018, 29: 1-28.

② ALFES K, SHANTZ A, SAKSIDA T. Committed to whom? unraveling how relational job design influences volunteers' turnover intentions and time spent volunteering[J]. Voluntas: international journal of voluntary and nonprofit organizations, 2015, 26: 2479-2499.

③ 参见 ALLEN J A, AUGUSTIN T. So much more than cheap labor! volunteers engage in emotional labor[J]. The Social Science Journal, 2021: 1-17. HAYTON J W. "They need to learn to take it on the chin": exploring the emotional labour of student volunteers in a sports-based outreach project in the North East of England[J]. Sociology of sport journal, 2017, 34(2): 136-147。

④ ERDOGAN B, BAUER T N. Overqualification at work: a review and synthesis of the literature [J]. Annual review of organizational psychology and organizational behavior, 2021, 8(1): 259-283.

扮演的状态时,会产生退缩等消极行为①,对志愿者来说,也是如此。表层扮演的志愿者认为自己所从事的工作是没有意义的,不愿意在志愿工作上投入过多的精力,这必然导致后续更低的工作绩效。此外,长时间内外不一致的表层扮演会持续让志愿者身处于一种矛盾心理,感到更多的情感耗竭②,最终导致更强烈的工作倦怠,严重者甚至会产生离职倾向。基于此我们认为:

H2a:志愿者的资质过剩感通过增加其表层扮演,降低了志愿者的工作绩效。

H2b:志愿者的资质过剩感通过增加其表层扮演,增强了志愿者的工作倦怠。

H2c:志愿者的资质过剩感通过增加其表层扮演,增强了志愿者的离职倾向。

当资质过剩的志愿者感知不匹配带来的相对剥夺感时,他们无法从内心认同志愿工作,不愿花费额外精力去进行深层扮演,这种更少的深层扮演将会进一步导致一些消极的志愿结果。③ 具体来说,更少的深层扮演意味着志愿者必须花费更多精力在外表上,以体现志愿者应有的热情,即他们在志愿工作上假装投入以符合外部规范,实际上他们的工作投入和后续工作绩效是大幅下降的。一项访谈研究发现,当志愿者的实际感受和他们认为需要表现出来的情绪之间太过脱节时,如他们不情愿从事某项志愿服务,却被要求一直保持积极外部表现来对待那些被服务的公众,那么他们认为此时放弃志愿活动是一个合理的选择。④ 因此,更低的深层扮演预示着志愿者更强的倦怠和离职倾向。基于此我们认为:

H3a:志愿者的资质过剩感通过减少其深层扮演,降低了志愿者的工作绩效。

H3b:志愿者的资质过剩感通过减少其深层扮演,增强了志愿者的工作倦怠。

H3c:志愿者的资质过剩感通过减少其深层扮演,增强了志愿者的离职倾向。

基于此,本研究提出假设模型(见图1):

---

① KIM S, WANG J. The role of job demands – resources (JDR) between service workers' emotional labor and burnout: new directions for labor policy at local government[J]. International journal of environmental research and public health, 2018, 15(12): 2894.
② BLAU G, BENTLEY M A, EGGERICHS-PURCELL J. Testing the impact of emotional labor on work exhaustion for three distinct emergency medical service (EMS) samples[J]. Career development international, 2012, 17(7): 626–645.
③ HUMPHREY N M. Emotional labor and employee outcomes: a meta-analysis[J]. Public administration, 2023, 101(2): 422–446.
④ HAYTON J W. "They need to learn to take it on the chin": exploring the emotional labour of student volunteers in a sports-based outreach project in the north east of england[J]. Sociology of sport journal, 2017, 34(2): 136–147.

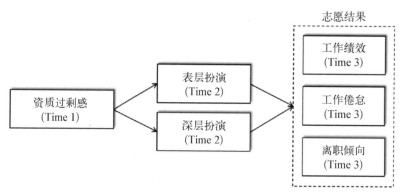

图 1　资质过剩感与志愿服务结果的关系模型

三、研究一

（一）样本选取和数据收集

和新加坡、日本等国家的教育体系相似,中国许多学校要求学生从小学开始到大学要完成志愿服务实践,甚至有些大学规定大学生每人每年必须完成固定的志愿服务时长,才能获得相应的学分,所以有学者将这些学生视为强制志愿服务群体[①]。然而有研究表明,中国学生群体虽然从事了志愿服务,但他们认为这没有给他们带来什么好处,即对志愿服务认同感并不强[②]。因此,参照以往研究者选择大学生群体来研究强迫性志愿者的传统[③],本研究选择这些高学历的却又是被强制做志愿工作的大学生群体为研究对象,这有助于我们更好地了解志愿者的资质过剩感。我们的调查地点选择了中国长三角地区的浙江省,浙江省是沿海开放型省份,有非常活跃的志愿服务氛围,以往研究也有以此为研究地点[④]。我们在浙江省的大学名录中随机选择了

---

① HENDERSON A, PANCER S M, BROWN S D. Creating effective civic engagement policy for adolescents: quantitative and qualitative evaluations of compulsory community service[J]. Journal of adolescent research, 2014, 29(1): 120-154.

② HUSTINX L, HANDY F, CNAAN R A. Student volunteering in china and canada: comparative perspectives[J]. Canadian journal of sociology, 2012, 37(1): 55-84.

③ CHO H, CHEN M Y K, LI C. Compulsory volunteer experience in singapore: personality, volunteer motivation, and continuance intention to volunteer[J]. Voluntas: international journal of voluntary and nonprofit organizations, 2023, 34(2): 276-288.

④ MIAO Q, NEWMAN A, SCHWARZ G, et al. How leadership and public service motivation enhance innovative behavior[J]. Public administration review, 2018, 78(1): 71-81.

20所大学,与大学里的团委取得联系,说明了调查的目的。共有18所大学同意我们展开研究并愿意提供志愿者名单。我们从中随机选择了3000名志愿者,通过手机向他们发送了有偿的调查邀请,其中2466名学生志愿者表达愿意参加这个匿名调查。

为防止共同来源偏差,本研究选择在不同时间点进行数据收集。在时间段1,我们调研了资质过剩感和人口统计学数据,一共有2155位志愿者完成了匿名调查。在时间段2(两周后),我们调研了情绪劳动,一共有1838位志愿者完成了有关调查,在时间段3(两周后),我们调研了志愿者的工作绩效、工作倦怠以及离职倾向。每一次调查结束后,我们都发送感谢信,并告知他们在两周以后还会有后续调查。最终,有1625名志愿者完成了全部的调查,问卷的回收率达到65.9%。通过分析人口统计学特征,我们发现志愿者中男性共711名(43.8%),所有这些志愿者的平均年龄为 $M\pm SD = 23.06\pm 3.49$。

(二) 研究工具

为保证测量工具的质量,本研究选用在国际重要期刊上已得到验证的成熟量表,且所有的问卷都是经过双向翻译的过程,确保翻译的准确性。所有量表采用1—7级李克特计分(1=非常不同意,7=非常同意)。

1. 资质过剩感量表

资质过剩感量表改编自约翰逊(Gloria Jones Johnson)编制的包含4个条目的问卷[1],由志愿者评价自身的资质过剩感,在本研究中 Cronbach's α 系数为0.80。

2. 情绪劳动量表

情绪劳动量表改编自布罗瑟里奇(Céleste M. Brotheridge)编制的包含6个条目的问卷[2],其中分为表层扮演和深层扮演两个子问卷,由志愿者填写在最近三天从事志愿服务过程中进行的表层扮演和深层扮演的程度。在本研究中表层扮演和深层扮演问卷的 Cronbach's α 系数分别为0.77和0.79。

---

[1] JOHNSON G J, JOHNSON W R. Perceived overqualification and psychological well-being[J]. The journal of social psychology, 1996, 136(4): 435-445.
[2] BROTHERIDGE C M, LEE R T. Development and validation of the emotional labour scale[J]. Journal of occupational and organizational psychology, 2003, 76(3): 365-379.

3. 工作绩效量表

工作绩效量表改编自米莱特(Valérie Millette)编制的包含 4 个条目的问卷①,由志愿者对自己的工作绩效进行评价,在本研究中 Cronbach's α 系数为 0.86。

4. 工作倦怠量表

工作倦怠量表改编自沃特金斯(Marla Baskerville Watkins)编制的包含 3 个条目的问卷②,由志愿者填写在志愿服务过程中的工作倦怠,在本研究中 Cronbach's α 系数为 0.90。

5. 离职倾向量表

离职倾向量表改编自斯科特(Craig R. Scott)编制的包含 4 个条目的问卷③,由志愿者填写自己在非营利组织中的离职倾向,在本研究中 Cronbach's α 系数为 0.86。

6. 其他变量

参考以往研究,我们测量了性别、年龄、文化程度、志愿经验等控制变量,从而保证了结果的可靠性。

(三) 数据分析

1. 信效度检验

首先进行因素分析,发现在本研究中,题目的因子载荷较高(范围为 0.60—0.88),说明这些题项可以很好地代表本研究关注的变量。随后检验各问卷的内部一致性信度和组合信度,结果发现资质过剩感、表层扮演、深层扮演、工作绩效、工作倦怠以及离职倾向的 Cronbach's α 系数和组合信度(CR)均大于 0.7,说明具有良好的信度。最后检验各问卷的效度,结果发现各量表平均萃取方差(AVE)均大于 0.5,表明具有较好的聚合效度。同时,比较不同模型的拟合指标,发现六因素模型的拟合指标($\chi^2 = 1474$,

---

① MILLETTE V, GAGNÉ M. Designing volunteers' tasks to maximize motivation, satisfaction and performance: the impact of job characteristics on volunteer engagement [J]. Motivation and emotion, 2008, 32: 11 - 22.

② WATKINS M B, REN R, UMPHRESS E E, et al. Compassion organizing: employees' satisfaction with corporate philanthropic disaster response and reduced job strain [J]. Journal of occupational and organizational psychology, 2015, 88(2): 436 - 458.

③ SCOTT C R, CONNAUGHTON S L, DIAZ-SAENZ H R, et al. The impacts of communication and multiple identifications on intent to leave: a multimethodological exploration [J]. Management communication quarterly, 1999, 12(3): 400 - 435.

$df=174$，TLI＝0.95，CFI＝0.93，SRMR＝0.06，RMSEA＝0.06）优于其他模型，表明变量的区分效度较好。具体结果见表1和表2。

表1 信度和效度检验

	题项	M	SD	因子载荷	Cronbach's α	CR	AVE
资质过剩感	OQ1	5.08	1.46	0.60	0.80	0.82	0.55
	OQ2	3.33	1.68	0.80			
	OQ3	3.67	1.72	0.82			
	OQ4	2.92	1.65	0.80			
表层扮演	SA1	4.21	1.62	0.78	0.77	0.79	0.57
	SA2	5.12	1.42	0.64			
	SA3	4.31	1.68	0.86			
深层扮演	DA1	6.01	0.96	0.80	0.79	0.80	0.57
	DA2	5.91	1.03	0.69			
	DA3	5.98	0.96	0.79			
工作绩效	PF1	6.03	0.93	0.80	0.86	0.86	0.60
	PF2	6.01	0.94	0.77			
	PF3	6.09	0.91	0.77			
	PF4	6.02	0.98	0.76			
工作倦怠	BO1	3.00	1.66	0.88	0.90	0.90	0.76
	BO2	3.05	1.66	0.86			
	BO3	2.53	1.59	0.87			
离职倾向	TO1	2.28	1.46	0.88	0.86	0.86	0.61
	TO2	2.09	1.40	0.87			
	TO3	2.92	1.61	0.69			
	TO4	2.30	1.55	0.70			

注：OQ＝资质过剩感，SA＝表层扮演，DA＝深层扮演，PF＝工作绩效，BO＝工作倦怠，TO＝离职倾向。

表2 不同模型的拟合系数

模型	因素	χ^2	df	TLI	CFI	SRMR	RMSEA
六因素	OQ, SA, DA, PF, BO, TO	1110	174	0.95	0.94	0.05	0.06
五因素	OQ, SA+DA, PF, BO, TO	2777	179	0.86	0.84	0.10	0.09
四因素	OQ+SA+DA, PF, BO, TO	4945	183	0.77	0.71	0.12	0.13
三因素	OQ+SA+DA+PF, BO, TO	5273	186	0.73	0.69	0.13	0.13
双因素	OQ+SA+DA+PF+BO, TO	8351	188	0.56	0.51	0.15	0.16
单因素	OQ+SA+DA+PF+BO+TO	9152	189	0.52	0.46	0.14	0.17

注：OQ=资质过剩感，SA=表层扮演，DA=深层扮演，PF=工作绩效，BO=工作倦怠，TO=离职倾向。

2. 相关分析

相关性分析发现（见表3），资质过剩感和表层扮演、工作倦怠、离职倾向分别显著正相关（$r=0.43$, $p<0.001$; $r=0.26$, $p<0.001$; $r=0.36$, $p<0.001$），然而和深层扮演以及工作绩效显著负相关（$r=-0.18$, $p<0.001$; $r=-0.11$, $p<0.001$）。表层扮演和工作绩效显著负相关（$r=-0.05$, $p<0.05$），和工作倦怠及离职倾向显著正相关（$r=0.12$, $p<0.001$; $r=0.16$, $p<0.001$）。深层扮演则和工作绩效显著正相关（$r=0.71$, $p<0.001$），和工作倦怠及离职倾向显著负相关（$r=-0.34$, $p<0.001$; $r=-0.40$, $p<0.001$）。

表3 相关分析（$n=1,625$）

		$M\pm SD$	1	2	3	4	5	6
1	资质过剩感	3.76±1.29						
2	表层扮演	4.55±1.30	0.43***					
3	深层扮演	5.96±0.82	-0.18***	-0.03*				
4	工作绩效	6.04±0.79	-0.11***	-0.05*	0.71***			
5	工作倦怠	2.86±1.50	0.26***	0.12***	-0.34***	-0.35***		
6	离职倾向	2.40±1.26	0.36***	0.16***	-0.40***	-0.43***	0.70***	

注：* $p<0.05$，*** $p<0.001$。

3. 假设检验

对数据进行层次回归分析,如表4所示,在控制了性别、年龄等变量后,资质过剩感可以显著正向预测志愿者的表层扮演、工作倦怠,以及离职倾向($\beta = 0.44$, $t = 18.87$, $p < 0.001$;$\beta = 0.20$, $t = 7.47$, $p < 0.001$;$\beta = 0.29$, $t = 12.88$, $p < 0.001$),并显著负向预测深层扮演($\beta = -0.17$, $t = -6.58$, $p < 0.001$);表层扮演可以显著负向预测工作绩效($\beta = -0.04$, $t = -2.02$, $p < 0.05$),正向预测工作倦怠及离职倾向($\beta = 0.03$, $t = 1.44$, $p < 0.05$;$\beta = 0.04$, $t = 2.09$, $p < 0.05$);深层扮演可以显著正向预测工作绩效($\beta = 0.71$, $t = 40.10$, $p < 0.001$),负向预测工作倦怠及离职倾向($\beta = -0.30$, $t = -12.66$, $p < 0.001$;$\beta = -0.34$, $t = -15.38$, $p < 0.001$)。初步支持了假设 H1a 和 H1b。

表4 回归分析结果

变量	表层扮演 β (SE)	深层扮演 β (SE)	志愿绩效 β (SE)	工作倦怠 β (SE)	离职倾向 β (SE)
控制变量					
年龄	-0.01* (0.01)	-0.01 (0.01)	0.01* (0.01)	-0.01 (0.00)	0.00 (0.01)
性别	-0.06 (0.05)	0.20*** (0.05)	-0.03 (0.04)	-0.12** (0.04)	-0.06 (0.04)
教育程度	0.00 (0.02)	0.12*** (0.03)	0.02** (0.02)	-0.06** (0.02)	-0.05* (0.02)
志愿经验	-0.01 (0.02)	0.03 (0.02)	0.04 (0.01)	-0.03 (0.02)	-0.02 (0.01)
自变量					
资质过剩感	0.44*** (0.02)	-0.17*** (0.03)	0.02 (0.02)	0.20*** (0.03)	0.29*** (0.02)
中介变量					
表层扮演			-0.04* (0.02)	0.06* (0.02)	0.04* (0.02)

续　表

变量	表层扮演 β(SE)	深层扮演 β(SE)	工作绩效 β(SE)	工作倦怠 β(SE)	离职倾向 β(SE)
深层扮演			0.71*** (0.02)	−0.30*** (0.02)	−0.34*** (0.02)
R^2	0.19	0.06	0.51	0.17	0.25
F	74.74***	19.23***	245.02***	46.90***	78.17***

注：β 为标准化系数。* $p<0.05$，** $p<0.01$，*** $p<0.001$。

为了保证结果的稳健性，采用 bootstrap 法进行抽样，在 5000 次 bootstrap 之后，结果发现表层扮演和深层扮演在资质过剩感和工作绩效、工作倦怠，以及离职倾向的关系中均起中介作用（β=−0.02，SE=0.01，95%CI=[−0.03，−0.01]；β=0.03，SE=0.01，95%CI=[0.01，0.04]；β=0.02，SE=0.01，95%CI=[0.01，0.04]；β=−0.11，SE=0.02，95%CI=[−0.14，−0.09]；β=0.05，SE=0.01，95%CI=[0.04，0.06]；β=0.06，SE=0.01，95%CI=[0.04，0.07]）。除此之外，我们还试图通过更换因变量来考察结果的稳健性。我们在收集数据时还收集了他们每周平均志愿服务时长这一客观变量（M±SD=2.75±2.40），我们认为这一变量也可以较好地代表志愿者的志愿情况。将其作为因变量后，我们发现情绪劳动的中介作用是稳定的，即表层扮演和深层扮演在资质过剩感和志愿服务时长中均起中介作用（β=−0.31，SE=0.02，95%CI=[−0.35，−0.27]；β=−0.02，SE=0.00，95%CI=[−0.03，−0.01]）。这些结果支持了假设 H2a、H2b、H2c 和 H3a、H3b、H3c（见表5）。

表5　中介效应分析结果

路径	β	SE	95%CI
资质过剩感→工作绩效			
直接效应	0.02	0.02	[−0.01，0.05]
间接效应（表层扮演）	−0.02*	0.01	[−0.03，−0.01]

续 表

路 径	β	SE	95%CI
间接效应（深层扮演）	-0.11***	0.02	[-0.14, -0.09]
总效应	-0.11***	0.02	[-0.15, -0.08]
资质过剩感→工作倦怠			
直接效应	0.21***	0.03	[0.17, 0.25]
间接效应（表层扮演）	0.03*	0.01	[0.01, 0.04]
间接效应（深层扮演）	0.05***	0.01	[0.04, 0.06]
总效应	0.29***	0.03	[0.24, 0.33]
资质过剩感→离职倾向			
直接效应	0.29***	0.03	[0.24, 0.33]
间接效应（表层扮演）	0.02*	0.01	[0.01, 0.04]
间接效应（深层扮演）	0.06***	0.01	[0.04, 0.07]
总效应	0.37***	0.03	[0.33, 0.41]

注：β 为标准化系数。* $p<0.05$，** $p<0.01$，*** $p<0.001$。

四、研究二

研究二采用情景实验法。基于情景的研究的优势在于，它们允许研究人员在控制额外变量的同时检查变量之间的真正因果关系①，并通过操纵变量模拟出真实情境中个体的心理与行为反应。在先前志愿者相关研究中，情景实验法同样展示出其重要性和有效性②。

---

① 张书维，李纾. 行为公共管理学探新：内容、方法与趋势[J]. 公共行政评论，2018，11(1)：7-36+219.
② MOSELEY A, JAMES O, JOHN P, et al. The effects of social information on volunteering: a field experiment[J]. Nonprofit and voluntary sector quarterly, 2018, 47(3): 583-603.

(一) 研究流程和被试选取

本研究采用单因素(低资质过剩组 vs. 高资质过剩组)组间设计,根据 G-power 3.1 计算,当 Cohen's $d=0.8$,$α=0.05$,$1-β=0.8$ 时,最低样本量为 52,即每组 26 人。研究二共招募 150 名被试,其中两组参与者各 75 人,可以满足最低样本量要求。被试群体取自某大学,这些参与者在过去的一个学期中都参加过志愿活动,因此对本实验采用的志愿情景文本材料具有较好的理解。通过分析人口统计学特征,我们发现参与者中男性共 49 名(32.7%),所有这些参与者的平均年龄为 $M±SD=26.61±4.74$。

(二) 研究材料

本研究将参与者随机分为两组(低/高资质过剩感组),每组在填写人口统计学信息后,分别阅读一段不同的文字情景材料。在这段材料中,他们被要求想象自己是一名志愿者,当他们经历材料中的事件时,作为情境中的志愿者他们会如何做,并据此填写后续的表层扮演量表、深层扮演量表、工作绩效量表、工作倦怠量表,以及离职倾向量表。这些量表与研究一量表相同,在该研究中这些量表的 Cronbach' α 系数分别为 0.85,0.93,0.98,0.92,0.92。

资质过剩感程度较低的情景材料:

> 李平是一名本科生,学习成绩一般,没有获得过什么奖励和荣誉,最近在网上报名参加"绿色同行"志愿组织举行的公益活动。在本周六,李平将和其他报名的志愿者在某社区开展一次垃圾分类志愿活动。在活动培训时,李平认识了其他志愿者,发现大多数的志愿者和自己都是同一所学校的学生。在志愿活动开始后,李平发现这些志愿活动需要的相关经验和技能正好是自己熟知的,自己的能力得到了完全的发挥。

资质过剩感程度较高的情景材料:

> 李平是一名研究生,学习成绩优异,经常获得"三好学生"等荣誉,最近在网上报名参加"绿色同行"志愿组织举行的公益活动。在本周六,李平将和其他报名的志愿者在某社区开展一次垃圾分类志愿活动。在活动培训时,李平认识了其他志愿者,发现其他志愿者大多来自专科院校,只有自己一名研究生参加,这些志愿者似乎也对李平这一研究生身份感到诧异,仿佛觉得一名研究生来做垃圾分类

有些大材小用。在志愿活动开始后,李平发现这些志愿活动不需要太多的经验和技能,自己的能力没得到完全的发挥。

为确保情景操纵的有效性,我们在情景材料后还设置了操纵检验项目(5级计分,1=非常不同意,5=非常同意),如"我认为以李平的才华,志愿服务是无法充分体现的"、"我认为以李平的能力,做志愿服务有点大材小用了"、"我认为以李平的文化水平,做做志愿服务是绰绰有余"。在正式分析前,我们对两组的操纵检验项目的均值进行了独立样本t检验,结果发现两组存在显著差异($t=3.42$, $p<0.01$),这说明被试较好地理解了情景材料,并被成功操纵了其资质过剩感知,因此可以进行正式数据分析。

(三) 数据分析

首先,我们对两组样本进行平衡性检验,观察随机分组的有效性。我们采用t检验和卡方检验,比较了性别,年龄等人口学变量,发现两组参与者在被实验操纵前不存在显著的差异($p>0.05$)。随后对低资质过剩组和高资质过剩组进行独立样本t检验,试图比较在情景操纵后参与者后续的心理与行为是否存在显著差异。结果发现低资质过剩组中参与者的表层扮演、工作倦怠、离职倾向均显著低于高资质过剩组($t=-4.13$, $p<0.001$; $t=-2.82$, $p<0.01$; $t=-4.63$, $p<0.001$),然而低资质过剩组中参与者的深层扮演、工作绩效均显著高于高资质过剩组($t=2.73$, $p<0.01$; $t=3.56$, $p<0.001$)。结果如表6和图2所示。

表6 t检验结果

变量	M±SD		t	Cohen's d
	低资质过剩组	高资质过剩组		
表层扮演	4.11±1.46	5.02±1.25	-4.13***	0.67
深层扮演	6.11±0.86	5.57±1.47	2.74**	0.45
工作绩效	6.19±0.78	5.38±1.82	3.56***	0.58
工作倦怠	2.87±1.36	3.54±1.54	-2.82**	0.46
离职倾向	2.27±1.22	3.34±1.59	-4.63***	0.76

注:** $p<0.01$,*** $p<0.001$。

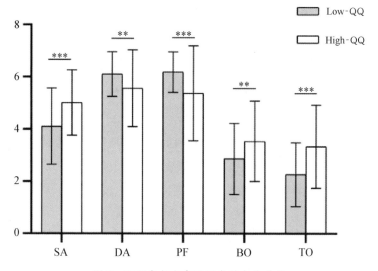

图 2 两组参与者在不同变量上的差异

注：OQ=资质过剩感，SA=表层扮演，DA=深层扮演，PF=工作绩效，BO=工作倦怠，TO=离职倾向。** $p<0.01$，*** $p<0.001$。

随后，我们将低资质过剩组编码为0，高资质过剩组编码为1，然后使用Mplus构建出结构方程模型以检验情绪劳动的中介作用。结果与研究一相似，表层扮演和深层扮演在资质过剩感和工作绩效、工作倦怠，以及离职倾向的关系中均起中介作用（$\beta=-0.19$，$SE=0.09$，$95\%CI=[-0.36,-0.08]$；$\beta=0.21$，$SE=0.07$，$95\%CI=[0.11,0.35]$；$\beta=0.26$，$SE=0.08$，$95\%CI=[0.15,0.41]$；$\beta=-0.28$，$SE=0.11$，$95\%CI=[-0.48,-0.13]$；$\beta=0.17$，$SE=0.07$，$95\%CI=[0.07,0.31]$；$\beta=0.19$，$SE=0.07$，$95\%CI=[0.09,0.32]$）。这些结果再次支持了假设 H2a、H2b、H2c 和 H3a、H3b、H3c，见表7。

表7 中介效应分析结果

路径	β	SE	95%CI
资质过剩感→工作绩效			
直接效应	-0.13	0.09	[-0.31, 0.01]
间接效应（表层扮演）	-0.19*	0.09	[-0.36, -0.08]
间接效应（深层扮演）	-0.28**	0.11	[-0.48, -0.13]
总效应	-0.60***	0.16	[-0.86, -0.33]

续 表

路　径	β	SE	95%CI
资质过剩感→工作倦怠			
直接效应	0.12	0.13	[-0.09, 0.34]
间接效应（表层扮演）	0.21**	0.07	[0.11, 0.35]
间接效应（深层扮演）	0.17*	0.07	[0.07, 0.31]
总效应	0.50***	0.14	[0.27, 0.74]
资质过剩感→离职倾向			
直接效应	0.30*	0.12	[0.09, 0.49]
间接效应（表层扮演）	0.26**	0.08	[0.15, 0.41]
间接效应（深层扮演）	0.19**	0.07	[0.09, 0.32]
总效应	0.75***	0.15	[0.50, 0.99]

注：β 为标准化系数。* $p<0.05$，** $p<0.01$，*** $p<0.001$。

五、总讨论

本研究基于相对剥夺理论，以情绪劳动的新视角探讨了志愿者资质过剩感对其后续志愿结果影响的路径机制。研究一和研究二分别采用问卷法和情景实验法验证了这一路径机制，并支持了我们的假设模型，具有一些理论和管理意义。

（一）结果讨论

首先，志愿者资质过剩感对其情绪劳动有显著影响。研究一通过回归分析发现志愿者的资质过剩感一方面会增加其表层扮演，另一方面又会减少其深层扮演。研究二在比较两组（弱资质过剩感 vs.强资质过剩感）参与者后发现弱资质过剩感组个体的表层扮演水平显著低于强资质过剩感组，然而其深层扮演水平又显著高于强资质过剩感组。这两项研究结果均表明不同资质过剩感的确会影响志愿者的情绪劳动策略。根据相对剥夺感理论，这一研究结果可能是因为当志愿者自身资质较高却从事一些简单的志愿活动时,这种不匹配带来的资质过剩感会让志愿者感受到自己没有被公平对待,并体验到相对剥夺感①。这意味着他们在进行后续的志愿活动时,并非从内心认同这一活动,但碍于志愿者要"微笑服务"的行为规范,从外在行为中仍表现出"温柔、耐心"的志愿者形象②,即资质过剩感带来更多的表层扮演和更低的深层扮演。

其次,志愿者表层扮演在资质过剩感和后续志愿结果之间起到中介作用。原因在于当志愿者与工作不匹配时,志愿者会感到大材小用,并因此不满意或不认同自己从事的志愿活动,但限于志愿者身份,他们只能投入更大的精力进行外在的志愿者角色扮演以满足志愿组织要求(即表层扮演),这必然会导致志愿者资源的不断损耗,最终造成一些消极的志愿结果。正如先前研究发现,当志愿者反复管理他们的情绪表现,以与组织的期望保持一致时,他们的倦怠水平会上升。③ 而本研究则将志愿者情绪劳动的影响拓展至更多的志愿结果,如研究一和研究二均发现随着志愿者资质过剩感水平的增加,其表层扮演程度随之增加,最终导致了更低的志愿工作绩效、更高的工作倦怠和更高的离职倾向。

最后,志愿者深层扮演在资质过剩感和后续志愿结果之间起到中介作用。这可能是由于当志愿者与工作匹配时,志愿者就不会产生资质过剩感,同时相对剥夺感较低,于是他们从内心去认同志愿工作并愿意为之努力(即深层扮演),这将有利于后续的志愿结果。与这一推论相似的研究结果表明,当志愿者表现更多出深层扮演时其后续的志愿投入也会增加④。相反,当志愿者与工作不匹配时,正如研究一和研究二发现,随着志愿者资质过剩感水平的增加,其深层扮演程度随之降低,最终导致了更低的志愿工作绩效、更强的工作倦怠和更强的离职倾向。

(二) 理论贡献

首先,本文可能是首次以定量的方式研究了志愿者的资质过剩感。对资质过剩感

---

① ERDOGAN B, BAUER T N. Overqualification at work: a review and synthesis of the literature[J]. Annual review of organizational psychology and organizational behavior, 2021, 8(1): 259-283.
② ALLEN J A, AUGUSTIN T. So much more than cheap labor! volunteers engage in emotional labor [J]. The social science journal, 2021: 1-17.
③ SCOTT, G. "Never grow weary of doing good:" Expression of emotional labor and the presence of burnout and compassion fatigue in child welfare system employees and volunteers[EB/OL]. (2021-05-04) [2024-11-20]. https://hdl.handle.net/2346.1/37657.
④ GALIA R. Giving from the heart: The emotion management of volunteering employees[J]. Studies in media and communication, 2015, 3(2): 154-163.

的研究以往有很多关注于员工①,这些个体与企业间的关系特征是存在劳务报酬的利益交换。然而对于没有利益追求的志愿者,学术界一直缺少系统的研究。本研究发现他们也会出现资质过剩感(例如研究一中超过60%志愿者报告有较高水平的资质过剩感),这一定量研究结果验证了先前针对志愿者资质过剩的访谈结果②。此外,本研究还充实了个体—环境匹配相关领域的文献。先前针对志愿者的研究更多关注志愿者与组织或者上级的匹配,较少探讨志愿者与工作要求不匹配带来的资质过剩感这一问题,尽管这种现象在强制志愿服务情境中十分多见。本研究则深入探讨了志愿者与工作不匹配时的资质过剩感及其后续影响的内部机制。

其次,本研究通过问卷和情景实验两种方法揭示了资质过剩感通过表层扮演和深层扮演对志愿者后续志愿结果的双重影响。一方面,资质过剩感体现了志愿者能力与志愿任务要求的不匹配,与志愿者对志愿服务本身预期相违背,从而带来一种相对剥夺的感觉,因此他们选择更多的表层扮演策略,进一步抑制了后续的工作绩效并产生更多的倦怠和离职倾向。另一方面,资质过剩感带来的相对剥夺感等负面感知与情绪会占用大量认知资源,因此志愿者为保存资源,更少地选择深层扮演的策略,从而导致较差的志愿结果。从结果来讲,这一研究结果回应了先前研究者提出的未来研究应更多关注资质过剩感知在服务行业中应用的倡议③,也丰富了志愿者情绪表现规则的相关研究。从方法来讲,本研究创新性地采用了情景实验法,这种方法更好地展示了变量间的因果关系,既是对问卷法结果的有力补充与验证,又是对学界倡议运用实验法对资质过剩感开展研究的积极回应④。

(三) 管理启示

首先,在一些强制性志愿服务的情境中,尽管志愿者必须完成志愿服务,但这不能

---

① DEBUS M E, GROSS C, KLEINMANN M. The power of doing: how job crafting transmits the beneficial impact of autonomy among overqualified employees[J]. Journal of business and psychology, 2020, 35(3): 317-331.
② CHOMA B L, OCHOCKA J. Supported volunteering: a community approach for people with complex needs[J]. Journal on developmental disabilities, 2005, 12(1): 1-18.
③ ERDOGAN B, BAUER T N. Overqualification at work: a review and synthesis of the literature[J]. Annual review of organizational psychology and organizational behavior, 2021, 8(1): 259-283.
④ LIU S, WANG M. Perceived overqualification: a review and recommendations for research and practice[J]. The role of the economic crisis on occupational stress and well being, 2012: 1-42.

掩盖他们中间存在资质过剩的现象。管理者应该重新重视志愿者的人岗匹配问题,尤其是不可忽视志愿者的资质水平和志愿活动的匹配问题,对能力较高的志愿者要安排他们去从事那些对技能或熟练度要求较高的志愿活动,实现人力资源的最佳配置。

其次,为了减少资质过剩感,对于那些新志愿者,组织应及时提供真实的工作预览①,以便他们更清楚地了解志愿者内容,避免正式开始工作时发现工作内容与预期不符导致的负面情绪,并形成资质过剩的主观感知。

再次,管理者应当通过丰富志愿服务的种类,来提升志愿者的价值感。志愿者—工作不匹配造成的资质过剩感除了与志愿者资质有关,还与志愿服务的工作要求有关。因此志愿管理者可以通过丰富志愿者活动的种类,扩大服务的范围,提升工作的综合性,使志愿服务的工作从单一化转变为多元化和复杂化,让志愿者有机会学习到更多知识、技术和流程,从而激发他们的积极性。

最后,管理者还应重视对志愿者情绪调节能力的培训,以减少志愿服务的表层扮演。在现实的志愿服务中,志愿者难免会遇到大材小用的情况,此时就需要志愿者恰当地管理好自己的情绪,对负面情绪加以调节,并提升忍受能力,这在一定程度上可以弱化资质过剩感知带来的负面影响。

(四)局限与展望

本文仅探讨了情绪劳动在志愿者资质过剩和后续志愿结果中的中介机制,未来可进一步探索是否不同个体动机、认知或是外部组织环境因素等会使得本研究结果产生不同差异,即调节效应。例如,从个体角度而言,动机在个体行为中扮演重要作用,其中公众服务动机通常被用来研究志愿者、公务员等群体为公众服务的意愿②。目前在一些东亚国家(如中国和日本),存在许多强迫性志愿者③,他们可能并不想从事志愿服务(较低的公共服务动机),此时资质过剩感带来的消极后果可能会被加剧。相反,若志愿者拥有较强的公共服务动机,即使感知到志愿者与工作不匹配,他们也会积极

---

① GANZACH Y, PAZY A, OHAYUN Y, et al. Social exchange and organizational commitment: decision-making training for job choice as an alternative to the realistic job preview[J]. Personnel psychology, 2002, 55(3): 613-637.
② CHEN C, CHEN C A, LIU B, et al. Two sides of the same coin: how does civil servants' public service motivation affect work-family conflict? [J]. Public management review, 2023: 1-20.
③ CO E E A. Civic service in east asia and the pacific[J]. Nonprofit and voluntary sector quarterly, 2004, 33(4_suppl): 127S-147S.

从事这些志愿活动。从任务角度而言,有研究强调了任务重要性等工作特征的感知对工作结果的影响[1],我们猜测,当志愿者感知到任务是重要的,如大型赛事的志愿者,即使他们自身的能力远超过任务要求,也会认真完成这些志愿任务,即对任务的感知调节了志愿者资质过剩感和其后续心理与行为的关系。从组织角度而言,组织支持也可能是调节资质过剩感和后续工作结果的重要因素[2],尤其对志愿者而言,由于他们和非营利组织不存在稳定的契约关系,因此缺乏组织支持可能会加剧志愿者资质过剩感带来的消极后果。总之,未来可从个体、任务和组织等多个层次入手,深入开展对志愿者资质过剩感的研究,这将有利于帮助研究者更好地理解人与环境的匹配关系。

Big Fish in a Small Pond: How Overqualified Volunteers Act

Qing Miao, Chao Pan

Abstract: A mediated model was established based on relative deprivation theory to reveal the influence of overqualification on volunteer service outcomes through the mediating role of emotional labor. We used two research methods to test our hypotheses. Study 1 administered a three-wave questionnaire survey to 1,625 volunteers, and Study 2 included an experimental survey with 150 participants. Both studies showed that overqualification is common among college student volunteers (the compulsory volunteer group), which harms volunteer outcomes by increasing surface acting and reducing deep acting — volunteers' overqualification reduced volunteer performance and increased burnout and turnover.

Keywords: overqualification, emotional labor, performance, burnout, turnover

---

[1] O'REILLY C A, CALDWELL D F. Informational influence as a determinant of perceived task characteristics and job satisfaction[J]. Journal of applied psychology, 1979, 64(2): 157.

[2] YE X, LI L, TAN X. Organizational support: mechanisms to affect perceived overqualification on turnover intentions: a study of chinese repatriates in multinational enterprises[J]. Employee relations, 2017, 39(7): 918-934.

性别代表性和感知合法性:从常态情境到危机情境的实验复制与拓展*

张书维 张梓丙**

摘 要:保障妇女合法权益、促进男女平等和女性全面发展,是中国式现代化的应有之义;而相关公共机构如何被民众感知仍有待探究。本文讨论了常态情境和危机情境中公共机构的性别代表性对民众感知合法性的影响,以家暴和性骚扰防治为背景,复制并拓展了里库奇(Riccucci)等人(2014)的经典研究。采取"由内而外"的复制思路,在中国开展3个调查实验进行实证泛化型与泛化拓展型复制。结果表明,民众对女性代表性高、客观绩效高的机构的感知合法性更高。在部分情况下,性别代表性与客观绩效或危机情境存在负向交互作用。这些发现拓展了符号代表理论的应用边界与情境条件,并为促进性别平等和性骚扰防治工作,提升民众对公共机构的感知合法性提供了实证依据。

关键词:代表性官僚、符号代表、实验复制、客观绩效、感知合法性

---

* 本文为国家自然科学基金面上项目(72474237)和2024年度中山大学高校基本科研业务费项目创新人才培育计划项目(24wkqb05)的研究成果。
** 张书维,中山大学政治与公共事务管理学院教授、博士生导师,中山大学中国公共管理研究中心行为公共管理研究所所长。研究方向为行为公共管理、行为公共政策、行为治理。
张梓丙(通讯作者),中山大学政治与公共事务管理学院博士研究生。

一、引言

2024年王某元事件再次将性骚扰议题置于社会舆论的风口浪尖①。随着我国经济社会的发展，人们对性别平等议题愈发关注。如何保障女性权益，避免两性对立，是社会文明进步必须面对的问题。尽管女性的政治性代表对于争取合法权利十分重要，但代表性官僚理论认为，在强势的行政权与官僚控制难题的背景下，在行政人员中也应体现代表性②。代表性官僚理论持续推进，发展出基于被动代表的主动代表与符号代表等理论路径③——前者指官僚为拥有同属性的民众主动谋取权益④，后者则指官僚无须做任何事，只要有特定的属性构成就足以影响民众感知与行为⑤。里库奇等人则首次通过实验法巧妙剔除主动代表的潜在影响，检验了纯粹的符号代表效应⑥。近年来行为公共管理学的兴起⑦，以及实验方法的流行⑧，使得以实验检验纯粹的符号代表效应更

---

① 中国人民大学. 中国人民大学的微博[EB/OL]. (2024-12-02)[2024-07-22]. https://weibo.com/2975787954/OoLcYtmt4?refer_flag=1001030103.
② DOLAN J, ROSENBLOOM D H, 胡辉华. 代表性官僚制[J]. 公共行政评论, 2008(3): 1-18, 197.
③ 在本文的概念框架中，被动代表性主要描述的是性别等被动属性的一种客观状态，我们使用"性别代表性"来指代官僚机构中的客观性别比例，当聚焦女性比重的高低时，则将该概念特化为"较高（或低）的女性代表性"。而主动代表和符号代表则是被动代表性产生的主观或客观影响，故称之为"基于性别的主动代表"或"基于性别的符号代表"更准确。前者侧重于官僚的被动属性对其主动行为的影响，官僚的客观绩效对民众感知的影响一般不在主动代表的讨论范畴之内；后者则侧重于官僚被动属性对民众感知的影响，也是本文的主要关注点。
④ MOSHER F C. Democracy and the public service[M]. New York: Oxford University Press, 1968: 10-14.
⑤ PITKIN H F. The concept of representation[M]. Berkeley: University of California Press, 1972: 92-111.
⑥ RICCUCCI N M, VAN RYZIN G G, LAVENA C F. Representative bureaucracy in policing: does it increase perceived legitimacy?[J]. Journal of public administration research and theory, 2014, 24(3): 537-551.
⑦ 参见 GRIMMELIKHUIJSEN S, JILKE S, OLSEN A L, et al. Behavioral public administration: combining insights from public administration and psychology[J]. Public administration review, 2017, 77(1): 45-56. 张书维, 李纾. 行为公共管理学探新：内容、方法与趋势[J]. 公共行政评论, 2018, 11(1): 7-36, 219。
⑧ 张书维. 专刊导言：以行为视角与实验方法推进公共管理研究[EB/OL]. 《公共管理评论》. (2024-12-02)[2024-09-04]. https://gogl.cbpt.cnki.net/WKG/WebPublication/wkTextContent.aspx?contentID=1e482730-82dd-4564-b2e9-8232c08fff6b&mid=gogl.

具可行性，为理解行政机构中的女性代表性如何影响民众感知提供了更精细的见解。

不过，尽管实验法的内部效度较高，可以有效探索因果关系，但其外部效度易被质疑。尤其是对符号代表这样微妙的作用，其跨议题、跨文化的稳健性仍有待进一步检验。此外，只有少量研究关注到了危机情境中性别符号代表的变化，且结论并不清楚①，常态情境中关于符号代表的结论在危机情境中是否适用仍有待进一步检验。由于不规范的研究设计和报告方式，以及 p 值操纵、发表偏倚等问题，心理学和社会科学正经历可复制性危机②。公共管理领域也已开始呼吁复制研究，以增强人们对公共管理实验研究的信心，厘清理论应用边界，并拓展其可推广性③。因此，本文尝试对里库奇等人以实验法验证性别符号代表作用的经典研究④进行实证泛化与拓展泛化型的复制，检验性别符号代表的跨文化适用性，并在此基础上考察其在性骚扰议题与危机情境中的变化。

本文其余部分安排如下：第二节提供了所要复制的原始研究的概要；梳理了代表性官僚与感知合法性的文献脉络、前人有关性别代表性的复制研究和元分析，以阐明在中国背景下进行复制的必要性；并简要说明了将家暴领域中的原始研究拓展到性骚扰议题与危机情境中的理论与实践背景。第三节遵循沃克(Walker)等人对公共管理复制实验的最佳实践建议⑤，展示了三个复制实验的关键复制过程，并报告了实验设计、参与者、实验程序、变量操纵和测量。第四节介绍了分析结果与研究发现。最后，讨论了原始研究和复制研究的结果、相应的政策启示、研究局限与未来展望。

---

① 参见 VAN RYZIN G G, RICCUCCI N M, LI H. Representative bureaucracy and its symbolic effect on citizens: a conceptual replication[J]. Public management review, 2017, 19(9): 1365-1379. SMITH J C. Representation in times of crisis: women's executive presence and gender-sensitive policy responses to crises[J]. Journal of European public policy, 2023, 30(10): 1984-2009。
② VOGEL D, XU C. Everything hacked? What is the evidential value of the experimental public administration literature? [J]. Journal of behavioral public administration, 2021, 4(2): 1-17.
③ 马亮,吴培熠. 专题引论 复制公共管理实验研究正当其时[J]. 公共管理与政策评论,2024, 13(4): 56.
④ RICCUCCI N M, VAN RYZIN G G, LAVENA C F. Representative bureaucracy in policing: does it increase perceived legitimacy? [J]. Journal of public administration research and theory, 2014, 24(3): 537-551.
⑤ WALKER R M, BREWER G A, LEE M J, et al. Best practice recommendations for replicating experiments in public administration[J]. Journal of public administration research and theory, 2019, 29(4): 609-626.

二、原始研究概要与文献回顾

(一) 原始研究概要

图1描述了原始研究中主要的变量间关系及假设的验证情况。原始研究假设当家暴处理机构的女性代表性更高时,民众对该机构的感知合法性更高(H1);当家暴处理机构的客观绩效更高时,民众对该机构的感知合法性更高(H2);当女性代表性和客观绩效同时更高时,民众对该机构的感知合法性更高(H3)。其中,行政机构的性别代表性操作化为该机构10名工作人员中女性的数量,根据美国女性警察的实际比例、结合预调查结果,原始研究作者将该机构有9名男性1名女性界定为其女性代表性较低,有4名男性和6名女性界定为其女性代表性较高。机构的客观绩效操作化为该机构对殴打者的强制逮捕率,将30%的逮捕率界定为其客观绩效较低,将70%的逮捕率界定为其客观绩效较高。民众对机构的感知合法性,操作化为3个单独项目,分别测量民众对该机构的绩效评价、信任度和感知公平。

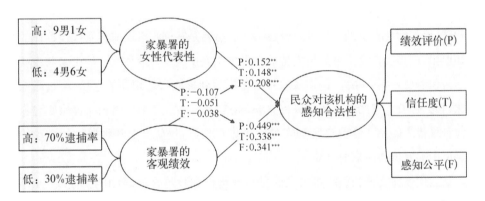

图1 原始研究的主要结果

注:性别代表性编码0.5 = "6女性/4男性", -0.5 = "1女性/9男性"。客观绩效编码0.5 = "70%逮捕率", -0.5 = "30%逮捕率"。图中为标准化的回归系数显示的效应量。绩效评价因变量的回归方程 $R^2 = 0.056$,信任度因变量的回归方程 $R^2 = 0.034$,感知公平因变量的回归方程 $R^2 = 0.040$。* $p<0.10$,** $p<0.05$,*** $p<0.01$(双尾 t 检验)。数据来源:里库奇等人的原始研究。

在实验中,参与者首先回答两个关于执法重要性和妇女权利重要性的热身问题,而后随机阅读一段关于某假想城市的家暴署(DVU)的操纵信息,包括家暴署的职能、机构人员性别比例,以及逮捕率(包括这一指标的含义),构成一个2(高女性代表性-低女性代表性)×2(高机构客观绩效-低机构客观绩效)的被试间设计。然后,参与者对家暴署的绩效评价、信任度、感知公平等变量进行打分。实验还收集了人口统计信息,包括性别、种族、年龄、收入、所居区域、教育水平、政治意识形态。该实验于2012年进行,共962名美国公民参加,最终有效样本789人。该研究的主要发现如图1所示。家暴署的女性代表性和客观绩效越高,民众对该机构的绩效评价、信任度和感知公平都越高,假设1和假设2得到验证;但没有发现性别代表性与客观绩效的交互作用,假设3没有得到证实。此外,女性子样本的分析结论基本不变,性别代表性对感知机构合法性的影响更强一些。

(二) 文献回顾

1. 代表性官僚与感知合法性

代表性官僚的概念最早由金斯利(Kingsley)于1944年提出①。由于教育系统与文官选拔系统无法避免强势的行政权与官僚控制难题,英国的公务员体系出现了中上社会阶层人士过多的现象。官僚系统对全社会的代表性不足将可能导致行政上缺乏底层经验洞察,政治上损伤国家民主性②。莫舍尔(Mosher)于1968年进一步明确区分被动代表性与主动代表性:前者是官僚的个性背景(属性)及其在总体上映照社会的程度,例如女性官员的比例,即女性代表性;后者是官僚积极谋取其所代表群体的利益和愿望,例如女性官员可能更支持旨在促进男女平等的政策③。被动代表向主动代表的转化需要一系列条件,包括从拥有某种属性到形成与之相关的立场,经过组织社会化,官僚拥有一定的自由裁量权将立场转化为政策④。近年来代表性官僚研究愈发关注符号代表的象征性功能⑤,即官僚无须做任何事,仅凭其对某种属性的被动代表就足以影响官僚和民众的感知⑥。

虽然代表性官僚的关注对象主要是行政机构和行政官僚,但由于"代表"问题本

---

① KINGSLEY J D. Representative bureaucracy[M]. Yellow Springs: Antioch Press, 1944: 141-166.
② DOLAN J, ROSENBLOOM D H, 胡辉华. 代表性官僚制[J]. 公共行政评论, 2008(3): 1-18, 197.
③ MOSHER F C. Democracy and the public service[M]. New York: Oxford University Press, 1968: 10-14.
④ WEBECK S, LEE H. The behavioral foundations of representative bureaucracy[J]. Perspectives on public management and governance, 2022, 5(3): 209-221.
⑤ RICCUCCI N M, VAN RYZIN G G, LI H. Representative bureaucracy and the willingness to coproduce: an experimental study[J]. Public administration review, 2016, 76(1): 121-130.
⑥ PITKIN H F. The concept of representation[M]. Berkeley: University of California Press, 1972: 92-111.

身含有的政治属性,官僚代表性对合法性的影响始终是代表性官僚理论的中心问题。合法性的内涵外延十分丰富①,但按照韦伯的经典论述,合法性在本质上是对权力正当性的一种辩护②。基于"民有、民治、民享"的民主理念并借用系统论的概念,部分学者将合法性区分为"输入、过程、输出"三类③。其中,输入合法性(民有、民治)强调基于多数选举产生规则的参与过程、公民身份以及系统合法性意识的授予等④;输出合法性(民享)强调政策结果对民众的有效性,要求结果效率和效益;过程合法性则强调治理过程的效力、问责制、透明度,以及(与民协商的)包容性与开放性,要求程序公平⑤。

  具体到代表性官僚领域,由于该理论目前不太关注代表性官僚如何产生,因而较少测量输入合法性。从公民端考察代表性官僚的影响时,学者们主要从感知过程合法性和感知输出合法性的维度来测量民众对公共机构的感知合法性⑥。例如,通过主观绩效评价来衡量感知输出合法性,通过感知公平来衡量感知过程合法性⑦,而信任度则作为一个涵盖对机构能力(输出合法性)和良善正直的认知和情感(过程合法性)的综合测量⑧。

  在西方语境下,符号代表的作用已在各个领域得到检验,例如从军经历与退伍军人项目满意度⑨,性别与家暴处理机构感知合法性⑩,性别与垃圾回收共

---

① 赵鼎新. 国家合法性和国家社会关系[J]. 学术月刊,2016,48(8):166-178.
② 马克斯·韦伯. 经济与社会:下卷[M]. 北京:商务印书馆,1997:217-220.
③ SCHMIDT V A. Democracy and legitimacy in the European Union revisited: input, output and 'throughput'[J]. Political studies, 2013, 61(1): 2-22.
④ EASTON D. A Systems analysis of political life[M]. New York: Wiley, 1965: 278-310.
⑤ SCHMIDT V A. Democracy and legitimacy in the European Union revisited: input, output and 'throughput'[J]. Political studies, 2013, 61(1): 2-22.
⑥ RICCUCCI N M, VAN RYZIN G G, LAVENA C F. Representative bureaucracy in policing: does it increase perceived legitimacy?[J]. Journal of public administration research and theory, 2014, 24(3): 537-551.
⑦ GRIMMELIKHUIJSEN S G, MEIJER A J. Does twitter increase perceived police legitimacy?[J]. Public administration review, 2015, 75(4): 598-607.
⑧ 张书维,宋逸雯,钟爽. 行为公共管理学视角下政府信任修复的双过程机制[J]. 上海大学学报(社会科学版),2020,37(6):1-15.
⑨ GADE D M, WILKINS V M. Where did you serve? veteran identity, representative bureaucracy, and vocational rehabilitation[J]. Journal of public administration research and theory, 2013, 23(2): 267-288.
⑩ RICCUCCI N M, VAN RYZIN G G, LAVENA C F. Representative bureaucracy in policing: does it increase perceived legitimacy?[J]. Journal of public administration research and theory, 2014, 24(3): 537-551.

同生产①,种族与警察感知合法性②。中国场景下的联合实验也发现性别等符号代表能促进公众合作③。总之,官僚属性与政策领域相关时符号代表的确存在。

2. 相关复制研究与元分析

鉴于里库奇等人的原始研究对符号代表理论的重要推进④,以及性别代表性议题的现实重要性,泛化和拓展型(generalization and extension)的复制已有开展。朴善荣(Sunyoung Pyo)在韩国使用类似的家暴情境进行了 3×2 被试间的实验复制⑤。其对机构性别代表性的操纵调整为女性代表不足的"9 男 1 女"、体现绝对相等的"5 男 5 女"、体现女性过度代表的"1 男 9 女";将机构客观绩效的操纵调整为其采取临时强制措施率,10%为较低,90%为较高;并调整了感知合法性的测量,包括合法性、公平性和有效性。该研究在全样本中基本证实了原始研究的 H1 和 H2;与原始研究不同的是,该研究发现机构的性别代表性和客观绩效存在交互效应;且女性子样本的分析发现,机构的性别代表性在该机构客观绩效不佳时几乎不再起效,而非原始研究认为的二者作用相互独立。巴尼阿明(Baniamin)和贾米尔(Jamil)则在孟加拉国、尼泊尔和斯里兰卡等南亚三国使用相似的针对妇女的暴力侵害情境进行了 6 水平单因素被试间的实验复制⑥。其对机构性别代表性的操纵调整为"没有女性代表"、"没有相关信息"、"5 女 5 男"、"2 女 8 男"、"8 女 2 男"、"全部为女性"6 种情况;但绩效水平操纵改为常量,即该虚构的委员会"一年内处理了约 150 起针对妇女的暴力案件";感知合法性的测量也略有调整,仅测量了绩效评价和感知公平。该研究也基本证实了更对等的机构性别代表性可以产生更高的绩效评价和感知公平(H1);但孟加拉国分样本中性别代

---

① RICCUCCI N M, VAN RYZIN G G, LI H. Representative bureaucracy and the willingness to coproduce: an experimental study[J]. Public administration review, 2016, 76(1): 121 – 130.
② THEOBALD N A, HAIDER-MARKEL D P. Race, bureaucracy, and symbolic representation: interactions between citizens and police[J]. Journal of public administration research and theory, 2009, 19(2): 409 – 426.
③ ZHANG Y, WANG H. Symbolic bureaucratic representation and client cooperation: experimental insights from four daily public service scenarios in China[J]. Public administration, 2024: 1 – 28.
④ RICCUCCI N M, VAN RYZIN G G, LAVENA C F. Representative bureaucracy in policing: does it increase perceived legitimacy? [J]. Journal of public administration research and theory, 2014, 24 (3): 537 – 551.
⑤ PYO S. Symbolic effects of representative bureaucracy in policing: an experimental replication in a Korean context[J]. Governance, 2024, 37(3): 825 – 843.
⑥ BANIAMIN H M, JAMIL I. Effects of representative bureaucracy on perceived performance and fairness: experimental evidence from South Asia[J]. Public administration, 2023, 101(1): 284 – 302.

表性与感知公平间的不显著结果意味着,机构性别代表性信息的效果可能仍然较小,从而不足以向某些地区的民众提供足够的预期。

进一步地,代表性官僚的元分析表明,性别和种族属性与其他属性的影响相比显著较大①。最近一篇关于符号代表的元分析表明,被动属性与其预期的象征性结果存在较弱但显著的正相关;但性别和种族属性的象征性效果并不显著区别于其他属性,这不同于前一元分析的结论②。

3. 危机情境中的性别代表性

既有研究已经从性别代表性与感知合法性的操作测量调整、跨文化比较等角度拓展了性别符号代表的适用性,然而这些讨论主要集中在常态情境,性别符号代表在危机情境中是否稳健仍尚不清晰。危机情境一方面存在与常态情境不同的个体感知与行为逻辑,另一方面则让效应量较小的性别符号代表面临有效性挑战。例如有研究发现,在应急准备阶段,性别代表性未能通过象征性影响公民的共同生产意愿③,但该研究未能区分符号代表性在单纯危机情境中(无论事务是否与性别相关)失效,还是性别代表性在与性别无关的危机情境中失效。

首先,相较于常态情境,公共危机情境下对直接当事方的不信任容易泛化至对整个公共部门的怀疑④,危机情境中的民众焦虑情绪可能进一步降低政府信任⑤,因此官僚代表性对感知合法性的象征性影响要足够强,才可能在危机情境中继续存在。其次,危机情境下民众可能更加关注结果而非过程,因而官僚机构的能力或绩效对民众绩效评价的影响可能会更大;过程合法性仅相当于"保健因素":无之不满,但有之仅不会不满,而不会更满意⑥。最后,危机情境更难以进行象征性联想,危机应对也常被

---

① DING F, LU J, RICCUCCI N M. How bureaucratic representation affects public organizational performance: a meta-analysis[J]. Public administration review, 2021, 81(6): 1003-1018.
② WANG Y. Does symbolic representation matter? a meta-analysis of the passive-symbolic representation link[J]. Public administration, 2024: 1-22.
③ VAN RYZIN G G, RICCUCCI N M, LI H. Representative bureaucracy and its symbolic effect on citizens: a conceptual replication[J]. Public management review, 2017, 19(9): 1365-1379.
④ 张书维,宋逸雯,钟爽. 行为公共管理学视角下政府信任修复的双过程机制[J]. 上海大学学报(社会科学版), 2020, 37(6): 1-15.
⑤ 方敏,张华. 危机干预如何修复政府信任?——风险沟通与社区支持的调节作用[J]. 公共行政评论, 2021, 14(6): 4-23, 197.
⑥ SCHMIDT V A. Democracy and legitimacy in the European Union revisited: input, output and 'throughput'[J]. Political studies, 2013, 61(1): 2-22.

视为男性化的领域,因而性别代表性的象征性作用可能更难以实现①。因此,我们在原始研究的基础上进一步提出假设 H4:危机情境与性别代表性呈负向交互作用,即相较于常态情境,在危机情境下高女性代表对感知合法性的提升作用更弱。

三、实验复制的思路:从实证泛化到泛化拓展

遵循公共管理复制实验的最佳实践建议②,在复制价值上,鉴于里库奇等人的原始研究③在符号代表的实证研究中的关键推进,以及性别代表性视角在社会中的重要性,我们认为对这一原始研究的复制是富有科学和实践价值的。在复制类型上④,我们按照"由内而外"的复制思路⑤,对原始研究的变动逐步增加,依次进行了实证泛化(实验1)、调整政策领域与性别代表性操纵的泛化拓展(实验2)、加入危机情境的泛化拓展(实验3)等三个实验(见表1和图2)。

表1 复制的类型

	相同测量和分析 Same measurement and analysis	不同测量和分析 Different measurement and analysis
相同人群 Same population	精确复制 exact replication	概念性拓展 conceptual extension
不同人群 Different population	实证泛化 empirical generalization	泛化与拓展 generalization and extension

表格来源:翻译自曾(Tsang)和关(Kwan)的文章⑥。

---

① VAN RYZIN G G, RICCUCCI N M, LI H. Representative bureaucracy and its symbolic effect on citizens: a conceptual replication[J]. Public management review, 2017, 19(9): 1365–1379.

② WALKER R M, BREWER G A, LEE M J, et al. Best practice recommendations for replicating experiments in public administration[J]. Journal of public administration research and theory, 2019, 29(4): 609–626.

③ RICCUCCI N M, VAN RYZIN G G, LAVENA C F. Representative bureaucracy in policing: does it increase perceived legitimacy?[J]. Journal of public administration research and theory, 2014, 24(3): 537–551.

④ TSANG E W K, KWAN K. Replication and theory development in organizational science: a critical realist perspective[J]. The academy of management review, 1999, 24(4): 759–780.

⑤ BUSSE C, KACH A P, WAGNER S M. Boundary conditions: what they are, how to explore them, why we need them, and when to consider them[J]. Organizational research methods, 2017, 20(4): 574–609.

⑥ TSANG E W K, KWAN K. Replication and theory development in organizational science: a critical realist perspective[J]. The academy of management review, 1999, 24(4): 759–780.

图 2 本文三个实验的内容及其之间的逻辑关系

图片来源：笔者自制，部分内容参考沃克(Walker)等人的文章①。

在七个复制决策点方面，一是复制可行性，原始研究的实验设计、过程、数据分析相对完整清晰，便于本文几个复制实验的复现与拓展；而已经在韩国②和南亚等国③实施的相关复制实验也提供了保持实验情境相似性的参考。二是原始研究与复制的内部效度，我们保留了原始研究的三个假设，并认为其同样可以迁移到性骚扰防治的政策领域，而后补充了有关危机情境的假设；考虑到顺序效应的潜在影响④，我们在实验2和实验3中将男女比例信息的出现顺序随机呈现，以避免先出现的性别可能暗示其重要性；补充了原始研究未加入的操纵检验，以确保实验干预的有效性；另外，我们还通过调查平台的技术手段保证三次实验的参与者不重复，同时保持因变量测量的一致性以保障复制研究的内部效度。三是统计检定力(power)的决策，参考原始研究以及我们预实验所得的回归模型的总效应量和性别代表性的效应量⑤，我们将回归模型的总效应量设置为0.105，这是介于小效应量与中等效应量之间的值⑥，按照惯例取 α = 0.05，power = 0.8，预测因子数 = 3(性别代表性、客观绩效，以及交互项)，另外考虑到要

---

① WALKER R M, BREWER G A, LEE M J, et al. Best practice recommendations for replicating experiments in public administration[J]. Journal of public administration research and theory, 2019, 29(4): 609-626.
② PYO S. Symbolic effects of representative bureaucracy in policing: an experimental replication in a Korean context[J]. Governance, 2024, 37(3): 825-843.
③ BANIAMIN H M, JAMIL I. Effects of representative bureaucracy on perceived performance and fairness: experimental evidence from South Asia[J]. Public administration, 2023, 101(1): 284-302.
④ SCHWARZ N, STRACK F, MAI H P. Assimilation and contrast effects in part-whole question sequences: a conversational logic analysis[J]. Public opinion quarterly, 1991, 55(1): 3-23.
⑤ ELLIS P D. The essential guide to effect sizes: statistical power, meta-analysis, and the interpretation of research results[M]. Cambridge new york: cambridge university press, 2010: 57-58.
⑥ COHEN J. A power primer[J]. Psychological bulletin, 1992, 112(1): 155-159.

进行女性子样本的分析,按女性占样本的60%的经验值计算,实验1和实验2各自所需的最小样本量为180;实验3预测因子数=7(加上了危机情境以及其他二阶与三阶交互项),所需的最小样本量为240。

四是选择关键检验案例。警务界的性别代表性对绩效评价、信任度、感知公平的影响在韩国①、南亚等国②得到一定程度的验证。然而,这些国家尽管文化各有差异,但近代都受到西方的较深影响;更关键的是,这些国家都采取代议制民主政体,代表性官僚的理念可能更容易被理解和接受。而中国实行更加注重实质性的"代表性民主",而非偏重形式与程序的"代议性民主"③;官方"规律—使命式"代表观念也与西方"选举式代表"存在差异④。因此我们先通过实证泛化型的复制实验1,仅更换人群,以考察是否能在中国情境下复现女性符号代表。

五是建立边界条件。复制实验2和实验3选择性骚扰议题,实验3还进一步拓展了危机情境。在保持与原始研究的背景相似性的基础上(性骚扰与家暴的主要受害者同为女性,政策议题与性别相关),一方面性骚扰议题的暴力程度一般低于家暴,人们对反映实质结果的客观绩效与反映形式过程的符号代表的重视程度可能存在差异;另一方面,性骚扰多发于公共场所,容易引发舆情,便于引入危机情境。性骚扰事件对受害者情绪影响较大,但取证困难,判定标准模糊,自由裁量权大,能否确证为性骚扰并进行相应惩罚,在很大程度上取决于官僚机构的决定;在谈性色变的文化背景下,官僚机构很容易采取息事宁人态度,可能也不具备相应的知识经验⑤,导致缺乏对问题本身的关注和真正的行动改变,因而相关舆论危机十分常见。如果能够复制符号代表,将为此类危机处置提供简单有效可靠的策略,低成本、低争议地保护女性权益,以小博大,推动社会进步。

六是建立内容效度。由于机构的客观绩效与性别代表性等自变量,以及对绩效评

---

① PYO S. Symbolic effects of representative bureaucracy in policing: an experimental replication in a Korean context[J]. Governance, 2024, 37(3): 825-843.
② BANIAMIN H M, JAMIL I. Effects of representative bureaucracy on perceived performance and fairness: experimental evidence from South Asia[J]. Public administration, 2023, 101(1): 284-302.
③ 王绍光. 代表型民主与代议型民主[J]. 开放时代, 2014(2): 152-174, 8-9.
④ 景跃进. 代表理论与中国政治——一个比较视野下的考察[J]. 社会科学研究, 2007(3): 16-21.
⑤ 张夏子.《民法典》反性骚扰条款的制度检视与规范再造——以2022年修订的《妇女权益保障法》为分析背景[J]. 法商研究, 2024, 41(2): 186-200.

价、信任度和感知公平的操纵与测量直接易懂,实验的内容效度较好。七是结果比较,将在结果与发现部分具体阐述。

四、实验复制方法

(一)实验设计

本研究共设计了三个实验,旨在探讨不同情境下公众对官僚机构的感知合法性变化。实验1采用2(低—高女性代表性)×2(低—高客观绩效)被试间设计,议题为家暴;实验2引入体现男女比例平等的"5男5女",采用3(低—中—高女性代表性)×2(客观绩效)被试间设计,议题为性骚扰;实验3采用3(低—中—高女性代表性)×2(客观绩效)×2(常态—危机情境)被试间设计,议题仍为性骚扰。与原始研究距离最远的实验3在OSF平台进行了预注册①。

(二)实验参与者

所有实验参与者均通过见数平台(Credemo)招募,该平台与原始研究采用的CivicPanel同为非随机代表性抽样的线上调查平台,但注册人数更多②。因为三次实验并非同时进行,在同一平台收集数据可实现三次实验的参与者没有重合。实验1共招募了257名参与者,经操纵检验、列举实验的不可能选项等③筛选后,有效样本量248;实验2招募了284名参与者,有效样本量250;实验3招募了393名参与者,有效样本量285。表2展示了三个实验的参与者特征,以及与中国综合社会调查(CGSS)2021、里库奇等人的原始研究④的对比。由于原始研究中的人员特征变量对中国情境并不全部适用,因此本研究的三个实验按照CGSS2021的题项进行了相应的调整。总

---

① 预注册内容见 https://doi.org/10.17605/OSF.IO/2NVCY。
② 关于调查平台 CivicPanel 的更多介绍,见 https://spaa.newark.rutgers.edu/civicpanel;见数平台见 https://www.credamo.com/#/aboutUs。
③ 由于家暴(性骚扰)经历的敏感性,我们采用了列举实验的方式测量该问题,列举实验中第二题比第一题只多了一个家暴(性骚扰)经历的选项,因此参与者两题所选项数的差值(第二题减去第一题)应该只有0和1两个值,否则应视为未认真作答。参见王浦劬,季程远. 列举实验在敏感问题调查中的应用——以非制度化政治参与为验证[J]. 中国软科学,2016(9):135-143。
④ RICCUCCI N M, VAN RYZIN G G, LAVENA C F. Representative bureaucracy in policing: does it increase perceived legitimacy? [J]. Journal of public administration research and theory, 2014, 24(3):537-551.

的来说,三个实验之间的人群特征差异不大。与CGSS2021的全国代表性样本相比,三个实验中的参与者女性更多,更年轻,收入更高,教育程度更高。与原始研究相比,三个实验中的参与者更年轻、收入更高,中间性政治倾向更强,对法律执行和妇女权利更重视。需要说明的是,由于随机对照实验的特性,人群特征不影响因果关系推论的内部效度。当然,这些差异一方面说明了进行实证泛化型复制的必要性,另一方面也提醒我们本文的结论在推广到其他群体时应保持谨慎。

表2 三个实验的参与者特征与CGSS2021及原始研究的对比

	实验1	实验2	实验3	CGSS2021	里库奇等人的原始研究	
性别						
女性	67.3%	70.8%	65.3%	50.9%	67.7%	
男性	32.7%	29.2%	34.7%	49.1%	32.3%	
民族						
汉族	92.7%	85.2%	86.0%	93.1%	82.6%	白人
其他	7.3%	14.8%	14.0%	6.9%	17.4%	其他
年龄						
35岁以下	74.2%	75.2%	73.7%	16.7%	22.9%	
35—64	25.4%	24.4%	25.3%	51.5%	66.0%	
65岁及以上	0.4%	0.4%	1.0%	31.8%	11.1%	
月收入						年收入
低于1000元	1.2%	2.4%	1.0%	23.3%	15.8%	低于25000美元
1000—4999元	17.7%	26.8%	13.7%	40.6%	49.7%	25000—75000美元
5000元及以上	81.1%	70.8%	85.3%	36.1%	34.6%	高于75000美元
地区						
东部	45.6%	46.8%	46.0%	36.4%	35.2%	南部

续 表

	实验1	实验2	实验3	CGSS2021	里库奇等人的原始研究	
中部	21.8%	24%	29.5%	31.9%	19.5%	中西部
西部	17.3%	23.6%	18.6%	26.8%	14.9%	西部
东北	15.3%	5.6%	5.9%	4.9%	30.4%	东北部
教育程度						
初中及以下	0.4%	0.4%	0.3%	59.0%	41.1%	高中
中专到大专	10.5%	8.8%	9.5%	27.5%	12.8%	副学士
本科及以上	89.1%	90.8%	90.2%	13.5%	46.1%	大学或更高
政治倾向						
维护秩序优先	24.6%	23.2%	25.6%	34.5%	25.0%	保守
兼顾/其他	73.0%	74.8%	70.9%	60.1%	38.6%	中间
言论自由优先	2.4%	2%	3.5%	5.4%	36.4%	自由
法律执行						
最重要的问题之一	79.4%	78.8%	83.5%	—	25.0%	
重要	20.6%	20.8%	16.5%	—	38.6%	
不是很重要	0	0.4%	0	—	36.4%	
妇女权利						
最重要的问题之一	74.6%	78%	75.4%	—	29.1%	
重要	25%	21.6%	24.6%	—	63.9%	
不是很重要	0.4%	0.4%	0	—	7.0%	
家暴(性骚扰)经历						
有	48.0%	57.6%	54.4%	—	—	
无	52.0%	42.4%	45.6%	—	—	
观测值	248	250	285	6680	789	

数据来源：三个复制实验、中国综合社会调查(CGSS)2021和里库奇等人的原始研究。这些变量不能等同，仅供参考。

(三) 实验程序

图 3 以设计最复杂的实验 3 为例介绍了实验流程。三个实验的实验程序基本相同,且与原始研究基本保持一致。在实验开始前,参与者首先回答关于执法和妇女权利重要性的热身问题。随后,参与者会随机阅读 4、6、12 组操纵材料的一种,而后回答绩效评价、信任度和感知公平等因变量的三个问题。之后,参与者回答针对客观绩效、性别代表性(危机情境)的指导式操纵检验①;并填写性别、民族、年龄、月收入、教育程

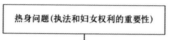

图 3 实验流程图(以实验 3 为例)

---

① 即通过客观题目测验参与者是否认真填答,参见卫旭华,汪光炜,陈义. 国内管理心理实验中的操纵检验: 现状、问题与建议[J]. 心理科学进展,2022, 30(6): 1367-1376。
需要注意的是,原始研究并未进行操纵检验,本文参照有关做法在因变量测量之后添加了指导式操纵检验题项。参见 CHEN W, DONG B, HSIEH C W, et al. A replication of "an experimental test of the expectancy-disconfirmation theory of citizen satisfaction"[J]. Public administration, 2022, 100(3): 778-791。

度、政治倾向、家暴(性骚扰)经历等其他变量,这些变量的操作尽可能与原始研究保持一致,并在必要时参考CGSS2021的相关问题进行调整,以适用于中国的背景。

(四) 操纵和测量

在实验1中,我们保留了原始研究对性别代表性与客观绩效的操纵;实验2与实验3将家暴议题调整为性骚扰议题,并参照已有研究,增加了一组体现性别完全对等的"5男5女"[1],以提高结论的稳健性。并将性别出现的顺序进行随机。实验3还额外增加了危机情境的操纵。实验1的操纵文本是:

> 家庭暴力防治委员会是A地的一个专门单位,旨在处理当地的家暴案件。该委员会接收家暴的电话举报,对这些案件进行调查,并决定应该采取何种行动。该委员会的工作人员包括9名男性和1名女性或4名男性和6名女性(或6名男性和4名女性)。
>
> 根据一项最近评估,该委员会在70%/30%的案件中对施暴者采取了强制措施。有证据表明,采取这些强制措施可以减少因家暴而受重伤或死亡的受害者人数。

实验2(实验3增加了一组危机情境的描述)的操纵文本是:

> 性骚扰防治委员会是A地的一个专门单位〔常态情境〕(近日A地发生多起性质恶劣的性骚扰事件,引发全网关注。A地紧急成立性骚扰防治委员会〔危机情境〕),旨在处理当地的性骚扰事件。该委员会接收性骚扰的电话举报,对这些事件进行调查,并决定应该采取何种行动。该委员会的工作人员包括9名男性和1名女性(或5名男性和5名女性,或4名男性和6名女性)〔男女顺序随机〕。
>
> 根据一项最近评估,该委员会在70%/30%的事件中处罚了性骚扰者。有证据表明,进行这种处罚可以减少因性骚扰而饱受困扰或抑郁的受害者人数。

对因变量的测量与原始研究保持一致,包括:

〔绩效评价〕你如何评价家庭暴力(性骚扰)防治委员会在应对A地家暴方面所做的工作?(1非常差;2比较差;3一般;4比较好;5非常好)

---

[1] PYO S. Symbolic effects of representative bureaucracy in policing: an experimental replication in a Korean context[J]. Governance, 2024, 37(3): 825-843.

[信任度]您认为 A 地居民在多大程度上可以相信家庭暴力（性骚扰）防治委员会将会做正确的事情？（1 从不；2 很少；3 有时；4 经常；5 几乎总是）

[感知公平]您认为家庭暴力（性骚扰）防治委员会在处理 A 地的家暴（性骚扰）案件时可能会有多公平或不公平？（1 非常不公平；2 有点不公平；3 有点公平；4 非常公平）

五、结果与发现

如前所述，文章最终只纳入了通过指导式操纵检验且未出现列举实验的不可能选项的参与者。如表 3 和表 4 所示，三个实验各自的人口学变量等在各组之间没有显著差异（$p_{all}>0.05$），均通过了样本平衡性检验，样本分配是随机的。

（一）实证泛化复制结果

表 5、表 6、表 7 依次展示了三个实验的主要结果。如表 5 所示，在家暴议题的实证泛化复制实验中，全样本分析显示，民众对具有较高女性代表性的家暴防治机构的感知合法性显著更高（$\beta_{绩效评价}=0.390$，$\beta_{信任度}=0.354$，$\beta_{感知公平}=0.468$，$p_{all}<0.01$），H1 得证。民众对具有较高客观绩效的家暴防治机构的感知合法性显著更高（$\beta_{绩效评价}=0.854$，$\beta_{信任度}=0.846$，$\beta_{感知公平}=0.698$，$p_{all}<0.01$），H2 得证。这与原始研究的结论一致，这些结论在加入控制变量的全样本和女性样本的分析中也保持一致。加入控制变量的全样本分析显示，对于绩效评价和信任度两个感知机构合法性的指标，性别代表性与客观绩效存在显著的负向交互效应（$\beta_{绩效评价}=-0.495$，$\beta_{信任度}=-0.497$，$p_{all}<0.05$），这与原始研究认为的性别代表性与客观绩效相互独立的结论不同，H3 得到部分证实。

（二）拓展政策领域与性别代表性

如表 6 所示，在性骚扰议题的泛化拓展复制实验中，全样本分析显示，民众对具有较高女性代表性的性骚扰防治机构的感知合法性显著更高（$\beta_{绩效评价}=0.452$，$\beta_{信任度}=0.416$，$\beta_{感知公平}=0.560$，$p_{all}<0.01$），H1 再次得证。民众对具有较高客观绩效的性骚扰防治机构的感知合法性显著更高（$\beta_{绩效评价}=0.837$，$\beta_{信任度}=0.860$，$\beta_{感知公平}=0.757$，$p_{all}<0.01$），H2 得证。这与原始研究的结论一致，这些结论在加入控制变量的全样本和女性样本的分析中也基本保持一致。加入控制变量的全样本分析显示，对于感知机构合

法性,性别代表性与客观绩效不存在显著的交互效应,这与实验 1 的发现存在差异,但性别代表性与客观绩效相互独立的结论与原始研究保持了一致,H3 没有得到证实。

(三) 拓展危机情境

如表 7 所示,在加入危机情境的性骚扰议题的泛化拓展复制实验中,全样本分析显示,民众对女性代表性更高的性骚扰防治机构的信任度和感知公平显著更高($\beta_{信任度}=0.373$, $p<0.01$, $\beta_{感知公平}=0.297$, $p_{all}<0.05$),绩效评价更高,但未达到 $p<0.05$ 的显著性水平,H1 部分得证。民众对具有较高客观绩效的性骚扰防治机构的感知合法性显著更高($\beta_{绩效评价}=0.933$, $\beta_{信任度}=0.714$, $\beta_{感知公平}=0.641$, $p_{all}<0.01$),H2 得证。性别代表性与客观绩效的交互效应也未得到验证,H3 没有得到证实。这些结论在加入控制变量的全样本和女性样本的分析中也基本保持一致(在女性样本中,性别代表性对绩效评价的影响达到了 $p<0.05$ 的显著性水平)。

相比常态情境,危机情境中民众对性骚扰防治机构的感知合法性更低,但未达到 $p<0.05$ 的显著性水平。对加入控制变量的女性样本分析显示,对于绩效评价和感知公平两个感知机构合法性的指标,性别代表性与危机情境存在显著的负向交互效应($\beta_{绩效评价}=-0.770$, $\beta_{感知公平}=-0.723$, $p_{all}<0.05$),H4 得到部分证实。

六、讨论与启示

(一) 主要结论

通过"由内而外"的复制思路[1],并遵循公共管理复制实验的最佳实践建议[2],我们先后开展了三个实验,以检验性别代表性在中国人群、性骚扰议题和危机情境的适用性。首先,中国的政治体制和代表观念尽管与西方有差异,但基于官僚性别属性的符号代表确实存在。H1 在各个实验中基本得到验证,即在家暴或性骚扰等性别相关

---

[1] BUSSE C, KACH A P, WAGNER S M. Boundary conditions: what they are, how to explore them, why we need them, and when to consider them [J]. Organizational research methods, 2017, 20(4): 574-609.
[2] WALKER R M, BREWER G A, LEE M J, et al. Best practice recommendations for replicating experiments in public administration [J]. Journal of public administration research and theory, 2019, 29(4): 609-626.

议题中,机构中较高的女性代表性可以提高民众对该机构的感知合法性。这与原始研究的结论保持一致①。这一发现说明性别的符号代表所体现的"非实质"民主同样不应被忽视。在中国发展全过程人民民主的道路上,代表性官僚制在助力实质性代表之外,还可以提供程序性价值②。

其次,客观绩效对感知机构合法性在所有实验和分析中都有较大的显著正向影响,这与原始研究的结论一致。而且相较于性别代表性,客观绩效对感知机构合法性的影响更大,也更稳定。

再次,与原始研究认为"性别的符号代表相对独立于客观绩效的影响"略有不同,我们在实验1中发现,纳入控制变量后,在更关注实质结果的文化背景③与造成伤害更重的家暴情境中性别的符号代表与客观绩效存在显著的负向交互;而实验2和3中这种负向交互不显著,但趋势上与原始研究一致,而与韩国的复制实验结论有所不同④。这预示着引入性别符号代表时应注意与本土情境相适应。在我们的实验中,低客观绩效下感知合法性本就较低、改善空间大,因而女性代表性的提高可能更大幅度地改善感知合法性;而高客观绩效下,感知合法性已经较高、改善空间小,因而女性代表性提高对感知合法性的改善幅度可能也相应较小。

最后,相比常态情境,危机情境中民众对机构合法性的感知模式可能存在差异。在女性样本的分析中,危机情境中的性别代表性对感知合法性的提升作用要弱于常态情境中的效果,这为解释某些危机情境中性别符号代表不足以产生显著影响提供了可能的证据⑤。综合原始研究、相关复制研究与本文的三个实验,我们可以得出两个一般性结论。第一,尽管效果弱于客观绩效,但性别符号代表有用,且比较稳健。第二,危机情境中,性别符号代表的作用会被削弱。这些发现可以形象表述为客观绩效为"锦",符号代表为"花",符号代表之于客观绩效对感知合法性的影响,可谓"锦上添花",而非"雪中送炭"。

---

① RICCUCCI N M, VAN RYZIN G G, LAVENA C F. Representative bureaucracy in policing: does it increase perceived legitimacy? [J]. Journal of public administration research and theory, 2014, 24(3): 537-551.
② 张书维,张子露,邹伟. 社会许可的理论机制与实践逻辑——一个关于环境邻避项目的混合研究[J]. 公共管理评论, 2024, 6(1): 192-222.
③ 王绍光. 代表型民主与代议型民主[J]. 开放时代, 2014(2): 152-174, 8-9.
④ PYO S. Symbolic effects of representative bureaucracy in policing: an experimental replication in a Korean context[J]. Governance, 2024, 37(3): 825-843.
⑤ VAN RYZIN G G, RICCUCCI N M, LI H. Representative bureaucracy and its symbolic effect on citizens: a conceptual replication[J]. Public management review, 2017, 19(9): 1365-1379.

表3 实验1和实验2的样本平衡性检验

变量	实验1					实验2					
	LR+LP N=63	LR+HP N=62	HR+LP N=61	HR+HP N=62	F(3,244) N=248	LR+LP N=41	LR+HP N=41	MR+LP N=42	MR+HP N=42	HR+LP N=42	HR+HP N=42	F(5,244) N=250
性别	.40	.32	.26	.32	.85	.37	.32	.26	.26	.29	.26	.35
民族	.89	.95	.95	.92	.82	.80	.83	.86	.81	.95	.86	.97
年龄	31.98	29.71	31.26	31.73	1.15	29.71	29.05	30.45	30.79	29.74	30.48	.25
月收入	10323.79	7982.58	9993.44	10282.26	2.26*	7478.02	7814.15	6594.05	8478.57	7895.24	8600	.68
地区	2.02	1.94	1.87	2.27	1.57	1.85	1.90	2.10	1.74	1.83	1.86	.64
教育程度	6.97	6.92	6.92	7.11	1.53	7.10	7.07	6.98	7.07	7.02	7.29	1.41
政治倾向	1.71	1.79	1.85	1.76	.94	1.78	1.78	1.83	1.86	1.74	1.74	.48
法律执行	2.78	2.82	2.75	2.82	.43	2.90	2.76	2.79	2.71	2.81	2.74	1.04
妇女权利	2.83	2.73	2.75	2.66	1.45	2.90	2.76	2.81	2.69	2.74	2.76	1.20
家暴(性骚扰)经历	.48	.48	.52	.44	.32	.66	.51	.62	.48	.62	.57	.83

注：LR（Low female Represent）：低女性代表性。MR（Middle female Represent）：中等女性代表性。HR（High female Represent）：高女性代表性。LP（Low Performance）：低客观绩效。HP（High Performance）：高客观绩效。* $p<0.10$。

表 4 实验 3 的样本平衡性检验

实验 3

变量	NS+LR+LP	NS+LR+HP	NS+MR+LP	NS+MR+HP	NS+HR+LP	NS+HR+HP	CS+LR+LP	CS+LR+HP	CS+MR+LP	CS+MR+HP	CS+HR+LP	CS+HR+HP	F(11,273) $N=285$
	$N=22$	$N=22$	$N=24$	$N=22$	$N=23$	$N=23$	$N=23$	$N=25$	$N=25$	$N=26$	$N=25$	$N=25$	
性别	.32	.45	.38	.23	.26	.35	.43	.28	.48	.38	.28	.32	.66
民族	1	1	.88	.82	.74	.78	.87	.76	.92	.85	.84	.88	1.33
年龄（岁）	28.41	30.91	32.33	32.68	32.04	35.09	34.17	30.08	31.4	35.88	31.2	31.64	1.26
月收入（元）	9435.68	8327.27	10856.50	9136.36	10340.22	10143.52	10060.87	10172	7283.2	12907.69	10016	12252	.85
地区	1.55	1.82	1.92	2.05	1.74	2	1.52	1.72	1.84	2.04	1.6	2.32	1.58
教育程度	6.86	7.09	7.04	7.09	7.04	7.04	7	6.92	6.84	7.04	7.08	7.24	.49
政治倾向	1.82	1.73	1.75	1.91	1.87	1.87	1.83	1.76	1.56	1.77	1.76	1.76	.79
法律执行	2.77	2.91	2.83	2.82	2.87	2.78	2.96	2.84	2.84	2.73	2.84	2.84	.60
妇女权利	2.5	2.91	2.79	2.77	2.87	2.78	2.70	2.72	2.6	2.81	2.88	2.72	1.77
性骚扰经历	.64	.45	.46	.64	.57	.57	.61	.64	.64	.54	.48	.32	.97

注：LR (Low female Represent)：低女性代表性。MR (Middle female Represent)：中等女性代表性。HR (High female Represent)：高女性代表性。LP (Low Performance)：低客观绩效。HP (High Performance)：高客观绩效。NS (Normal Situations)：常态情境。CS (Crisis Situations)：危机情境。

表 5 实验 1 的回归结果（实证泛化，家暴议题）

变 量	全样本					全样本（加入控制变量）				女性样本（加入控制变量）		
	绩效评价	信任度	感知公平		绩效评价	信任度	感知公平		绩效评价	信任度	感知公平
性别代表性	.390*** (3.435)	.354*** (3.151)	.468*** (4.062)		.375*** (3.170)	.329*** (2.843)	.426*** (3.686)		.436*** (2.896)	.377*** (2.759)	.447*** (3.430)
客观绩效	.854*** (7.527)	.846*** (7.535)	.698*** (6.058)		.875*** (7.354)	.863*** (7.420)	.759*** (6.536)		.957*** (6.253)	.858*** (6.180)	.954*** (7.202)
性别代表性*客观绩效	−.398* (−1.753)	−.334 (−1.486)	−.181 (−.786)		−.495** (−2.073)	−.497** (−2.129)	−.354 (−1.520)		−.396 (−1.291)	−.285 (−1.023)	−.249 (−.937)
控制变量	否	否	否		是	是	是		是	是	是
常数项	.008 (.144)	.004 (.066)	.021 (.363)		−.456 (−.442)	−1.134 (−1.122)	−1.466 (−1.453)		−.489 (−.370)	−.551 (−.459)	−.802 (−.701)
观测值	248	248	248		248	248	248		167	167	167
R^2	.228	.222	.182		.246	.258	.262		.266	.296	.349
调整 R^2	.219	.212	.172		.197	.210	.215		.198	.231	.289
F test	.000	.000	.000		.000	.000	.000		.000	.000	.000

注：性别代表性编码 0.5＝"6 女性/4 男性"，−0.5＝"1 女性/9 男性"。客观绩效编码 0.5＝"70%逮捕率"，−0.5＝"30%逮捕率"。表中为标准化的回归系数显示的效应量，括号内为 t 值。* $p<0.10$，** $p<0.05$，*** $p<0.01$。

表 6 实验 2 的回归结果(泛化拓展,性骚扰议题)

变量	全样本			全样本(加入控制变量)			女性样本(加入控制变量)		
	绩效评价	信任度	感知公平	绩效评价	信任度	感知公平	绩效评价	信任度	感知公平
性别代表性	.452*** (3.290)	.416*** (2.923)	.560*** (3.880)	.435*** (3.188)	.454*** (3.196)	.555*** (3.978)	.341** (2.054)	.291* (1.721)	.464*** (2.780)
客观绩效	.837*** (7.478)	.860*** (7.415)	.757*** (6.438)	.881*** (7.700)	.905*** (7.605)	.765*** (6.536)	.959*** (7.049)	1.036*** (7.469)	.761*** (5.556)
性别代表性*客观绩效	−.392 (−1.427)	−.079 (−.277)	−.205 (−.712)	−.268 (−.986)	−.038 (−.133)	−.139 (−.499)	−.316 (−.971)	.0382 (.115)	−.236 (−.721)
控制变量	否	否	否	是	是	是	是	是	是
常数项	−.099* (−1.775)	−.019 (−.337)	−.061 (−1.043)	1.161 (1.236)	1.553 (1.589)	.783 (.815)	.809 (.742)	.959 (.862)	.597 (.543)
观测值	250	250	250	250	250	250	177	177	177
R2	.218	.205	.188	.289	.273	.300	.324	.313	.328
调整 R2	.208	.196	.178	.244	.227	.255	.266	.254	.270
F test	.000	.000	.000	.000	.000	.000	.000	.000	.000

注:性别代表性编码 0.5 = "6 女性/4 男性",0 = "5 女性/5 男性",−0.5 = "1 女性/9 男性"。客观绩效编码 0.5 = "70%逮捕率",−0.5 = "30%逮捕率"。表中为标准化的回归系数,括号内为 t 值显示的效应量,括号内为 t 值。* p<0.10, ** p<0.05, *** p<0.01。

表 7 实验 3 的回归结果（泛化拓展，性骚扰议题，危机情境）

变量	全样本			全样本（加入控制变量）			女性样本（加入控制变量）		
	绩效评价	信任度	感知公平	绩效评价	信任度	感知公平	绩效评价	信任度	感知公平
性别代表性	.182 (1.431)	.373*** (2.739)	.297** (2.234)	.218* (1.688)	.412*** (2.995)	.308** (2.304)	.342** (2.035)	.565*** (3.253)	.351** (2.218)
客观绩效	.933*** (9.015)	.714*** (6.450)	.641*** (5.931)	.925*** (8.887)	.708*** (6.383)	.624*** (5.785)	.923*** (6.421)	.821*** (5.524)	.669*** (4.938)
危机情境	-.120 (-1.164)	-.083 (-.748)	-.071 (-.652)	-.142 (-1.382)	-.096 (-.877)	-.101 (-.956)	-.052 (-.379)	-.079 (-.562)	-.009 (-.071)
性别代表性*客观绩效	.103 (.405)	.178 (.654)	-.055 (-.206)	-.0145 (-.057)	-.007 (-.025)	-.212 (-.799)	-.061 (-.180)	.071 (.206)	-.365 (-1.156)
性别代表性*危机情境	-.426* (-1.673)	-.289 (-1.061)	-.420 (-1.577)	-.483* (-1.860)	-.333 (-1.205)	-.492* (-1.829)	-.770** (-2.293)	-.529 (-1.523)	-.723** (-2.287)
客观绩效*危机情境	-.192 (-.929)	.086 (.388)	.106 (.489)	-.222 (-1.069)	-.016 (-.070)	.042 (.197)	-.413 (-1.501)	-.098 (-.345)	-.078 (-.301)
危机情境*性别代表性*客观绩效	-.083 (-.163)	-.063 (-.116)	-.057 (-.108)	.073 (.142)	.050 (.092)	-.029 (-.054)	-.059 (-.085)	-.117 (-.162)	.254 (.388)
控制变量	否	否	否	是	是	是	是	是	是
常数项	.063 (1.225)	.027 (.489)	.084 (1.557)	1.231 (1.459)	1.386 (1.542)	.722 (.826)	1.860 (1.484)	2.205* (1.701)	.302 (.256)
观测值	285	285	285	285	285	285	186	186	186
R2	.240	.156	.135	.299	.228	.217	.319	.293	.272
调整 R2	.221	.135	.113	.249	.173	.161	.245	.216	.194
F test	.000	.000	.000	.000	.000	.000	.000	.000	.000

注：性别代表性编码 0.5 = "6 女性/4 男性"，0 = "5 女性/5 男性"，-0.5 = "4 女性/6 男性"。客观绩效编码 0.5 = "70%逮捕率"，-0.5 = "30%逮捕率"。危机情境编码 0.5 = "危机情境"，-0.5 = "常态情境"。表中为标准化的回归系数显示的效应量，括号内为 t 值。$*p<0.10$，$**p<0.05$，$***p<0.01$。

（二）政策启示

一是"重同类"，合理配置公共机构的人员，与服务对象的属性结构相适应。本文的三个实验均发现家暴/性骚扰防治机构较高的女性代表性可以带来较高的感知合法性。由于符号代表意味着官僚"无为即有为"，故合理配置公共机构的人员属性结构不失为一种提高感知合法性的低成本方式。另外，此举还有助于提高行政机构对服务对象需求的洞察、兼顾服务对象的多元利益。因此即使在重视实质民主的体制下，改善体现形式民主的公共机构人员属性结构也可以提高民众的感知合法性，进而促进政策遵从、合作生产等良性政民互动，丰富全过程人民民主的实践逻辑①。

二是"防未然"，推进家暴与性骚扰防治工作的常态化。实验3中性别代表性与危机情境的负向交互，说明尽管女性官僚的符号代表的效果保持显著，但其效果的强弱却受到特定情境的影响。在危机情境中，民众对公共机构的感知合法性已经较低，这时提高女性代表性对感知合法性的积极效果也会被弱化。客观绩效始终是感知合法性的源头活水。在《中华人民共和国民法典》规定机关、企业、学校等单位防治性骚扰的背景下，公共机构应探索建立日常化的防治性骚扰的体制机制，重点关注不平等权力关系中的性骚扰防治，从源头遏制危机的出现。

（三）研究局限与未来展望

首先，限于复制研究的定位与文章篇幅，本文并未继续探讨代表性官僚中的临界效应与过犹不及情形。官僚机构中人员属性的比例（体现着被动代表性）是代表性官僚理论中的关键前因变量，对此有学者发现少数人群的比例要达到一定的阈值之后，才能引起其心理与行为变化，否则比例的变化不能带来改变。即代表比例存在临界效应②；而当某一属性的代表比例超过一定程度时，则会出现过犹不及情形，即代表过度带来的负面影响，例如机构内太多女性也可能让男性觉得有失公平③。

---

① 张书维，张子露，邹伟. 社会许可的理论机制与实践逻辑——一个关于环境邻避项目的混合研究[J]. 公共管理评论，2024, 6(1): 192-222.

② LI D. Critical mass condition of majority bureaucratic behavioral change in representative bureaucracy: a theoretical clarification and a nonparametric exploration[J]. Journal of public administration research and theory, 2024, 34(3): 387-403.

③ BANIAMIN H M, JAMIL I. Effects of representative bureaucracy on perceived performance and fairness: experimental evidence from South Asia[J]. Public administration, 2023, 101(1): 284-302.

其次,代表性官僚的测度与层级问题也有待进一步研究。尽管用"拥有某属性的人员在公共机构中所占比例"测度该机构的代表性是比较通行的做法,但代表性并非如此简单。分层指数、多样性指数、等级分散程度指数等测度了代表性官僚的更多方面①,且指向了更根本的追问:什么是代表性?在代表性官僚的层级问题上,少量研究涉及了最高领导与高层管理团队中的性别代表性对组织绩效的差异性影响②;但更多研究则关注到街头官僚中的被动代表性更能正向影响绩效③,街头官僚拥有的自由裁量权与其面临的问责是解释这一层级差异的重要因素,而信息通信技术对街头官僚中的代表性会产生何种作用仍有大量讨论空间④。

符号代表的微观心理机制也有待进一步探索,即被动代表属性为什么能产生象征性影响。除通过带来主动代表的预期外⑤,符号代表是否还会通过其他机制产生?比如社会认同或者关注被动代表属性是民众无法把握主动代表而不得已的选择等。探索其微观心理机制的意义不仅是理论性的,更是现实性的。符号代表作为一种现象,尽管可以给公共事务带来有益帮助,但运用不当,亦可能将严肃的政治与政策讨论简化为草率的认同政治,甚至带来极化对立。因此未来在中国情境下采用多种方法开展代表性官僚研究⑥,应探索符号代表奏效的本质,摸索出一条适合国情的代表性官僚制度。

最后,未来应将复制研究作为一种改善实验法"强内弱外"特质的必要手段⑦。得益于行为公共管理近年来的快速发展,实验方法作为因果推断的黄金标准在公共管理

---

① 参见 DOLAN J, ROSENBLOOM D H, 胡辉华. 代表性官僚制[J]. 公共行政评论, 2008(3): 1-18, 197. HONG S. Representative bureaucracy and hierarchy: interactions among leadership, middle-level, and street-level bureaucracy[J]. Public management review, 2021, 23(9): 1317-1338。
② WANG C, MA L, CHRISTENSEN T. Does leadership gender representativeness improve policy outcomes? Evidence from local governments in china[J]. Public administration, 2024, 102(4): 1558-1577.
③ ANDREWS R, ASHWORTH R, MEIER K J. Representative bureaucracy and fire service performance[J]. International public management journal, 2014, 17(1): 1-24.
④ 张书维, 张梓丙, 王戈. 行为公共管理视角下的信息通信技术与街头官僚问责制:理论述评与模型构建[J]. 甘肃行政学院学报, 2024(1): 16-27, 124-125.
⑤ ZHANG Y, WANG H. Symbolic bureaucratic representation and client cooperation: experimental insights from four daily public service scenarios in China[J]. Public administration, 2024: 1-28.
⑥ 乐家贝. 女警察的性别代表性在家庭暴力治理中的作用研究[D]. 华中科技大学, 2023.
⑦ 高学德, 王倩, 沈茜芸. 公众如何评价"街头官僚"的热情和能力?——兼论中国情境下公共管理复制实验的本土化问题[J]. 公共管理与政策评论, 2023, 12(6): 31-44.

领域得到广泛应用①。尽管实验的内部效度具有天然优势,但公共管理属于问题导向的应用领域,尤其强调研究的外部效度。而通过复制可以最直接稳健地确认或反驳理论,在确保内部效度的同时,建立外部有效性②。需要指出的是,复制研究并不局限于相同的方法,例如使用定量方法来复制定性研究或者反过来均是可行的③;也不必须开展多个研究,而可以将可复制性嵌入研究设计,在一项研究中结合不同方法,提高结论的可复制性④。随着越来越多的专业权威期刊对复制研究的重视(如 *Public Administration* 与《公共管理与政策评论》)以及行为公共管理学的进一步发展,一方面,公共管理的复制研究将大有可为,另一方面,也迫切需要更多高质量的公共管理复制研究来提升既有公共管理研究成果的理论价值与现实意义⑤。

Gender Representation and Perceived Legitimacy: Experimental Replication and Extension from Normal Situations to Crisis Situations

Zhang Shuwei, Zhang Zibing

Abstract: Protecting women's rights, promoting gender equality and all-round development of women are important components of Chinese path to modernization. However, how the

---

① 张书维. 专刊导言:以行为视角与实验方法推进公共管理研究[EB/OL].《公共管理评论》. (2024 – 12 – 02)[2024 – 09 – 04]. https://gogl.cbpt.cnki.net/WKG/WebPublication/wkTextContent.aspx?contentID = 1e482730-82dd-4564-b2e9-8232c08fff6b&mid = gogl.
② WALKER R M, BREWER G A, LEE M J, et al. Best practice recommendations for replicating experiments in public administration[J]. Journal of public administration research and theory, 2019, 29(4): 609 – 626.
③ 参见期刊 *Public Administration* 关于复制研究的说明指南,https://onlinelibrary.wiley.com/pb-assets/assets/14679299/Replication%20Section%20Guidelines-1655455626730.pdf。
④ BIANCHI E C, MARTIN C C, LI R. Does job satisfaction rise and fall with the economy? Cross-sectional, longitudinal, and experimental evidence that job satisfaction increases during recessions[J]. Academy of management journal, 2023, 66(2): 688 – 709.
⑤ 参见郭施宏. 公共管理复制研究的类型、设计与评价[J]. 中国行政管理,2023, 39(12): 120 – 129. 董斌孜孜,王程伟,华乐勤. 公共管理中的复制实验:评价指标与研究议程[J]. 公共管理与政策评论,2024, 13(6): 149 – 168。

public perceives the related institutions remains to be explored. This article examines the influence of gender representation on the public's perceived legitimacy in normal and crisis situations, with the governance on domestic violence and sexual harassment as the context. It replicates and extends the classic research conducted by Riccucci et al. (2014). Adopting an "inside-out" replication strategy, three survey experiments were conducted sequentially in China to empirically generalize and extend the findings. The results indicate that the public perceives higher legitimacy in institutions with higher female representation or higher objective performance. In some cases, the negative interaction between gender representation and crisis situations, or between gender representation and objective performance suggests that high female representation serves as an "icing on the cake" rather than a "lifesaver". These findings broaden the application boundaries and contextual conditions of symbolic representation theory and provide empirical evidence for promoting gender equality, preventing sexual harassment, and enhancing the public's perceived legitimacy of public institutions.

Key words: representative bureaucracy, symbolic represent, experimental replication, objective performance, perceived legitimacy

生态环境治理中的公众合作生产行为——基于公共价值冲突与合作生产者身份的实验研究*

王淑珍　张芳文　牛雪婷**

摘　要：本研究基于社会认同理论和群体结构视角探讨公共价值冲突及合作生产者身份对公众生态环境治理合作生产行为的影响。结果显示,生态环境—经济利益公共价值冲突(价值间冲突)阻碍公众合作生产投资,当下—未来公共价值冲突(价值内冲突)促进公众投资,阻止搭便车;公众与公众合作时,投资数量增加,投资与搭便车行为容易发生;而公众与公务员合作时,公众的投资数量减少,投资与搭便车行为较难发生。研究表明,公共价值间冲突与价值内冲突对公众生态环境治理合作生产分别产生消极与积极的影响;投资与搭便车行为的发生机制不同,投资是基于内群体偏好的行为选择,而搭便车则是基于身份地位分层的行为倾向。本研究发现对促进公众生态环境治理合作生产行为和阻断搭便车行为具有参考价值。

关键词：公共价值冲突,生态环境治理,合作生产,内群体偏好,身份地位分层

---

* 本文为国家社会科学基金项目(19XSH019)的研究成果。
** 王淑珍(通讯作者),西北大学公共管理学院教授,博士生导师。研究方向为行为公共管理。
张芳文,西北师范大学管理学院讲师。研究方向为行为公共管理。
牛雪婷,西北大学公共管理学院博士研究生。

一、引言

党的二十大报告强调,我国的生态环境保护任务依然艰巨,我国应坚持山水林田湖草沙一体化保护和系统治理,加强生态环境保护。① 为此,我国建构了以政府为主导、企业为主体、社会组织和公众共同参与的生态环境治理合作生产模式②,表明公众已成为参与生态环境治理不可或缺的主体③。以往研究多关注公众个人的生态环境行为,公众作为群体参与生态环境治理合作生产的机制尚不清楚。

20世纪70年代,奥斯特罗姆提出公共领域的合作生产理念被广泛应用于教育④、医疗⑤、公共安全⑥和生态环境治理⑦等领域。公共管理中的合作生产(Co-production)是指不同生产主体之间通过有机联结,在提供公共服务的过程中,最大化地发挥合作主体的积极性和优势,以提高服务效率和质量,最终实现公共价值的共创⑧,表现为公共服务由公共部门的专业人员与公民(和社群)合作供给,即从合作生产转向公共价值创造⑨。具体到生态环境治理,其合作生产是为了实现生态环境公共价值的共创。由于生态环境破坏和环境保护不是一个人的行为结果,其中包括公众与公众之间相互

---

① 习近平. 高举中国特色社会主义伟大旗帜 为全面建设社会主义现代化国家而团结奋斗——在中国共产党第二十次全国代表大会上的报告[J]. 党建,2022(11):4-28.
② 黄燕,尹文嘉. 生态环境治理中合作生产的内涵及影响因素探析[J]. 河北环境工程学院学报,2022,32(4):69-74.
③ 曹海林,赖慧苏. 公众环境参与:类型、研究议题及展望[J]. 中国人口·资源与环境,2021,31(7):116-126.
④ THOMSEN M K. Citizen coproduction: The influence of self-efficacy perception and knowledge of how to coproduce[J]. The American review of public administration, 2017, 47(3):340-353.
⑤ FOTAKI M. Towards developing new partnerships in public services: Users as consumers, citizens and/or co-producers in health and social care in England and Sweden[J]. Public administration, 2011, 89(3):933-955.
⑥ MEIJER A J. New media and the coproduction of safety: An empirical analysis of Dutch practices [J]. The American review of public administration, 2014, 44(1):17-34.
⑦ MEES H, CRABBÉ A, DRIESSEN P P J. Conditions for citizen co-production in a resilient, efficient and legitimate flood risk governance arrangement. A tentative framework[J]. Journal of environmental policy & planning, 2017, 19(6):827-842.
⑧ MEES H, ALEXANDER M, GRALEPOIS M, et al. Typologies of citizen co-production in flood risk governance[J]. Environmental science & policy, 2018, (89):330-339.
⑨ BRANDSEN T, HONINGH M. Distinguishing different types of coproduction: a conceptual analysis based on the classical definitions[J]. Public administration review, 2016, 76(3):427-435.

影响的行为结果①,因此,本研究将生态环境治理中的合作生产拓展到公众与公众间的合作行为。

公共价值(Public Value,PV)以集体利益为基础,是反映公众集体偏好的价值②。由于合作生产主体秉承多元价值偏好,多元公共价值间的不兼容性与不可通约性诱发公共价值冲突(Public Value Conflict,PVC)③,导致不同合作生产主体内以及主体间的 PVC 和行为偏差。在生态环境治理中,地方政府面临长期绩效和短期绩效的 PVC④,企业主体面临经济理性与社会规范的 PVC,以及规避环境污染治理责任的行为⑤。在公众主体视角下,经济公共价值与生态环境公共价值之间的冲突抑制公众的亲环境行为⑥,其中,邻避效应是不同主体间价值冲突影响合作生产的集中体现⑦,表明合作生产主体间合作是生态环境治理中不可忽视的群际互动因素。本研究从公众视角探讨生态环境治理中的 PVC 对公众合作生产的影响及行为发生机制。

二、文献回顾与研究假设

(一)生态环境治理合作生产中公众面临的公共价值冲突

公众作为生态环境治理的合作生产者之一,其多元公共价值偏好引发 PVC。本研

---

① 王欢明,刘馨. 从合作生产转向价值共创:公共服务供给范式的演进历程[J]. 理论与改革, 2023(5):138-154,172.
② BOZEMAN B. Public values and public interest: counterbalancing economic individualism[M]. Washington, D. C.: Georgetown University Press, 2007.
③ DE GRAAF G, HUBERTS L, SMULDERS R. Coping with public value conflicts[J]. Administration & society, 2016, 48(9):1101-1127.
④ 关斌. 地方政府环境治理中绩效压力是把双刃剑吗?——基于公共价值冲突视角的实证分析[J]. 公共管理学报,2020, 17(2):53-69, 168.
⑤ 姜国俊,肖云清. 水污染治理中企业社会责任的动力因素与培育机制[J]. 湘潭大学学报(哲学社会科学版),2023, 47(2):45-56.
⑥ ZHANG F, XU K. Can China's ecologically civilized environmental policy (ECEP) have a positive spillover effecton pro-environmental behavior? Evidence from the Chinese general social survey (2021) data[J]. Polish journal of environmental studies, 2024, 33(1):927-937.
⑦ 钟俊驰,马永驰. 基于邻避型群体性事件的"价值—过程"框架构建与验证:来自公共价值视角的分析[J]. 中国软科学,2019(11):64-73.

究借鉴以往梳理归纳公共价值集合的方法①,生态环境治理合作生产中公众面临的PVC有两类。

第一类PVC是生态环境—经济利益冲突(简称E-E冲突),属于公共价值间冲突。生态环境公共价值集代表公众在生态环境治理合作生产中追求的公共价值,包括三个价值集。其中,生态环境可持续性价值集代表人们关心后代,把生态环境中的清洁环境和丰富资源留给子孙后代,以保证资源的代际传递②;环境友好价值集代表公众做出的有益于生态环境的价值,彰显生态环境治理中的公众参与、环境理念树立、垃圾分类、能源节约、质量增长、绿色生活、公众满意等价值③;生态环境质量价值集是我国环境治理一般公共行政过程中环境质量结果主导型的公共价值之一,也是公众追求的主要价值④。可见,生态环境公共价值具有长远性和抽象性。经济利益公共价值集代表公众在生态环境治理中追求的、可直接获得的价值集,包括三个价值集。其中,经济利益价值集包括收入增加⑤、生态致富⑥等;环境利益价值集是指人们对清洁、健康、美丽环境的切身诉求⑦等价值;生活利益价值集是指生活质量提升⑧、居住环境改善和幸福感等价值⑨。可见,经济利益公共价值具有微观性、短期性和具体性。

第二类PVC是当下—未来冲突(简称N-F冲突),属于相同公共价值不同状态下的价值内冲突。当下公共价值集代表在生态环境治理中公众偏好短期公共

---

① 参见关斌. 地方政府环境治理中绩效压力是把双刃剑吗?——基于公共价值冲突视角的实证分析[J]. 公共管理学报,2020, 17(2): 53-69, 168。JORGENSEN T B, BOZEMAN B. Public values: an inventory[J]. Administration & society, 2007, 39(3): 354-381.
② 韩晓莉. 生态环境公共价值创造:理论框架与个案检视[J]. 江汉论坛,2021(12): 40-45.
③ 韩晓莉. 生态环境公共价值创造:理论框架与个案检视[J]. 江汉论坛,2021(12): 40-45.
④ 保海旭,包国宪. 我国政府环境治理价值选择研究[J]. 上海行政学院学报,2019, 20(3): 13-24.
⑤ 郑沃林,洪炜杰,罗必良. 在促进共同富裕中增进农民幸福感——基于经济收入-社会网络-生态环境框架的分析[J]. 南京农业大学学报(社会科学版),2021, 21(6): 140-151.
⑥ 方炎,王久臣. 生态家园富民工程:寓生态环境改善于农民致富增收之中[J]. 中国农村观察,2001(4): 49-52, 80-81.
⑦ 姚修杰. 习近平生态文明思想的理论内涵与时代价值[J]. 理论探讨,2020(2): 33-39.
⑧ 赵宏波,岳丽,刘雅馨,等. 高质量发展目标下黄河流域城市居民生活质量的时空格局及障碍因子[J]. 地理科学,2021, 41(8): 1303-1313.
⑨ 申琳,刘文超,刘爱秋,等. 农村人居环境整治提高农民主观幸福感的机制研究[J]. 中国卫生事业管理,2021, 38(10): 761-765, 800.

价值,是指通过生态环境治理获得三个价值集,分别是:立即获得经济收益的经济价值集,如增加收入①;改善生活质量、提高生活水平的生活价值集,如生活环境宜居②;提升公众幸福感、促进公众心理健康的情感价值集③。可见,当下公共价值具有短期性和具体性。未来公共价值集代表公众偏好长期利益的价值集合,包括三个价值集。其中,生态环境可持续性价值集强调把清洁环境和丰富资源留给子孙后代,而不是肆意破坏④;生态环境稳定性价值集是指公众对生态环境不确定性的评价,生态环境在未来是否会发生灾害性变化,未来是否可以基于生态环境从事生活生产活动等价值⑤;生态环境质量价值集是指生态环境不受破坏并能为公众提供良好的物质条件的价值⑥。显然,未来公共价值具有长期性、抽象性和慢收益的特征。

  由于不同公共价值的鲜明特征,合作生产中存在价值张力(Value Tension)⑦。在生态环境治理合作生产中,公众对不同价值重要性的权衡在价值间或价值内形成价值张力,进而引起 E-E 冲突与 N-F 冲突。特别是在 N-F 冲突情景下,公众在生态环境治理的时间价值偏好中做出跨期决策,对发生在不同时间点的生态环境治理价值进行成本—收益评估⑧。相较于 E-E 冲突,N-F 价值的相似性使公众在合作生产的价值权衡中难以取舍。

---

① 姚修杰. 习近平生态文明思想的理论内涵与时代价值[J]. 理论探讨,2020(2):33-39.
② JORGENSEN T B, BOZEMAN B. Public values:an inventory[J]. Administration & society, 2007,39(3):354-381.
③ 陈美岐. 价值转向视角下公众参与生态环境治理的实践路径[J]. 四川师范大学学报(社会科学版),2021,48(3):78-86.
④ JORGENSEN T B, BOZEMAN B. Public values:an inventory[J]. Administration & society, 2007,39(3):354-381.
⑤ 关斌. 地方政府环境治理中绩效压力是把双刃剑吗?——基于公共价值冲突视角的实证分析[J]. 公共管理学报,2020,17(2):53-69,168.
⑥ 保海旭,包国宪. 我国政府环境治理价值选择研究[J]. 上海行政学院学报,2019,20(3):13-24.
⑦ ASCHHOFF N, VOGEL R. Value conflicts in co-production:governing public values in multi-actor settings[J]. International journal of public sector management,2018,31(7):775-793.
⑧ 参见任天虹,胡志善,孙红月,等. 选择与坚持:跨期选择与延迟满足之比较[J]. 心理科学进展,2015,23(2):303-315。SHEN S C, HUANG Y N, JIANG C M, et al. Can asymmetric subjective opportunity cost effect explain impatience in intertemporal choice? A replication study [J]. Judgment and decision making,2019,14(2):214-222.

(二) 生态环境治理中不同主体的合作生产行为

作为公共价值多元属性的产物,PVC 在公共管理实践中普遍存在①,但 PVC 对合作生产行为的影响尚未形成定论。一方面,PVC 导致治理过程中的行动者投入大量注意力去处理相互冲突的公共价值,陷入困境或紧张状态②,妨碍正确判断,导致不当行为③。如,在公共冲突事件中,PVC 中的价值导向具有明显的方向性,会影响公众的参与、阻止和旁观行为④。另一方面,PVC 未必都产生消极影响,在某些情景中 PVC 反而促进合作生产行为,保证合作生产的正常运行⑤。具体到 PVC 情景下生态环境治理的合作生产,合作主体包括公众、政府和企业,公众与不同主体间的合作生产行为是否发生以及如何发生尚不清楚。

生态环境治理合作生产的本质在于地方政府、企业、公众三类关键主体的群际互动与合作。社会认同理论(Social Identity Theory)认为,个体通过社会比较和群体标识进行自我归类,形成内群体(In-group,即个体所在群体)和外群体(Out-group,即个体所在群体之外的其他群体),个体对内群体产生认同和偏爱⑥,对外群体持有偏见,即内群体偏好。在生态环境治理合作生产中,基于公众视角,公众为内群体,公务员与企业属于外群体。个体对内群体的偏爱会影响资源分配行为⑦与合作行为⑧。基于人们对内群体

---

① 参见 NABATCHI T. Putting the "public" back in public values research: designing participation to identify and respond to values[J]. Public administration review, 2012, 72(5): 699-708. DE GRAAF G, PAANAKKER H. Good governance: performance values and procedural values in conflict[J]. The American review of public administration, 2015, 45(6): 635-652。
② 参见 NABATCHI T. Public values frames in administration and governance[J]. Perspectives on public management and governance, 2018, 1(1): 59-72. NIEUWENBURG P. Conflicts of values and political forgiveness[J]. Public administration review, 2014, 74(3): 374-382。
③ ASCHHOFF N, VOGEL R. Value conflicts in co-production: governing public values in multi-actor settings[J]. International journal of public sector management, 2018, 31(7): 775-793.
④ 靳永翥,赵远跃. 辐射型多元诉求与前瞻性权威介入:公共政策如何在公共价值冲突中实现"软着陆"[J]. 行政论坛,2020, 27(6): 74-82.
⑤ JASPERS S, STEEN T. Realizing public values in the co-production of public services: the effect of efficacy and trust on coping with public values conflicts[J]. International public management journal, 2022, 25(7): 1027-1050.
⑥ BARSADE S G, KNIGHT A P. Group affect[J]. Annual review of organizational psychology and organizational behavior, 2015, 2(1): 21-46.
⑦ 王益文,张振,张蔚,等. 群体身份调节最后通牒博弈的公平关注[J]. 心理学报,2014, 46(12): 1850-1859.
⑧ 邓洵,龙思邑,沈依琳,等. 共同内群体认同对医患竞争受害感的影响及其机制[J]. 心理学报,2023, 55(5): 752-765.

偏爱和对外群体排斥两种截然不同的态度和行为①，推测在生态环境治理中，内、外群体的合作生产者身份对公众合作生产行为产生影响，尤其在PVC情景下可能更为明显。

现实中，多数环境事件源于人们的群体行为。弗里奇等②认为，亲环境研究过多关注个体认知视角，缺乏从社会认知视角揭示亲环境行为的形成机制。弗里奇等③的新近研究指出，气候破坏和气候保护都不是一个人的行为导致的，而是受众多人的共同影响。因此，生态环境治理需要从个体视角转向群体视角，并且，个体应将自己视为群体代理人（Collective Agents）。作为群体代理人，个体的合作行为则上升为群体合作行为，从而形成集体行动。

（三）生态环境治理合作生产中的集体行动困境

生态环境属于公共物品，具有非排他性与非竞争性，以及正外部性。奥尔森在《集体行动的逻辑：公共物品与集团理论》中讨论的搭便车问题（Free-rider Problem）是公共物品供给中由来已久的集体行动困境。④ 作为公共物品，生态环境治理中多主体的合作生产也存在搭便车的集体行动困境。搭便车是指某一个体行为带来对他人和社会有益的正外部性，其他人不必付出成本即可受益或付出成本低于收益的现象。集体行动带来的额外益处即合作收益。虽然合作收益是多主体行动的一种共识，但在公共物品供给中，只要多主体存在，各主体为了各自的利益就会产生搭便车的动机与行为⑤，而且群体人数越多，其成员搭便车的概率越大。在生态环境治理中，地方政府存在不当干预和搭便车行为⑥，从而削弱了生态环境治理主体间的合作行为。

---

① TAJFEL H, TURNER J. An integrative theory of intergroup conflict[M]//HOGG M A, ABRAMS D. Intergroup relations: essential readings. New York, US: Psychology Press, 2001: 94-109.
② FRITSCHE I, BARTH M, JUGERT P, et al. A social identity model of pro-environmental action (SIMPEA)[J]. Psychological review, 2018, 125(2): 245-269.
③ FRITSCHE I, MASSON T. Collective climate action: when do people turn into collective environmental agents?[J]. Current opinion in psychology, 2021, 42: 114-119.
④ 曼瑟·奥尔森. 集体行动的逻辑：公共物品与集团理论[M]. 陈郁，郭宇峰，李崇新，译. 上海：上海人民出版社，2018: 4-48.
⑤ 张敬，高铁，付芳源，等. 资金约束下跨区域供应链环境共治的演化博弈[J]. 生态经济，2022，38(5): 203-214.
⑥ 参见YU H, XU J, SHEN F, et al. The effects of an environmental accountability system on local environmental governance and firms' emissions[J]. Economic systems, 2022, 46(3): 100987. 李嵩誉. 环境保护责任共担的法治进路——对破解环境保护"搭便车"难题的思考[J]. 现代法学，2020，42(5): 123-135.

搭便车行为受群体结构的影响。群体结构视角认为,群体中不同角色的主体在合作中的权力分配形成一个具有层级的合作生产者的群体结构①,表现为身份地位分层。我国生态环境治理合作生产模式中政府是主导角色、企业为主体角色、公众是参与角色②,因而,政府具有权威性,属于高地位生产者,公众权威性低,属于低地位生产者,企业介于两者之间,即不同合作生产者处于身份地位分层的群体结构之中。身份地位的分层或不平等通过影响群体的互动模式来克服公共物品供给的搭便车困境③。合作生产中,高地位生产者能提高低地位生产者的合作水平,且低地位生产者更愿意与高地位生产者合作④。生态环境治理中的搭便车行为与合作生产行为相对立。由此推测,生态环境治理中公众更愿意与政府合作,且搭便车行为更少;更不愿意与公众合作,且搭便车行为更多;由于公众与企业间的关系不明确,合作与搭便车的行为方向也具有不确定性。

然而,基于身份地位分层对合作生产的推测与基于内群偏好的推测相悖,可见,生态环境治理中的合作生产是更为复杂的群体合作行为。目前,生态环境治理合作生产到底是基于内群体偏好还是基于身份地位分层的群体行为是亟待研究的问题。

(四) 生态环境治理的研究路径与实验范式

合作生产行为研究的两个核心问题是"合作是否发生"与"合作如何发生",前者强调行为结果,属于结果路径,后者强调行为过程,属于过程路径。以往研究默认行为结果与行为过程具有一致性,多关注行为结果。随着行为公共管理的兴起,行为主体的认知加工过程受到关注。多项研究表明,行为结果与行为过程并非始终一致,有时

---

① 参见 BERGER J, COHEN B P, ZELDITCH M. Status characteristics and social interaction[J]. American sociological review, 1972, 37(3): 241-255. WILLER R. Groups reward individual sacrifice: The status solution to the collective action problem[J]. American sociological review, 2009, 74(1): 23-43。
② 黄燕,尹文嘉. 生态环境治理中合作生产的内涵及影响因素探析[J]. 河北环境工程学院学报,2022,32(4): 69-74.
③ 参见 BERGER J, COHEN B P, ZELDITCH M. Status characteristics and social interaction[J]. American sociological review, 1972, 37(3): 241-255. WILLER R. Groups reward individual sacrifice: The status solution to the collective action problem[J]. American sociological review, 2009, 74(1): 23-43. 温莹莹. 群体结构:克服搭便车困境的新方案[J]. 新视野,2022(5): 96-103。
④ PFISTER R, WIRTH R, WELLER L, et al. Taking shortcuts: cognitive conflict during motivated rule-breaking[J]. Journal of economic psychology, 2019, 71: 138-147.

甚至相互分离①。具体到生态环境治理，单一的结果路径研究能够回答"合作是否发生"，但无法揭示公众合作生产行为的社会认知过程。基于社会认知加工观点，如果一个内在的认知加工难度或认知冲突较大，则认知资源消耗较多，表现为行为反应时(Reaction Time, RT)延长，表明行为难以产生。RT 是反映认知加工或行为产生过程的常用行为指标，反映的是内在行为倾向，而不是外在行为选择结果，基于反应时的过程路径研究则能通过认知资源消耗的多少回答"合作如何发生"，进而揭示合作生产行为的内在发生机制。

公共森林游戏(Public Forest Game, PFG)②可用于探讨公众在 PVC 情景下生态环境治理的合作生产行为。与其他资源困境范式不同，PFG 使用"树木"而不是"代币"，实验任务更接近现实生态环境治理情景③。PFG 中的多个玩家代表生态环境治理的不同主体，PFG 中的树木以 1∶2 的比例分给每位玩家。如果初始公共森林中有 50 棵树，那么把 100 棵树平均分给 4 位玩家，每位玩家的初始资产为 25 棵树。每一轮游戏中，玩家自愿、独立地将个人账户的一部分树木投入到"共享账户"之中，玩家的投资范围(P)是 0—25 棵树。4 位玩家的投资额相加(即 P1+P2+P3+P4)为"共享账户"的投资总额。如果共享账户资产<初始公共森林(50)，则从公共森林中拨款弥补差额；如果共享账户资产>初始公共森林，多余树木则添加到公共森林；如果共享账户资产=初始公共森林，共享账户资产和公共森林保持不变。

PFG 的实验逻辑旨在模拟现实世界中合作的损益过程，公共森林代表生态环境资源，共享账户反映投资过程。当投资不足以生产时，公共森林被用来弥补缺口，生态环境效益则相应减少，生态环境治理的合作生产则不可能发生；当投资过于充足时，盈余可用来保护环境，环境效益相应增加，生态环境治理合作生产行为增加。

---

① 参见 PFISTER R, WIRTH R, WELLER L, et al. Taking shortcuts: cognitive conflict during motivated rule-breaking[J]. Journal of economic psychology, 2019, 71: 138–147. 王淑珍,王娟,董安利,等. 农村相对贫困人口的自我控制对跨期选择的影响——基于过程与结果的分析[J]. 复旦公共行政评论, 2022(2): 52–80.
② CARDENAS J C, JANSSEN M, BOUSQUET F. Dynamics of rules and resources: three new field experiments on water, forests and fisheries[M]//LIST J A, PRICE M K. Handbook on experimental economics and the environment. Cheltenham, UK/Northhampton, USA: Edward Elgar Publishing, 2013: 319–345.
③ ZHANG Y, GAO Y, JIANG J. An unpredictable environment reduces pro-environmental behavior: a dynamic public goods experiment on forest use[J]. Journal of environmental psychology, 2021, 78: 101702.

(五) 理论模型与研究假设

综上,公众在生态环境治理合作生产中面临 E-E 冲突和 N-F 冲突。投资与搭便车是相互对立的行为,结合行为结果与行为过程两类指标,构建该研究的理论模型(图1),并提出三个假设,其中,H2 与 H3 为两个竞争性假设。

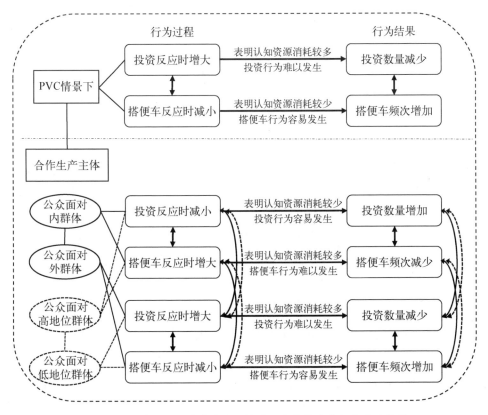

图 1 PVC 情景下公众在生态环境治理中合作生产行为理论模型

图 1 的上半部分是 PVC 情景下公众合作生产行为的理论假设(H1);图 1 的下半部分是 PVC 情景下公众面对不同合作生产主体时的行为假设,其中,实线直线和实弧线双向箭头代表基于内群体偏好的合作生产行为间的关系(H2),虚线直线和虚弧线双向箭头代表基于身份地位分层的合作生产行为间的关系(H3)。

H1:相较于无 PVC 情景,PVC 情景下公众生态环境治理合作生产的投资数量减少,搭便车频次增加(H1a);公众的投资反应时更长,搭便车行为反应时更短(H1b)。

H2:在PVC情景下,公众的生态环境治理合作生产是基于内群体偏好的行为,相较于外群体,公众面对内群体时合作生产的投资数量更多,投资反应时更短(H2a);搭便车行为更少,搭便车行为反应时更长(H2b)。

H3:在PVC情景下,公众的生态环境治理合作生产是基于身份地位分层的行为,相较于高地位群体,公众面对低地位群体时合作生产的投资数量更少,投资反应时更长(H3a);搭便车行为更多,搭便车行为反应时更短(H3b)。

三、公共价值冲突影响合作生产行为的实验研究

(一)研究方法

1. 研究对象

采用 G*power V3.1 软件计算样本量,效应量设置为 $f=0.25$,α 设置为 0.05,达到 0.8 的统计检验力时最低总样本量为 45 人。根据预估样本量,本研究招募 92 名公众(控制组 28 人,E-E 冲突 32 人,N-F 冲突 32 人),其中,男性 55 人,占比 57.9%,平均年龄($M\pm SD$)为 31.71±8.06 岁,受教育年限($M\pm SD$)为 15.51±2.62 年。被试均知情同意。

2. 实验材料

参考以往研究中合作生产中的 PVC 情景[1]和情景启动方法[2],编写 PVC 情景,并邀请公共管理领域的专家对 PVC 情景进行评价,以保证实验材料能有效启动被试的 PVC。三种实验情景材料字数非常接近,仅有两个汉字的差异。

(1)E-E 冲突情景

生态环境治理是公众的主要责任。我们作为普通公众,一方面,既要保护资源和生态环境,把生态资源留给子孙后代,实现人与自然的和谐相处;另一方面,也要从生态环境中发掘更多的资源,提高我们的经济收入和生活质量。在面对这种既想保护生态环境又不得不损害生态环境的两难境地时,作为一名普通公众,在接下来的任务中

---

[1] JASPERS S, STEEN T. Realizing public values in the co-production of public services: the effect of efficacy and trust on coping with public values conflicts[J]. International public management journal, 2022, 25(7): 1027−1050.

[2] LA BARBERA F, CARIOTA FERRARA P, BOZA M. Where are we coming from versus who we will become: The effect of priming different contents of european identity on cooperation[J]. International journal of psychology, 2014, 49(6): 480−487.

您会怎么做?

(2) N-F 冲突情景

生态环境保护是公众的责任之一。我们作为普通公众,一方面,要做到注重依托当下的生态环境去增加收入,改善生活质量,创造宜居环境,提升幸福感;另一方面,也要注重环境可持续性,关心环境质量与稳定性,把一个清洁的环境和丰富的资源留给我们的子孙后代。在面临这种两难境地时,在接下来的任务中您会怎么做?

(3) 控制情景

科技与哲学交叉融合高端论坛在京举办,论坛主题是探究和审度当前科技革命与时代变革的最新趋势,聚焦前沿科技的哲学冲击和社会伦理挑战,立足科技哲学、科技伦理、科技史领域的研究经验,介绍国内知名高校、科研院所、学术期刊的实践经验,探讨促进科技与哲学交叉融合发展之道。在该情景下,作为一名普通公众,在接下来的任务中您会怎么做?

3. 实验任务与实验流程

本研究采用 PFG 实验范式[①]探讨 PVC 情景下公众生态环境治理的合作生产行为。PFG 实验程序采用 Python 13.1 软件编写,笔记本电脑屏幕为黑色背景,分辨率为 $1024×768$。实验分为 4 个 blocks,分别为公务员、企业员工、公众和三者组合(相当于混合群体)共 4 种合作生产者,每个 block 包含 10 个 trials,为抵消顺序效应,对 4 种合作生产顺序进行交叉平衡。整个实验包含 45 个 trials,其中,5 个练习 trials 和 40 个正式实验 trials(每一种生产者 10 个 trials)。被试通过练习 trials 掌握游戏规则。

实验开始,屏幕中央出现一个"+"的注视点,随后计算机随机为被试匹配本轮的合作生产者(4 种合作生产者中的任何一种),玩家匹配成功之后,被试用鼠标拉动屏幕上的滑块,选择自己的投资数额,之后电脑会反馈被试及合作玩家的投资金额,电脑自动计算被试在本轮投资的收益。每一轮投资完成后,该轮投资累积进入下一轮游戏。实验流程见图 2。

被试随机分配到三种实验情景,阅读完实验情景后,要求被试讲述对实验材料的理解,在完成 PVC 操纵性检验后开始实验。实验任务大约 35 分钟,实验过程中被试可休息一次,实验结束后给被试支付实验报酬。

---

① CARDENAS J C, JANSSEN M, BOUSQUET F. Dynamics of rules and resources: three new field experiments on water, forests and fisheries [M]//LIST J A, PRICE M K. Handbook on experimental economics and the environment. Cheltenham, UK/Northhampton, USA: Edward Elgar Publishing, 2013: 319-345.

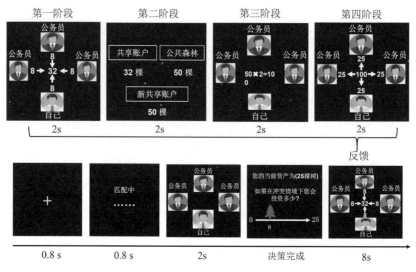

图 2　公共森林游戏实验任务流程图

4. 合作生产行为的测量

在 PFG 中,合作生产行为用投资数量与搭便车两个指标衡量,并参考 Zhang 等①研究中的指标计算方法。(1)投资数量:计算被试在游戏中 10 轮投资的平均数量,投资数量越多,表明公众合作生产行为越多。(2)搭便车频次:搭便车被界定为投资少于初始公共森林总量的 1/10。若被试投资低于该水平,表明他们计划利用公共森林或利用其他被试剩余资产投资到公共森林。这两个指标均为行为结果指标,用以衡量"合作是否发生"。在 PFG 中,被试投资和搭便车的反应时属于行为过程指标,基于反应时的长短,推测内在加工过程的难易程度及其消耗认知资源的多少,用以分析"合作如何发生"。

(二) 研究结果

1. 实验操纵检验

单因素方差分析发现,三种情景启动条件下被试对 PVC 的评分具有显著性差异, $F(2, 89) = 41.01$, $p<0.001$, $\eta_p^2 = 0.225$。进一步的事后检验发现,E-E 与 N-F 冲突的评分均显著高于控制组(M 控制 = 2.14, SD 控制 = 1.14; M E-E 冲突 = 4.56, SD E-E 冲

---

① ZHANG Y, GAO Y, JIANG J. An unpredictable environment reduces pro-environmental behavior: A dynamic public goods experiment on forest use[J]. Journal of environmental psychology, 2021 (78): 101702.

突 = 1.29；t = 7.62，p < 0.001；MN-F 冲突 = 4.90，SDN-F 冲突 = 1.35；t = 7.62，p<0.001）；N-F 与 E-E 冲突之间的差异不显著（t = 1.17，p = 0.244），表明两种 PVC 情景启动操作均有效，且冲突程度无差异。

2. 公共价值冲突对公众合作生产行为结果的影响

本研究采用 3（PVC 情景：E-E vs. N-F vs. 控制组）× 4（合作生产者：公务员 vs. 公众 vs. 企业 vs. 组合）的混合实验设计，其中，PVC 情景为被试间变量，合作生产者为被试内变量。描述性统计见表 1。

表 1 不同实验条件下公众合作生产行为的描述性统计

合作生产者身份	冲突情境	投资数量		搭便车频次	
		M	SD	M	SD
公务员	控制情景	18.13	4.94	5.18	2.45
	E-E 冲突情景	15.33	4.59	6.19	1.91
	N-F 冲突情景	20.37	2.69	4.48	1.90
公　众	控制情景	18.38	6.08	5.71	2.84
	E-E 冲突情景	17.84	3.67	4.97	1.98
	N-F 冲突情景	21.86	2.22	3.77	1.63
企　业	控制情景	18.53	5.17	4.93	3.13
	E-E 冲突情景	15.80	4.84	5.66	2.38
	N-F 冲突情景	21.24	1.90	4.10	1.76
组　合	控制情景	18.72	6.04	5.57	3.05
	E-E 冲突情景	16.95	4.11	5.69	2.12
	N-F 冲突情景	20.29	2.73	4.45	1.71

注：组合是指公务员、公众、企业共同组成的混合群体。

（1）公共价值冲突及合作生产者身份对公众投资数量的影响

方差分析发现，PVC 情景的主效应显著，$F(2, 89) = 13.93$，$p<0.001$，$\eta_p^2 = 0.229$，

E-E 冲突下投资数量（M = 16.48，95% CI [15.26，17.70]）显著低于控制组（M = 18.44，95% CI [17.13，19.74]），p = 0.032，N-F 冲突下投资数量（M = 20.93，95% CI [19.71，22.15]）显著高于控制组，p = 0.007，E-E 冲突下投资数量显著低于 N-F 冲突下投资数量，$p<0.001$（见图3a）。

合作生产者的主效应显著，$F(3, 89) = 3.93$，$p = 0.009$，$\eta_p^2 = 0.042$，当公众面对公务员时的投资数量（M = 17.94，95% CI [17.08，18.80]）显著低于面对公众时的投资数量（M = 19.36，95% CI [17.49，20.23]），$p<0.001$，而面对其他合作生产者时投资数量无显著差异（$ps>0.05$）（见图3b）。

PVC 情景与合作生产者之间的交互作用不显著，$F(6, 89) = 1.72$，$p = 0.114$，$\eta_p^2 = 0.037$。

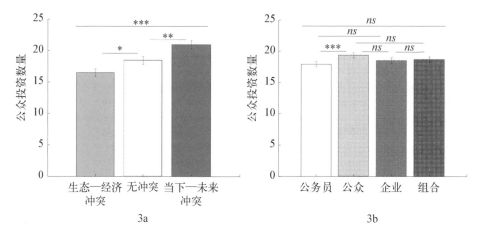

图3 不同实验条件下公众的投资数量

注：图中以标准误差（SE）作为误差线（后文图4、图5、图6中均以 SE 作为误差线）。

(2) 公共价值冲突及合作生产者身份对公众搭便车频次的影响

方差分析发现，PVC 情景的主效应显著，$F(2, 89) = 5.19$，$p = 0.007$，$\eta_p^2 = 0.106$，E-E 冲突下公众搭便车频次（M = 5.62，95% CI [4.99，6.23]）与控制组（M = 5.34，95% CI [4.65，5.04]）无显著差异（$p = 0.564$），而 N-F 冲突情景下公众搭便车频次（M = 3.70，95% CI [3.34，4.06]）显著低于控制组（$p = 0.019$），E-E 冲突情景下搭便车频次显著高于 N-F 冲突情景下搭便车频次，$p = 0.003$（见图4a）。

合作生产者身份的主效应不显著，$F(3, 89) = 2.18$，$p = 0.091$，$\eta_p^2 = 0.024$，表明合作生产者身份对搭便车频次无显著影响（见图4b）。

PVC 情景与合作生产者之间的交互作用不显著，$F(6, 89) = 2.06$，$p = 0.057$，$\eta_p^2 = 0.045$。

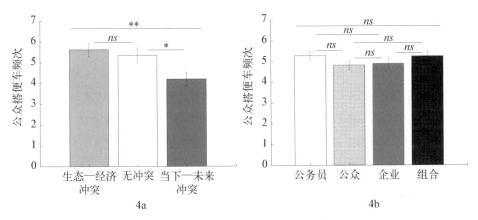

图 4 不同实验条件下公众的搭便车频次

3. 公共价值冲突对合作生产行为过程的影响

合作生产投资与搭便车行为过程的描述性统计见表 2。

表 2 不同实验条件下投资与搭便车行为反应时(ms)的描述性统计

合作生产者身份	冲突情境	合作生产行为			
		投资反应时		搭便车反应时	
		M	SD	M	SD
公务员	控制情景	4606.45	2439.75	4088.94	2780.60
	E-E 冲突情景	3098.44	776.44	2975.49	1070.41
	N-F 冲突情景	4335.64	2367.28	4116.02	2202.22
公 众	控制情景	3931.51	3027.74	3689.92	3313.41
	E-E 冲突情景	2524.78	909.00	2188.56	1045.16
	N-F 冲突情景	3930.95	2203.55	3484.14	1975.53
企 业	控制情景	3440.66	2360.98	3248.20	2746.74
	E-E 冲突情景	2393.57	1072.16	2173.60	1334.35
	N-F 冲突情景	3670.32	2218.22	3064.73	1622.35
组 合	控制情景	3291.11	2634.96	3052.22	2610.77
	E-E 冲突情景	2244.94	1059.86	1977.93	1125.43
	N-F 冲突情景	3796.09	2288.81	3179.28	1723.83

注：组合是指公务员、公众、企业共同组成的混合群体。

(1) 公共价值冲突及合作生产者身份对公众投资反应时的影响

方差分析发现,PVC 情景的主效应显著,$F(2, 89) = 4.84$, $p = 0.010$, $\eta_p^2 = 0.098$,E-E 冲突情景下投资 RT($M = 2565.43$ ms, 95% CI [1886.34, 3245.51])显著短于控制组($M = 3817.43$ ms, 95% CI [3091.46, 4543.40]),$p = 0.014$,而 N-F 冲突情景下投资 RT($M = 3933.25$ ms, 95% CI [3254.16, 4612.33])与控制组无显著差异($p = 0.817$),E-E 冲突情景下投资 RT 显著短于 N-F 冲突情景,$p = 0.006$(见图 5a)。

合作生产者的主效应显著,$F(3, 89) = 24.62$, $p < 0.001$, $\eta_p^2 = 0.217$;当公众面对公务员时,投资 RT($M = 4014.51$ ms, 95% CI [3600.05, 4427.97])显著长于面对公众($M = 3462.41$ ms, 95% CI [3010.54, 3915.27])和其他合作生产者,$ps < 0.001$;当公众面对公众时的投资 RT 显著长于面对企业时($M = 3168.18$ ms, 95% CI [2763.26, 3573.09], $p = 0.003$)和面对组合身份时($M = 3111.71$ ms, 95% CI [2679.17, 3542.24], $p = 0.002$),公众面对企业与面对组合身份时的投资 RT 无显著差异($p = 0.561$)(见图 5b)。

PVC 情景与合作生产者之间的交互作用不显著,$F(6, 89) = 1.45$, $p = 0.193$, $\eta_p^2 = 0.032$。

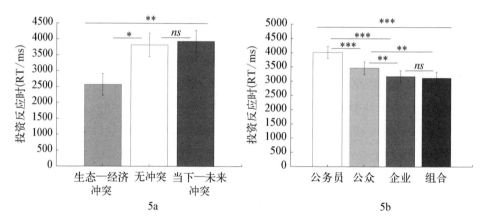

图 5 不同实验条件下公众投资的反应时

(2) 公共价值冲突及合作生产者身份对公众搭便车反应时的影响

方差分析发现,PVC 情景的主效应显著,$F(2, 89) = 4.40$, $p = 0.015$, $\eta_p^2 = 0.090$,E-E 冲突情景下搭便车 RT($M = 2329.89$ ms, 95% CI [1701.11, 2957.67])显著短于控制组($M = 3520.81$ ms, 95% CI [2849.69, 4191.94]),$p = 0.012$,而 N-F 冲突情景下搭便车 RT($M = 3461.04$ ms, 95% CI [2833.26, 4089.81])与控制组无显著差异

($p=0.899$),E-E 冲突情景下搭便车 RT 显著短于 N-F 冲突情景,$p=0.013$(见图 6a)。

合作生产者的主效应显著,$F(3,89)=13.39$,$p<0.001$,$\eta_p^2=0.131$;当公众面对公务员时搭便车 RT($M=3272.81\text{ms}$,95% CI[3290.74,4164.88])显著长于面对公众($M=3121.87\text{ ms}$,95% CI[2653.47,3588.26],$p<0.001$),也长于面对企业($M=2829.84\text{ ms}$,95% CI[2423.85,2325.83],$p<0.001$)和面对组合身份($M=2736.47\text{ ms}$,95% CI[2346.71,3127.23],$p<0.001$),当公众面对公众时的搭便车 RT 显著长于面对组合身份($p=0.015$),但与面对企业时的搭便车 RT 无显著差异($p=0.066$),公众面对企业与组合身份搭便车 RT 无显著差异($p=0.482$)(见图 6b)。

PVC 情景与合作生产者之间的交互作用不显著,$F(6,89)=0.37$,$p=0.898$,$\eta_p^2=0.008$。

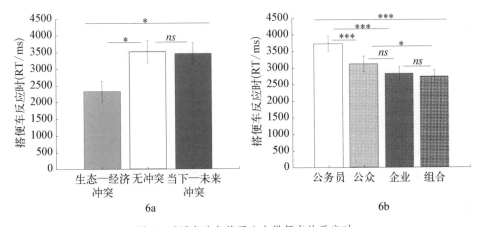

图 6 不同实验条件下公众搭便车的反应时

四、讨论

(一)公共价值冲突情景对生态环境治理合作生产的影响

研究发现,PVC 情景与合作生产者两个变量的多个主效应均显著,但两者的交互作用均不显著,表明两个变量分别独立影响生态环境治理中公众的合作生产。从 PVC 情景分析,相较于无冲突情景,E-E 冲突对公众生态环境治理合作生产行为具有消极影响,表现为阻碍投资数量,但对搭便车行为无影响,而 N-F 冲突则具有积极影响,表现为促进投资数量,减少搭便车行为,H1a 部分得到验证;E-E 冲突情景下的公众投资和搭便车行为反应时均较短,表明两种行为均消耗较少的认知资源,而 N-F 冲突情景下公众投资和搭便车行为反应时均与无冲突情景没有差异,H1b 基本未被验证。

PVC 属于冲突问题情景的一种。以往研究表明,冲突情景下信息加工占用更多的认知资源,行动者投入大量注意资源去应对 PVC,进而妨碍其正确判断,表现为反应正确率更低,反应时更长[1]。但这些研究不能较好地解释本研究的结果。在本研究中,E-E 冲突情景下公众投资数量减少,投资和搭便车行为加工均占用较少的认知资源。阿什霍夫和沃格尔[2]提出,在公共价值合作生产中,行动者根据价值张力形成应对策略。E-E 冲突是价值间冲突,虽然存在价值张力,但价值相似性低,价值信息容易区分与归类,公众不需要消耗大量的认知资源来权衡 E-E 冲突,因而,E-E 冲突阻碍合作生产中的投资行为但其信息加工速度较快。

在生态环境治理中,N-F 冲突属于价值内冲突,尽管是不同时间点收益(当前收益与未来收益)的冲突,但两者都强调生态环境的公共价值,因而能促进公众的合作生产投资行为,减弱搭便车行为倾向。作为价值内冲突,N-F 冲突的价值具有相似性,公众面对 N-F 冲突中的价值难以取舍,占用较多的认知资源,因而,N-F 冲突虽然促进合作生产行为,但其信息加工速度较慢。

实验发现表明,PVC 对公众生态环境治理合作生产行为的影响可进一步细分为价值间冲突与价值内冲突的影响。其中,价值的相似性只影响合作生产行为加工过程的快慢,并不影响合作生产的行为结果,而价值间或价值内冲突则影响公众生态环境治理合作生产的行为选择结果。

(二) 合作生产者身份对生态环境治理合作生产的影响

从合作生产者分析,除企业和混合群体外,相较于外群体(公务员,即高地位群体),公众面对内群体(公众,即低地位群体)时合作生产的投资数量更多,投资反应时

---

[1] 参见 DE GRAAF G, HUBERTS L, SMULDERS R. Coping with public value conflicts [J]. Administration & society, 2016, 48(9): 1101 – 1127. NABATCHI T. Public values frames in administration and governance[J]. Perspectives on public management and governance, 2018, 1(1): 59 – 72. STUPPLE E J N, BALL L J. Belief-logic conflict resolution in syllogistic reasoning: inspection-time evidence for a parallel-process model[J]. Thinking & reasoning, 2008, 14(2): 168 – 181。

[2] ASCHHOFF N, VOGEL R. Value conflicts in co-production: governing public values in multi-actor settings[J]. International journal of public sector management, 2018, 31(7): 775 – 793.

更短,表明生态环境治理合作生产中公众的投资是基于内群体偏好的行为选择(H2a得到验证),而不是基于身份地位分层的行为选择(H3a未得到验证);合作生产者身份对搭便车频次无显著影响,但影响搭便车行为反应时,相较于高地位群体(公务员,即外群体),公众面对低地位群体(公众,即内群体)时搭便车行为反应时更短,表明生态环境治理合作生产中公众搭便车的社会认知加工过程不是基于内群体偏好的行为倾向(H2b未得到验证),而是基于身份地位分层的行为倾向(H3b得到验证)。

基于社会认同理论,人们出于对内群体认同和对外群体排斥,更愿意与内群体合作[1]。这一偏好在气候保护行为上得到验证[2]。生态环境治理合作生产中,公众面对与内、外群体之间的互动与合作,基于内群体偏好,公众的合作生产行为会受到合作生产者身份的影响,与外群体相比,内群体的合作生产投资行为更易发生。本研究中,公众与公众的合作投资属于内群体合作,而公众与公务员的合作投资则属于外群体合作,表现为公众面对公务员的投资数量显著低于内群体(公众)的合作投资;并且,公众与公众合作时投资反应时较短,表明合作生产行为消耗较少的认知资源,合作行为容易发生,因而,合作生产中的投资行为是基于内群体偏好发生的。然而,合作生产者的搭便车行为不受合作生产者内外群体特征的影响,即社会认同理论不能解释本研究中的搭便车行为发生的频次。

基于身份地位分层观点,在公共物品供给中,多个供给主体的身份地位呈分层结构,高地位群体具有权威性和资源优势,人们更倾向于选择与高地位群体合作,并减少搭便车行为[3]。在我国生态环境治理合作生产中,政府是主导角色,公众

---

[1] 参见 BARSADE S G, KNIGHT A P. Group affect[J]. Annual review of organizational psychology and organizational behavior, 2015, 2(1): 21-46. TAJFEL H, TURNER J. An integrative theory of intergroup conflict[M]//HOGG M A, ABRAMS D. Intergroup relations: essential readings. New York, US: Psychology Press, 2001: 94-109. 邓洵,龙思邑,沈依琳,等. 共同内群体认同对医患竞争受害感的影响及其机制[J]. 心理学报, 2023, 55(5): 752-765. 王益文,张振,张蔚,等. 群体身份调节最后通牒博弈的公平关注[J]. 心理学报, 2014, 46(12): 1850-1859.

[2] 参见 FRITSCHE I, BARTH M, JUGERT P, et al. A social identity model of pro-environmental action (SIMPEA)[J]. Psychological review, 2018, 125(2): 245-269. TAJFEL H, TURNER J. An integrative theory of intergroup conflict[M]//HOGG M A, ABRAMS D. Intergroup relations: Essential readings. New York, US: Psychology Press, 2001: 94-109.

[3] 参见 BERGER J, COHEN B P, ZELDITCH M. Status characteristics and social interaction[J]. American sociological review, 1972, 37(3): 241-255. WILLER R. Groups reward individual sacrifice: The status solution to the collective action problem[J]. American sociological review, 2009, 74(1): 23-43. 温莹莹. 群体结构:克服搭便车困境的新方案[J]. 新视野, 2022(5): 96-103。

是参与角色[①],公务员作为政府的代理人,具有高地位群体的特征,相比之下,公众属于低地位群体。本研究中,公众面对公务员群体时搭便车的社会认知加工耗竭大量的认知资源,其反应时较长,行为难以发生,表明高、低地位群体间的互动能阻止低地位群体的搭便车行为倾向;相应地,公众面对公众时搭便车的社会认知加工消耗较少的认知资源,其反应时较短,容易产生搭便车的行为倾向。因此,搭便车是基于身份地位分层产生的行为倾向。

对公众来说,企业和混合群体是外群体,但其在群体结构中的身份地位不明确。本研究中,公众面对企业和混合群体时,其投资数量、搭便车频次以及社会认知加工过程均具有很大的不确定性,内群体偏好和身份地位分层均难以解释公众面对企业和混合群体时合作生产的行为结果和行为过程。

(三) 生态环境治理中公众合作生产的行为机制模型

基于研究发现对理论模型进行优化,形成生态环境治理中公众合作生产的行为机制模型(见图7)。该模型表明,冲突情景与合作生产者身份分别独立影响合作生产行为;公众生态环境治理合作生产行为具有冲突情景的特异性(图7的上半部分),价值间冲突(虚线连接)阻碍合作生产行为,价值内冲突(实线连接)促进合作生产行为;公众面对不同合作生产主体时的投资与搭便车的行为机制不同(图7的下半部分),合作生产中的投资是基于内群体偏好的外在行为选择(图7中以实线直线和实弧线双向箭头表示),而合作生产中的搭便车则是基于身份地位分层的内在行为倾向(图7中以虚线直线和虚弧线双向箭头表示)。

五、结论与建议

(一) 研究结论

本研究运用公共森林游戏,从结果路径与过程路径探讨了PVC与合作生产者对公众生态环境治理合作生产的影响,揭示了"合作是否发生"以及"合作如何发生",在本实验范式下可得出以下结论。

[①] 黄燕,尹文嘉. 生态环境治理中合作生产的内涵及影响因素探析[J]. 河北环境工程学院学报,2022,32(4):69-74.

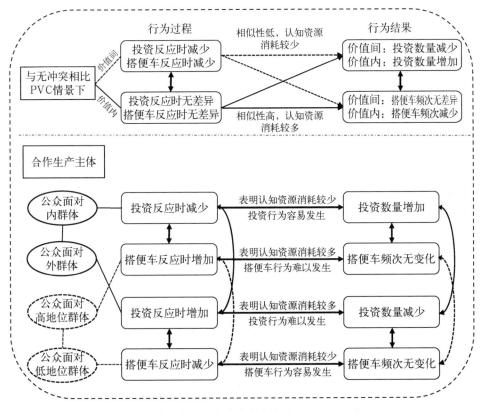

图 7　生态环境治理中公众合作生产的行为机制模型

第一，在生态环境治理中，公共价值间冲突阻碍公众的合作生产，公共价值内冲突则促进合作生产。本研究中表现为 E-E 冲突（价值间冲突）阻碍合作生产，不同价值归类与权衡相对容易，认知资源消耗较少；而 N-F 冲突（价值内冲突）促进合作生产，价值权衡有一定难度，认知资源消耗比 E-E 冲突多。

第二，公众在生态环境治理合作生产中的投资是基于内群体偏好的行为选择。本研究中表现为公众与公众合作中投资数量较多，投资中认知资源消耗较少，投资行为容易发生；而公众面对公务员时，合作生产中投资较少，投资中认知资源消耗较多，投资行为为难以发生。

第三，公众在生态环境治理合作生产中的搭便车是基于身份地位分层的行为倾向。本研究中，生产者身份不影响搭便车频次，仅影响搭便车的行为过程，表现为公众与公众合作生产中搭便车时认知资源消耗较少，容易产生搭便车行为倾向；而公众面对公务员时，合作生产中搭便车时认知资源消耗较多，不易产生搭便车行为倾向。

（二）对策建议

基于上述研究发现，本研究提出以下对策建议：

第一，基于公共价值间与价值内冲突对合作生产行为的相反影响，建议在生态环境治理过程中，厘清合作生产中的 PVC 是价值间冲突还是价值内冲突；预判生态环境与其他公共价值间冲突的消极影响，通过政策创新，积极创设能够阻断消极影响的干预策略；对于生态环境治理合作生产的价值内冲突，应合理利用以引导公众的合作生产行为。

第二，基于内群体偏好，内群体合作生产投资水平显著高于外群体。建议在生态环境治理合作生产中，凸显内群体特征或与内群体相关的属性以促进投资等正向合作行为；培育合作生产主体对外群体的认同与接纳，强调外群体与内群体的连接性与合作投资目标的一致性，建立相互信任的关系网络，以促进生态环境治理中公众的合作生产投资行为。

第三，基于身份地位分层，公众面对高地位群体时不易形成搭便车行为倾向，而面对群体结构中的低地位群体（即使公众与公众处于相同地位）时较易形成搭便车行为倾向。建议在生态环境治理合作生产过程中，强调不同群体的权威或资源优势，特别是挖掘低地位群体的独特优势和潜在资源，弱化其劣势，以及凸显合作对象的独特优势或具有的高地位的相关属性，防止合作生产中搭便车的行为倾向等。

本研究的贡献在于：第一，运用公共森林游戏范式分离了生态环境治理中合作生产的投资行为与搭便车行为产生的不同社会认知机制，深化了公共价值创造和公共物品供给的理论；该范式的实验逻辑较好地模拟了真实生态环境治理问题，研究发现具有潜在的实践指导价值。今后可通过田野实验进一步检验内群体偏好和身份地位分层对其他公共物品供给中合作行为与搭便车行为的影响。第二，结合结果路径和过程路径从公众视角探讨了生态环境治理合作生产中"合作是否发生"以及"合作如何发生"，从而将行为结果分析拓展到更深层次的行为发生机制的探讨，有效分离了外在行为选择结果与内在行为倾向。

综上，本研究发现，PVC 情景与合作生产者独立影响生态环境治理中公众的合作生产行为，并未发现 PVC 情景与合作生产者身份之间存在交互作用，对此，尚需要更多的实验研究进行检验。由于企业和混合群体在身份认同和身份地位分层结构中的不确定性，未来可通过系统操作社会身份变量，深入揭示合作生产投资与搭便车的外在行为结果—内在行为倾向及其产生的因果机制。本研究从公众视角开展实验研究,研究发现能否解释其他合作主体视角的合作生产行为还有待进一步检验。

The Public's Co-production Behaviors in Ecological Environment Governance: An Experimental Study Based on the Public Value Conflict and Co-producers' Status

Wang Shuzhen, Zhang Fangwen, Niu Xueting

Abstract: Based on social identity theory and group structure perspective, the present study explores the effects of public value conflict (PVC) and co-producers' status on the public's co-production behaviors in ecological environment governance (EEG). The results indicate that the ecological-economic PVC (inter-PVC) hinders the public's co-production investment behaviors. Conversely, now-future PVC (intra-PVC) promotes the public's investment behaviors and impedes free-riding behaviors. When the public cooperates with the public, the investment amounts increase; the investment behaviors and the tendency of free-riding behaviors are easy to occur. However, when the public cooperates with the public servants, the investment amounts of the public decrease; their investment behaviors and the tendency of free-riding behaviors are more difficult to occur. Consequently, the inter- and intra-PVCs exert negative and positive influences on the public's co-production behaviors in EEG, respectively. The cooperative investment and free-riding have different mechanisms underlying behavioral occurrence, with cooperative investment being a behavioral choice based on in-group preferences and free-riding being a behavioral tendency based on status stratification. The current findings are informative for promoting the public co-production behaviors and blocking free-riding behaviors in EEG.

Keywords: public value conflict, ecological environment governance, co-production, in-group preferences, social status stratification

公共部门组织与行为探究

影响政府推动公民电子参与的因素有哪些？——以上海市公务员为考察主体的探索性研究

朱春奎　郑　栋　赵焱鑫*

摘　要： 公务员的民众信任，或者说公务员对民众的信任，是政府治理现代化与民主化的基础，是公民电子参与机制得以发展与推广的必要前提。然而，目前关于公务员的民众信任与公民电子参与关系的研究并不充足，如何有效地提升公务员的民众信任以及公务员的民众信任能否有效地促进电子参与发展，仍是有待深入考证的问题。本文在对公务员的民众信任，以及公务员促进电子参与的态度、主观规范、认知行为控制对其促进电子参与行为意愿的影响作用进行理论探讨的基础上，基于上海市公务员调查数据，运用层级回归模型分析影响公务员推动公民电子参与意愿的关键因素，以期为新时代背景下提升政府推动公民电子参与意愿提供微观层面的经验支持。

关键词： 公民电子参与、影响因素、民众信任、探索性研究

一、引言

互联网时代的到来，深刻变革着民众的政治生活和政府的公共关系。公众如何通

---

* 朱春奎，复旦大学国际关系与公共事务学院教授，上海市科技创新与公共管理研究中心主任，研究方向为政府治理与创新。
郑栋，无锡市政府办公室调研处副处长。
赵焱鑫，复旦大学国际关系与公共事务学院博士生，上海市科技创新与公共管理研究中心助理研究员。

过运用信息技术参与公共决策和公共事务管理,逐渐成为学术界以及实践领域普遍关注的议题。随着世界各国电子参与实践的深入与发展,电子参与在现实中遇到的困境与弊端开始显现。如何有效地推进电子参与并逐步实现公共决策的民主化,引发了学者们对政府合作治理的思考,并促使他们对政府与民众间合作的原因进行了更加深入的探讨。信任作为人际情感的一种联结方式,能够有效地引导政府管理者与民众以意愿解决冲突的方式参与到决策过程之中,并最终促成双方的良性合作。近年来,有关政府信任与公民电子参与关系的研究越来越多,尤其是在公民电子参与提升政府信任、政府信任促进公众电子参与意愿等方面已经取得丰硕的成果。但是,现有的文献却忽略了官民信任的双向性,在过多关注政府信任的同时,反而忽略了政府公务员对民众信任这一重要路径[1]。本文在对公务员的民众信任,以及公务员促进电子参与的态度、主观规范、认知行为控制对其促进电子参与行为意愿的影响作用进行理论探讨的基础上,基于上海市公务员调查数据,综合运用描述性统计与层级回归模型等方法,分析影响公务员推动公民电子参与意愿的关键因素,以期为新时代背景下提升政府推动公民电子参与意愿与行为提供微观层面的经验支持。

二、理论探讨与研究假设

(一) 公务员的民众信任对其促进电子参与意愿的影响

公务员的民众信任(公务员对民众的信任)可以划分为两方面的信任,一是政府公务员对民众能力(知识、技能和判断)的信任,二是政府公务员对民众情感(诚实、仁慈、正直等)的信任[2]。在公务员与民众的互动过程中,政府公务员越相信民众能够遵守政府制定的规则,就越容易采取亲民的政策举动;政府公务员越是相信民众有较高的知识和技能水平以帮助其制定出科学的决策,就越倾向于采取促进公民参与的行为[3]。因而,无论是基于对民众能力的信任,还是基于对民众情感的信任,都足以影响

---

[1] 参见 PEEL M. Trusting disadvantaged citizens[M]//Trust and Governance. New York: Russell Sage Foundation, 1998: 315-342. YANG K. Public administrators' trust in citizens: a missing link in citizen involvement efforts[J]. Public administration review, 2005, 65(3): 273-285。

[2] YANG K. Public administrators' trust in citizens: a missing link in citizen involvement efforts[J]. Public administration review, 2005, 65(3): 273-285.

[3] YANG K. Trust and citizen involvement decisions: trust in citizens, trust in institutions, and propensity to trust[J]. Administration & society, 2006, 38(5): 573-595.

到公务员推动电子参与的认知与意愿。

在政策执行过程中,政府管理者并非总是依照自上而下的命令链条进行工作的,在处理事务上一般都拥有较大的自由裁量权。在自由裁量权的影响下,政府公务员能够以自身的信念来左右最终的政策结果,因为即使上级领导给予下级明确的改革方案或命令要求,下级政府的公务人员也会继续按照他们信念的指引在自由裁量的范围内继续以往的工作习惯。例如,公众听证会、公民参与绩效评估等制度在大多数国家中都会受到法律、政策法规的保护,但是其推动情况和实施效果却取决于政府管理者的意愿和行为[1]。在一定程度上,公务员对民众的信任能够解释政府管理者为何愿意与公民分享权力。公民参与作为一种脆弱的关系机制,政府与民众间的合作行为只有在长期的信任关系中才有可能维持并保持有效[2]。在缺乏信任或权力转移受阻的情况下,公民参与机制不会带来民众真正意义上的参与而大多停留在形式上,可能引发更大的社会风险与政府信任危机,因为一旦民众感知到被政府欺骗,会引发更多的失望和反政府倾向。政府与民众成功合作的前提在于利益相关者间的沟通与合作,信任能够促成合作的成功,并引导参与者以自愿解决冲突的方式参与到决策过程之中。相同的逻辑也适用于电子参与。在信任因素的促进下,政府公职人员能够与民众通过网络进行深度合作,进而促进公务员推进电子参与的意愿。基于此,本文提出如下假设:

H1:公务员的民众信任对其促进电子参与的意愿具有显著的正向影响,即公务员对民众越信任,越具有促进公民电子参与的意愿。

从公众角度出发,官民信任关系对个体态度和行为的影响已经得到一系列研究的支持[3]。政治信任会影响到中央与地方政府之间的权力分配态度,其中,基于

---

[1] 参见 BRASHER H. Listening to hearings: legislative hearings and legislative outcomes [J]. American Politics Research, 2006, 34(5): 583 - 604. 周志忍. 政府绩效评估中的公民参与:我国的实践历程与前景[J]. 中国行政管理, 2008(1): 111 - 118. 何文盛, 廖玲玲, 孙露文, 等. 中国地方政府绩效评估中公民参与的障碍分析及对策[J]. 兰州大学学报:社会科学版, 2011, 39(1): 80 - 86。

[2] LEE J, KIM S. Active citizen e-participation in local governance: do individual social capital and e-participation management matter? [C]//2014 47th Hawaii International Conference on System Sciences. IEEE, 2014: 2044 - 2053.

[3] 参见 CHANLEY V A, RUDOLPH T J, RAHN W M. The origins and consequences of public trust in government: a time series analysis[J]. Public opinion quarterly, 2000, 64(3): 239 - 256. RAHN W M, Rudolph T J. A tale of political trust in American cities[J]. Public opinion quarterly, 2005, 69(4): 530 - 560。

公共政策民众支持度的研究发现,民众对公共政策的支持态度同样受政治信任水平的影响①,信任水平越高,则公众对牺牲自身物质利益的公益政策的支持度就越高②。从政府的监督来看,政府及其行为主体对民众的信任则会影响到政府决策者看待外部环境、确定社会问题、选择解决方案的态度,并决定着政府未来的行动③。因此,政府公务员的民众信任会影响其对待民众参与公共事务的态度,从而影响到其推动公民参与、电子参与的态度。换言之,政府公务员越信任民众,其对推动电子参与的态度就越强烈,而由此产生的行为意愿就越积极。基于此,本文提出如下假设:

H2:公务员的民众信任对其促进电子参与的态度具有显著的正向影响。

(二) 公务员促进电子参与的态度对其促进电子参与意愿的影响

行为态度是个人在采取某项行为前对该行为所带来后果的积极或消极判断。阿杰恩认为,态度指个人的一种行为性信念,会受到信念和评估两种因素的影响,前者是对行为后果的感知,后者是对行为价值的感知④。在计划行为理论中,行为态度会直接对个人的行为意愿产生影响,积极的态度会产生积极的行为意愿,消极的态度会产生消极的行为意愿。基于这一逻辑,我们能够得到这样的推理:公务员在采取推动电子参与行为之前,如果其能够感受到这项行为后果带来的好处与价值,其推动电子参与的意愿就越强烈。因此,公务员能否感知到电子参与带来的好处和价值,是其推动电子意愿强烈与否的关键要素。

随着政治民主的发展和公民意识的增强,公民参与逐渐成为公共行政的核心价值,并逐渐发展为衡量民主行政的重要原则。事实上,公民参与对政府与民众双方均能带来诸多益处。从民众的角度来说,公民参与为民众带来了表达自身偏好的机会,而且通过参与决策过程,公民能够获得相关的政策信息,进而提升政策制定的民主性,

---

① CHANLEY V A, RUDOLPH T J, RAHN W M. The origins and consequences of public trust in government: a time series analysis[J]. Public opinion quarterly, 2000, 64(3): 239 – 256.
② EVANS R J. Political trust, ideology, and public support for government spending[J]. American journal of political science, 2005, 49(3): 660 – 671.
③ YANG K. Public administrators' trust in citizens: a missing link in citizen involvement efforts[J]. Public administration review, 2005, 65(3): 273 – 285.
④ AJZEN I. Residual effects of past on later behavior: Habituation and reasoned action perspectives [J]. Personality and social psychology review, 2002, 6(2): 107 – 122.

同时也培养了民众的公民意识①。从政府的角度来看,公民参与不仅为政府提供了倾听民众心声与需求的渠道,而且能够促使政府更加高效地了解和获取民众的需求,从而制定出科学的政策②。从另一个角度来看,以互联网和现代通信技术为依托的电子参与逐渐发展成为公共参与的一种主要形式③,不仅扩展了传统公民参与的渠道,还消除了公民与政府彼此的隔阂,增进彼此的沟通④。目前,电子化办公、电子政务在公共部门的应用,大大减少了公务人员的办事成本,提升了其办事效率。因此,当公务人员能够感知到电子化参与机制为其带来的种种利益时,就会倾向于推动电子参与。基于此,本文提出如下假设:

H3:公务员促进电子参与的态度对其促进电子参与的意愿具有显著的正向影响。

(三) 公务员促进电子参与的主观规范对其促进电子参与意愿的影响

主观规范指一种规范性信念,是个人从事某项行为时感受到的社会期待⑤。参考对象不同,个人所接收到的社会期待程度亦有所差异⑥。一般来说,主观规范与行为意愿呈正相关关系,主观规范感知越高,行为意愿就越高。事实上,主观规范包含两类关系紧密的规范形式,即指令性规范和示范性规范⑦,这两类规范都对行为意愿的产生具有重要的影响作用。

---

① MILAKOVICH M E, GORDON G J, Milakovich-Gordon. Public administration in America[M]. Boston, MA: Wadsworth Cengage Learning, 2009.
② 杜文苓 陈致中. 民众参与公共决策的反思——以竹科宜兰基地设置为例[J]. 民主季刊 2007,4(3): 33-62.
③ 李亚,韩培培. 政策制定中的电子参与:质量、满意度和效率[J]. 北京行政学院学报,2010 2): 33-37.
④ 参见 MOON M J. The evolution of e-government among municipalities: rhetoric or reality? [J]. Public administration review, 2002, 62(4): 424-433. KAMPEN J K, SNIJKERS K. E-democracy: a critical evaluation of the ultimate e-dream [J]. Social science computer review, 2003, 21(4): 491-496。
⑤ AJZEN I. The Theory of planned behavior [J]. Organizational behavior and human decision processes, 1991, 50(2): 179-211.
⑥ AJZEN I. From intentions to actions: a theory of planned behavior//Action control: From cognition to behavior[M]. Berlin, Heidelberg: Springer Berlin Heidelberg, 1985: 11-39.
⑦ HARRISON D A. Volunteer motivation and attendance decisions: competitive theory testing in multiple samples from a homeless shelter [J]. Journal of applied psychology, 1995, 80(3): 371-385.

对政府公务员而言,指令性规范是指公务员明确感知到对其有重要影响的利益相关者改革要求的压力,这种压力可能源于上级政府的改革要求,也可能来源于公民参与意愿高涨对政府形成的倒逼压力①。中国具备鲜明的高权力距离特征,尤其是单一制下的行政部门以及选任制的行政部门用人体制,致使政府官员服从上级指示的特征尤为明显,来自上级政府的偏好或者出台的政策规范文件,会直接刺激政府官员采取改革的行为意愿。

示范性规范则表现为同级政府等重要利益相关者已经身体力行做出了改革行动,并对其他公务员产生的一种示范效应,使公务员感受到一种大势所趋的潜在规范。中国长期受到儒家文化的影响,形成了高集权主义倾向的文化特征②,组织中多数成员的一致意见或者重要成员的选择意向都会产生巨大的示范效应,会影响个人的行为意愿选择。对地方政府而言,其他县市政府则成为共同合作的伙伴,但又是必须互相竞争的对手,在条件、资源迥异的情况下,地方政府最好的策略就是学习其他地方政府的经验,并且将这些经验吸收,加以应用,以降低政策错误的风险。当某项创新所带来的效益无法评估时,在政府机关信息有限、经验不足的情况下,必然面临高度的不确定性,这将会鼓励政策制定者向同级或竞争者学习③。具体到行政部门内部,部门领导人的行为选择会发挥巨大的示范效应,在同事们都行动起来参与到改革之中时,公务员也会感到不得不行动的压力。基于上述分析,本文提出如下假设:

H4:公务员促进电子参与的主观规范对其促进电子参与的意愿具有显著的正向影响。

(四) 公务员促进电子参与的认知行为控制对其促进电子参与意愿的影响

认知行为控制指涉的是个体感知到实施某种行为的难易程度,在某种程度上可以

---

① 李泓波,贺莉. 地方政府公务员改革意愿影响因素:基于计划行为理论的探索性研究[J]. 上海交通大学学报:哲学社会科学版,2016,24(3):51-60.
② 参见陈东平. 以中国文化为视角的霍夫斯泰德跨文化研究及其评价[J]. 江淮论坛,2008(1):5. 宣晓伟. 中央集权制背后的文化,政治和道德观念——"现代化转型视角下的中央与地方关系研究"之十七[J]. 2021(2015-12):37-39。
③ HO AT K, NI A Y. Explaining the adoption of e-government features: a case study of Iowa County treasurers' offices[J]. The american review of public administration, 2004, 34(2): 164-180.

理解为个体能够成功执行某种行为的一种感知能力①。班杜拉在对个体的行为意愿进行研究时发现,人们对自己能力的信念比自己具有的真实能力能更好地预测人们的行为方式②。基于这种理解,班杜拉提出了自我效能的观点,即自我效能会影响个体的选择,因为人们倾向于把更多的努力放在他们觉得能够成功的事务中,当人们拥有更高的效能感时,更愿意把困难当作一种挑战,而非一种需要躲避的威胁。因此,在某种程度上,认知行为控制可以被理解为自我效能感。具有较高自我效能感的个体通常被认为是那些相信自己有能力应对压力的人③。通常情况下,自我效能感的高低会直接或间接影响个体对待他人的态度,缺乏自我效能感的人更趋向于低信任④。

根据计划行为理论,认知行为控制对行为意愿具有直接的正向影响。在电子参与中,公务人员对其推进电子参与的自信心越高,则其推动电子参与的意愿就越强烈。在公众使用电子服务的研究中,恩里彭德拉等人⑤运用元分析对认知行为控制与行动意愿之间的关系进行检验,发现感知行为控制对意愿有正向影响关系且高度显著。汤姆森也进行了相似的研究,同样得出了自我效能感能够积极影响公民参与共同生产意愿的结论⑥。基于伊朗民众自我效能对参与邻里委员会行为的研究同样发现,民众的自我效能感对于其参与政治活动行为具有重要的解释力,自我效能感越强的民众越愿

---

① 参见 AJZEN I. Residual effects of past on later behavior: habituation and reasoned action perspectives[J]. Personality and social psychology review, 2002, 6(2): 107-122. RHODES R E, COURNEYA K S. Investigating multiple components of attitude, subjective norm, and perceived control: An examination of the theory of planned behaviour in the exercise domain[J]. British journal of social psychology, 2003, 42(1): 129-146。
② BANDURA A. Self-efficacy: toward a unifying theory of behavioral change[J]. Psychological review, 1977, 84(2): 191-215.
③ MACHADO L A, TELLES R W, COSTA-SILVA L, BARRETO S M. Psychometric properties of multidimensional health locus of control—A and general self-efficacy scale in civil servants: ELSA-Brasil musculoskeletal study (ELSA-Brasil MSK)[J]. Brazilian Journal of physical therapy, 2016, 20(5): 451-460.
④ WHITENER E M, BRODT S E, KORSGAARD M A, WERNER, J M. Managers as initiators of trust: an exchange relationship framework for understanding managerial trustworthy behavior[J]. Academy of management review, 1998, 23(3): 513-530.
⑤ RANA N P, DWIVEDI Y K, WILLIAMS M D. A meta-analysis of existing research on citizen adoption of e-government[J]. Information system frontier, 2015, 17: 547-563.
⑥ THOMSEN M K. Citizen coproduction: the influence of self-efficacy perception and knowledge of how to coproduce[J]. The American review of public administration, 2017, 47(3): 340-353.

意参与政治活动,其公民参与的意愿就越强烈①。张红、张再生基于计划行为理论对居民参与社会治理行为意愿的影响因素的研究发现,自我认知控制不但会对居民参与社会治理的行为产生积极影响,还会通过态度间接影响到其参与社会治理的行为意愿②。贾鼎在对公众参与环境公共决策行为意愿的研究中发现,来自儒家文化的中国民众所采取的参与行为意愿更会受到认知行为控制的正向影响③。基于上述分析,本文提出如下假设:

H5:公务员促进电子参与到的认知行为控制对其促进电子参与的意愿具有显著正向影响。

三、数据来源与研究方法

(一) 样本与数据收集

为了验证上述假设,本文以上海市公务员为研究对象开展实证研究,问卷发放范围涵盖上海市辖区内各层级(包括市级、区级、街镇级)、各系统(政府、党委、人大、政协以及其他公务员系统)的公共部门。为了保证抽样的合理性与科学性,本文尽可能从上述系统中不同部门随机选取样本。本次调研共发放问卷 400 份,回收问卷 338 份,回收率为 84.5%。之后对回收的问卷进行初步清理,剔除有缺失值、题项之间存在冲突以及不认真填写的问卷(问卷中所有题项均为同一数值)33 份,最终得到有效问卷 305 份,有效问卷率为 90.24%。

(二) 变量的选取与测量

1. 公务员促进电子参与的意愿

公务员促进电子参与行为意愿是本文需要解释的因变量,依照戈尔维策的观点,行为的发生经历了两个阶段,即动机阶段和执行阶段,对前者的研究更具有预测意义,

---

① BARATI Z, ABU SAMAH B, AHMAD N, IDRIS K B. Self-efficacy and citizen participation in neighborhood council in Iran[J]. Journal of community psychology, 2013, 41(8): 911 - 919.
② 张红,张再生. 基于计划行为理论的居民参与社区治理行为影响因素分析——以天津市为例[J]. 天津大学学报: 社会科学版, 2015, 17(6): 523 - 528.
③ 贾鼎. 基于计划行为理论的公众参与环境公共决策意愿分析[J]. 当代经济管理, 2018, 40(1): 52 - 58.

因为它是尚未发生的行为①。本文旨在探索行为的动机阶段,即公务员促进电子参与的行为意愿,而根据前述提出的模型框架,公务员促进公民电子参与的行为意愿会受到公务员的民众信任、态度、主观规范、认知行为控制的直接影响。本研究中公务员促进电子参与的行为意愿的测量工具主要来源于杨开峰②等人开发或使用的量表,该行为意愿量表共包含有5个题项。

2. 公务员的民众信任

公务员的民众信任,或者说公务员对民众的信任,指政府公务员相信民众参与公共事务管理能够显著提升其工作效率或有助于政府部门政策目标实现的积极判断。对于公务员的民众信任的测量,本文采用了杨开峰③的做法,将公务员对民众的信任划分为能力信任和情感信任两个子维度。其中,能力信任是公务员对民众能力的信任的简称,指政府管理者相信民众有多少知识和技能来协助其制定出科学决策的信念。情感信任是公务员对民众情感的信任的简称,政府公务员基于对民众诚信、仁慈等品质的感知,在多大程度上相信民众能够遵守其所制定的规则或遵循其所期望的原则。这一维度划分方式,恰好与迈尔和戴维斯提出的信任模型中信任的划分方式有一定的相似之处④。基于此,本文采用了迈尔和戴维斯研究中所涉及的15个题项的量表,并选择了其中10项作为本文测量公务员的民众信任的测量工具。同时,根据杨开峰⑤及曾婧婧和宋娇娇⑥的研究,将从信任模型量表中选取的题项进行了修正,以保证其能够更加适用于对公务员的考察,这些题项的表述虽然发生了些许变化,但并未改变其原始含义。

3. 公务员促进电子参与的态度

行为态度是个人在采取某项行为前对该行为所带来后果的积极或消极判断,其会

---

① GOLLWITZERP M. Implementation intentions: strong effects of simple plans [J]. American psychologist, 1999, 54(7): 493-503.
② YANG K. Public administrators' trust in citizens: a missing link in citizen involvement efforts [J]. Public administration review, 2005, 65(3): 273-285.
③ YANG K. Trust and citizen involvement decisions: trust in citizens, trust in institutions, and propensity to trust [J]. Administration & society, 2006, 38(5): 573-595.
④ MAYER R C, DAVIS J H, SCHOORMAN F D. An integrative model of organizational trust [J]. Academy of management review, 1995, 20(3): 709-734.
⑤ YANG K. Trust and citizen involvement decisions: trust in citizens, trust in institutions, and propensity to trust [J]. Administration & society, 2006, 38(5): 573-595.
⑥ 曾婧婧,宋娇娇. 政府对公众的信任:公众参与的桥梁——以政府公职人员为观察主体[J]. 公共行政评论,2017(1): 141-171.

受到信念和评估两种因素的影响,前者是对行为后果的感知,后者是对行为价值的感知。公务员促进电子参与的态度可以理解为公务员在对公民电子参与的后果进行预测及评估后所产生的积极或消极判断。本文中,行为态度所采用的量表来源于艾金斯①的研究。艾金斯在研究美国政府公职人员态度对公民参与的影响作用时,采用4个题项对政府公职人员的行为态度进行测量。因而本文选用了该量表对公务员促进电子参与的态度进行测量,对量表中部分不符合中国语境的表述进行了适度修正并保留了7个测量题项。

4. 公务员促进电子参与的主观规范

主观规范是一种规范性信念,即个人从事某项行为时所感受到的社会期待,随着参考对象的变化,个人所接收到的社会期待程度也会产生差异。在现有研究中,泰勒和托德②、文卡特斯赫等③学者在运用计划行为理论考察主观规范对行为意愿的影响时,开发出了不同的题项用来测量个人的主观规范。科尔曼、凯泽④等人在泰勒和托德研究的基础上对主观规范的测量题项进行了修正,并将其运用于政府公职人员促进电子参与的主观规范测量之中,从而验证了其合理性和科学性。对于政府公务员促进电子参与主观规范的测量,本文根据张镫文、科尔曼、凯泽所采用的量表,并结合杨开峰⑤的研究,形成了包含5个题项的量表。

5. 认知行为控制

认知行为控制是在理性行为理论基础上新增的变量,增加认知行为控制的目的是解释非意志完全控制的行为。部分研究者认为,认知行为控制的测量项目分别负载在两个因素上,一个因素与完成行为能力的信心有关,另一个因素与行为控制有关,因此

---

① AIKINS S K. Web-enabled governance: the challenge of pursuing Internet-based citizen participation[D]. University of Nebraska at Omaha, 2005.
② TAYLOR S, TODD P A. Understanding information technology usage: a test of competing models [J]. Information systems research, 1995, 6(2): 144-176.
③ VENKATESH V, MORRIS M G, DAVIS G B, et al. User acceptance of information technology: toward a unified view[J]. MIS quarterly, 2003: 425-478.
④ KOLLMANN T, KAYSER I. A comprehensive approach to citizen engagement in e-democracy [C]//6th International Conference on e-Government - ICEG2006, Academic Conferences and Publishing International, Cape Town, 2010: 54-62.
⑤ YANG K. Trust and citizen involvement decisions: trust in citizens, trust in institutions, and propensity to trust[J]. Administration & society, 2006, 38(5): 573-595.

应当予以区分。但罗兹和库尔尼亚①认为将认知行为控制区分为两个结构没有理论依据,这样做可能会导致理论的退行。基于此,本文选择将认知行为控制按照传统方式将其设置为一个维度,并参考泰勒和托德②、吉拉德·陈等③、杨开峰④等学者的研究,选择4个题项来测量公务员促进电子参与的认知行为控制。

6. 控制变量

在政府行为主体与民众间信任的实证研究中,无论选取何种自变量或因变量,都会考察社会人口属性的影响,目的是减少其对自变量的影响干扰。因此,本文充分考虑到个人特征和组织特征对公务员的民众信任的影响,将性别、年龄、学历、年资、职级、职位以及公务员工作单位的层级作为控制变量加以分析。这些控制变量的赋值规则如下:性别为虚拟变量,男性赋值为1,女性为0;年龄为定序变量,分别为29岁及以下、30—34岁、35—39岁、40—44岁、45—49岁和50岁以上,依次赋值为1—6分;学历为定序变量,分为大专及以下、本科、硕士研究生、博士研究生,依次1—4分;年资为定序变量,分别为小于2年、2—5年、6—10年、11—19年和20年及以上,依次赋值为1—5分;职级为定序变量,分为科员、副科级、正科级、副处级、正处级及以上,依次赋值为1—5分;职位为虚拟变量,领导职位赋值为1,非领导职位赋值为0;工作单位层级为定序变量,划分为街镇机关、区级机关、市级机关,赋值为1—3。

四、实证结果与讨论

(一)实证结果

本文以公务员推动电子参与的行为意愿为因变量,在控制个人变量(性别、年龄、学历、政治面貌、工作年限、职级、职位)和组织特征变量(单位层级与单位所属系统)

---

① RHODES R E, Courneya K S. Investigating multiple components of attitude, subjective norm, and perceived control: An examination of the theory of planned behaviour in the exercise domain[J]. British journal of social psychology, 2003, 42(1): 129 – 146.

② TAYLOR S, TODD P A. Understanding information technology usage: a test of competing models [J]. Information systems research, 1995, 6(2): 144 – 176.

③ CHEN G, GULLY SM, EDEN D. Validation of a new general self-efficacy scale[J]. Organizational research methods, 2001, 4(1): 62 – 83.

④ YANG K. Public administrators' trust in citizens: a missing link in citizen involvement efforts[J]. Public administration review, 2005, 65(3): 273 – 285.

对因变量的基础上,依次将公务员的民众信任、主观规范、态度、认知行为控制作为自变量引入到方程之中进行回归分析。其层级回归分析结果如表1所示。

表1 行为意愿影响因素的层级回归分析结果

	公务员促进电子参与行为意愿(XWYY)						
	模型1	模型2	模型3	模型4	模型5	容忍度	VIF
性别	0.089 (0.088)	0.065 (0.071)	0.026 (0.068)	0.026 (0.068)	0.066 (0.003)	0.932	1.073
年龄	−0.137 (0.046)	−0.092 (0.037)	−0.083 (0.035)	−0.080 (0.035)	0.034 (−0.058)	0.398	2.516
学历	0.004 (0.080)	−0.001 (0.065)	−0.016 (0.061)	−0.018 (0.061)	0.060 (−0.034)	0.733	1.365
政治面貌	0.036 (0.118)	0.023 (0.095)	0.021 (0.089)	0.022 (0.089)	0.087 (0.014)	0.887	1.128
工作年限	0.105 (0.045)	0.128* (0.036)	0.081 (0.034)	0.077 (0.035)	0.034 (0.057)	0.577	1.733
职级	0.045 (0.056)	0.071 (0.045)	0.080 (0.043)	0.080 (0.043)	0.042 (0.107)	0.434	2.305
职位	0.003 (0.136)	0.007 (0.110)	0.024 (0.103)	0.026 (0.104)	0.101 (0.032)	0.730	1.371
工作层级	−0.139* (0.067)	−0.029 (0.055)	−0.014 (0.052)	−0.015 (0.052)	0.051 (−0.036)	0.677	1.477
政府	0.044 (0.180)	−0.187* (0.147)	−0.150 (0.138)	−0.151 (0.138)	0.134 (−0.166)	0.235	4.262
党委	−0.138 (0.200)	−0.243* (0.162)	−0.215* (0.152)	−0.216* (0.152)	0.148* (−0.211)	0.233	4.290
人大	−0.083 (0.218)	−0.187* (0.178)	−0.168* (0.167)	−0.167* (0.167)	0.162* (−0.171)	0.401	2.496
政协	0.010 (0.217)	−0.111 (0.176)	−0.102 (0.165)	−0.099 (0.166)	0.162 (−0.118)	0.334	2.994

续 表

	公务员促进电子参与行为意愿(XWYY)					容忍度	VIF
	模型1	模型2	模型3	模型4	模型5		
公务员民众信任		0.591*** (0.057)	0.416*** (0.063)	0.411*** (0.064)	0.063*** (0.383)	0.650	1.537
态度			0.332*** (0.062)	0.323*** (0.065)	0.066*** (0.257)	0.575	1.738
主观规范				0.028 (0.051)	0.054 (−0.056)	0.641	1.560
认知行为控制					0.061*** (0.235)	0.575	1.739
常数项	3.807*** (0.391)	1.111** (0.383)	0.331 (0.380)	0.290 (0.387)	0.198 (0.377)	0.932	1.073
R^2	0.058	0.386***	0.462***	0.463	0.521***	0.398	2.516
ΔR^2	0.058	0.328***	0.076***	0.001	0.058***	0.733	1.365
F值	1.493	155.011***	40.838***	0.324	18.054***	0.887	1.128

注：***、**、* 分别表示0.01、0.05、0.1的显著性水平，括号内为标准误。
资料来源：作者自制。

模型1将性别、年龄、学历、政治面貌、工作年限、职级、职位等个人特征变量，以及公务员工作单位的层级、所属系统等组织特征变量纳入到回归方程中，12个控制变量共解释了公务员促进电子参与意愿5.8%的变异量。其中，性别、年龄、学历、政治面貌、工作年限、职级、职位等个人特征对行为意愿的影响均不显著。组织特征中的工作系统对行为意愿的影响不显著，但公务员所处组织的层级会对公务员促进电子参与的行为意愿的负向影响，标准化系数为−0.139（$P<0.1$）。这表明，公务员所处的组织层级越高，越不具有促进电子参与的意愿倾向。

模型2在控制了个人特征变量和组织特征变量后，将公务员的民众信任纳入到方程中，回归分析结果显示，公务员的民众信任、个人特征变量、组织特征变量共解释了公务员促进电子参与意愿38.6%的变异。其中，在控制个人特征变量、组织特征变量后，公务员对民众的信任可解释公务员促进电子参与意愿32.8%的变异量。同时，公务员对民众的信任会对公务员促进电子参与的意愿呈现出显著正向影响,其标准化系数为 0.591($P<0.01$)。这说明,公务员越能够相信民众,就越愿意推行电子参与。

模型 3 在控制了个人特征变量、组织特征变量、公务员的民众信任后,将公务员促进电子参与的态度纳入到了方程中,回归分析结果显示,公务员促进电子参与的态度、公务员的民众信任、个人特征变量、组织特征变量共解释了公务员促进电子参与意愿 46.2% 的变异。其中,在控制个人特征变量、组织特征变量、公务员的民众信任后,公务员促进电子参与的态度可解释公务员促进电子参与意愿 7.6% 的变异。同时,公务员促进电子参与的态度对其促进电子参与的意愿呈现出显著的正向影响,其标准化系数为 0.332($P<0.01$)。这说明,公务员促进电子参与的态度越积极,就越具有推动电子参与的意愿。

模型 4 在控制了个人特征变量、组织特征变量、公务员的民众信任、公务员促进电子参与的态度后,将公务员促进电子参与的主观规范纳入到方程中,回归分析结果显示,公务员促进电子参与的态度、主观规范、公务员的民众信任、个人特征变量、组织特征变量共解释了公务员促进电子参与意愿 46.3% 的变异。其中,在控制个人特征变量、组织特征变量、公务员对民众的信任、公务员促进电子参与的态度后,公务员促进电子参与的主观规范可解释其促进电子参与意愿 0.1% 的变异量。但是,公务员促进电子参与的主观规范对其促进电子参与意愿的影响不显著。

模型 5 在控制了个人特征变量、组织特征变量、公务员的民众的信任、公务员促进电子参与的态度、主观规范后,将公务员促进电子参与的认知行为控制纳入到方程中,回归分析结果显示,公务员促进电子参与的认知行为控制、主观规范、态度、公务员的民众信任以及个人特征变量、组织特征变量共解释了公务员促进电子参与意愿 52.1% 的变异。其中,在控制个人特征变量和组织特征变量、公务员对民众的信任、公务员促进电子参与的态度、主观规范后,公务员促进电子参与的认知行为控制可解释其促进电子参与意愿 5.8% 的变异。同时,公务员促进电子参与的认知行为控制会对其促进电子参与的意愿产生显著正向影响,其标准化系数为 0.061($P<0.01$)。这说明,公务员越能够感知到推行电子参与是容易的,就越具有促进电子参与的意愿。

(二)结果与讨论

公务员促进电子参与意愿会受到多种因素的影响,本文选用了计划行为理论框架作为支撑,来验证公务员的民众信任、公务员促进电子参与的态度、主观规范、认知行为控制对公务员促进电子参与意愿的影响。实证研究结果表明,公务员的民众信任、公务员促进电子参与的态度以及认知行为控制会对其促进电子参与的意愿产生显著的正向影响,因而假设H1、H3、H5成立。同时,公务员的民众信任会对公务员促进电子参与的态度产生显著正向影响,并通过态度对其产生间接的正向影响,因而假设H2成立。但是,主观规范对行为意愿的影响作用未能得到验证,因而假设H4未得到验证。

H1假设的验证说明,公务员的民众信任与公务员促进电子参与的行为意愿之间确实存在显著的关联性。电子参与作为一种脆弱的关系机制,政府与公民的合作行为只有在长期的信任关系中才有可能维持并保持有效。因此,电子参与的推动与发展势必离不开公务员对民众的信任。目前,学术界对"电子参与能否促进政府决策质量以及行政效率的提升"这一命题产生了激烈的争论。支持电子参与的学者认为,信息技术能够拓宽公民参与的渠道,是公民参与公共事务的"最佳快捷方式";而持有怀疑态度的学者却认为,信息技术并不必然会给政治以及公共事务的参与产生正面的驱动效果[1],甚至会带来超出想象的麻烦,因为公民参与无法突破的瓶颈,仅仅依靠电子化是无法实现的[2]。事实上,政府推行电子参与的关键问题,不是在于论证电子信息技术的有用性,而是在于探索出阻碍或推进电子参与的潜在因素究竟为何。本文的结论正好回答了这一问题,即公务员对民众的信任是影响公务员推行电子参与的一个关键因素。

在计划行为理论中,态度、主观规范、认知行为控制一直以来都被视为促进个人行为意愿的三个关键要素。然而,本文的研究发现,虽然态度、认知行为控制能够显著地影响行为意愿,但主观规范对行为的影响并不显著。这也恰恰验证了阿杰恩的观点,即个人因素(态度和知觉行为控制)是影响行为的主要因素,在态度—意愿、知觉行为控制—意愿、主观规范—意愿三组关系中,主观规范—意愿关系较弱[3]。基于上述结论,我们可以得出这样的启示:如果政府想要增强推进电子参与的意愿,需要促使内

---

[1] BIMBER B. Information and political engagement in America: the search for effects of information technology at the individual level[J]. Political research quarterly, 2001, 54(1): 53-67.

[2] ROBERTS N. Public deliberation in an age of direct citizen participation[J]. The American review of public administration, 2004, 34(4): 315-353.

[3] Ajzen I. The Theory of planned behavior[J]. Organizational behavior and human decision processes, 1991, 50(2): 179-211.

部的公职人员拥有对电子参与的支持态度,并使其感知到推行电子参与是容易的并且是有用的。

本文将公务员的民众信任划分为公务员对民众能力的信任与公务员对民众情感的信任,这种划分方法参照了杨开峰的研究①。不同之处在于,杨开峰②通过开展实证研究发现,公务员对民众情感的信任与公务员对民众能力的信任同等重要,都会对政府支持公民参与产生正向的影响;本文的实证结果则表明,公务员对民众能力的信任似乎比对民众情感的信任更能够增强其推进电子参与的信念。

在关于公民参与能否提升公共决策质量的争论中,反对者所持有的主要理由就是民众没有处理公共事务相应的专业能力。由于公民参与的过程通常会耗费相当高的成本,而且无法针对决策议题进行有效率的政策讨论,因而造成决策过程的耗时且无效率,使得许多公务员都不愿将公民参与纳入到决策程序之中③。帕帕多普洛斯指出,公共事务管理的专业性致使政府公务员对与公民间的合作产生了抗拒的倾向,在很多情况下政府公务员都会将公民参与视为一种降低其工作效率的阻碍④。在政府公务员眼中,公民参与实际上会降低其行政效率,使其原本能够发挥的专业优势消失殆尽,因而他们更倾向于相信自己的专业能力而不是相信民众,也不愿采取推动公民的参与的行为。本文的结论也验证了这一观点,由此得到的启示是:增强公务员的服务意识与大众情怀能够更加促进公民电子参与的发展。长久以来,公务员所秉持的专业优越感和精英意识会促使其对民众产生一种怀疑态度,即民众没有足够的专业知识和技能来处理复杂的公共决策和政府的公共事务⑤。在公共决策中,以专业能力为核心还是以民众需求为核心,正体现了工具理性与价值理性的矛盾。因此,在政府内部

---

① YANG K. Trust and citizen involvement decisions: trust in citizens, trust in institutions, and propensity to trust[J]. Administration & society, 2006, 38(5): 573-595.
② YANG K. Public administrators' trust in citizens: a missing link in citizen involvement efforts[J]. Public administration review, 2005, 65(3): 273-285.
③ 参见 KWEIT M G, KWEIT R W. Citizen participation and citizen evaluation in disaster recovery[J]. The American review of public administration, 2004, 34(4): 354-373. ROBERTS N. Public deliberation in an age of direct citizen participation[J]. The American review of public administration, 2004, 34(4): 315-353。
④ PAPADOPOULOS Y. Cooperative forms of governance: problems of democratic accountability in complex environments[J]. European journal of political research, 2003, 42(4): 473-501.
⑤ IRVINR A, STANSBURY J. Citizen participation in decision making: is it worth the effort? [J]. Public administration review, 2004, 64(1): 55-65.

强调效率和专业性的同时,也应当强调公平、效益、公众满意度等价值的重要性①。政府公务员的专业优越倾向与大众情怀并不是无法调和的两种情感,精英之于大众不应再是传统的"统领"或单向灌输的关系模式,而应转变为积极主动的对话式双交流模式②,政府应当坚持全心全意为人民服务的宗旨,更加注重大众的社会心理状况、思维特征、行为表现和生活状况。

五、结论与建议

(一) 研究结论

本文对影响政府推动公民电子参与的影响因素的实证分析,主要有以下四点结论。

第一,公务员的民众信任对公务员促进电子参与意愿具有显著正向影响。政府公职人员与民众间的信任是促成电子参与发展的一个重要因素。本文实证分析结果表明,公务员的民众信任对公务员促进电子参与意愿有着显著的直接的正向影响;同时,公务员的民众信任还能通过提升公务员促进电子参与的态度,从而间接提升其促进电子参与的意愿。公务员的民众信任与公务员促进电子参与意愿之间有着很强的正相关关系,努力增进公务员对民众的信任能够成为推进我国电子参与发展的一条良性途径。从政府的角度出发,通过塑造公务员的个人信任倾向,优化官民互动与合作过程,减弱公务员精英意识,能够成为提升公务员的民众信任的一套组合策略,而这一策略的实施也会间接带动电子参与的发展。

第二,公务员促进电子参与的态度对其促进电子参与意愿具有显著正向影响。态度是决定个人行为意愿的一个主要因素,如果一个人对一项行为的结果具有积极的预期,就更倾向于表现出积极主动的意愿。一般而言,态度是个人对某种行为好恶、利弊的主观评价,具体到本文中,态度反映了公务员对促进电子参与后果好坏与利弊的评价。本文的实证分析结果表明,公务员对待电子参与的态度确实能在很大程度上影响到其促进电子参与的意愿。具体来看,公务员对待电子参与的态度会对其促进电子参

---

① 包国宪,王学军. 以公共价值为基础的政府绩效治理——源起、架构与研究问题[J]. 公共管理学报,2012(2):89-97.
② 吴晓斐,叶启绩. 精英文化的主体变迁及其教化路径[J]. 理论与改革,2016(2):66-69.

与的意愿产生显著的正向影响。同时，态度还能够在公务员的民众信任、认知行为控制与公务员促进电子参与之间起到中介作用。换言之，无论是公务员对民众信任的提升还是对自身推进电子参与难易度感知的提升，都会增进公务员对促进电子参与态度，从而提升他们推进电子参与的意愿。

第三，公务员促进电子参与的认知行为控制对其促进电子参与的意愿具有显著正向影响。认知行为控制与态度一样都是影响个人行为意愿的重要因素。两者的不同之处在于，态度是对实施某种行为利弊的认知，认知行为控制则是对实施某种行为难易程度的认知。计划行为理论认为个人的认知行为控制能够对其行为意愿产生正向的影响作用，本文的结论也恰恰证明了这一影响作用。实证分析结果表明，公务员的认知行为控制会对其促进电子参与的意愿产生显著的正向影响，这就意味着，公务员越能感觉到自己能够胜任推行电子参与的工作，就越愿意推进电子参与的发展。这是因为地方政府公务员一般都是具有较强的改革自我效能感[1]，这种效能感来自公务员对自身专业能力的信心，有着更强效能感的政府公务员往往要比其他公职人员更支持改革和创新行为[2]。因此，提升政府公职人员处理公民合作事务的能力以及使用电子化平台的能力，能够在很大程度上促使其更具有促进电子参与发展的意愿。

第四，能力信任与情感信任对公务员促进电子参与意愿的影响效果不同。作为公务员的民众信任的两个维度，公务员对民众能力的信任与公务员对民众情感的信任对公务员促进电子参与的意愿有着不同的影响作用。本文的实证检验结果显示，公务员对民众能力的信任会显著正向地直接影响公务员促进电子参与的意愿，并且能通过态度对公务员促进电子参与的意愿产生间接正向影响；而公务员对民众情感的信任对公务员促进电子参与意愿的直接影响作用和间接影响作用都未能得到验证。虽然两个子维度的影响作用有所差异，但至少有一点是可以确定的，即提升公务员对民众能力的信任有助于电子参与机制的推行与实施。

（二）对策建议

本文从微观层面上论证了公务员的民众信任与公务员促进电子参与意愿之间的

---

[1] 李泓波，贺莉. 地方政府公务员改革意愿影响因素：基于计划行为理论的探索性研究[J]. 上海交通大学学报：哲学社会科学版，2016，24(3)：51-60.

[2] BULLOCK H E. From the front lines of welfare reform: an analysis of social worker and welfare recipient attitudes[J]. The Journal of social psychology，2004，144(6)：571-590.

关系机理,探索出了公务员的民众信任以及公务员促进电子参与的态度、认知行为控制对公务员促进电子参与意愿的影响作用,这一发现有助于我们从微观层面上理解政府如何促使公务员推进电子参与。随着电子政府与电子民主的发展,虽然各地政府都在一定程度上认识到了电子参与带来的好处,如增强政府决策民主化、提高公务人员的办事效率、提升政府公信力等,但同时也有不少地方政府对电子参与这一新兴机制表示担忧,致使电子参与在我国的发展仍较为缓慢。基于此,本文结合实证研究的结论,提出了推动电子参与发展的五点建议:一是增进官民间信任,形成政府与民众互信的良性循环;二是增进公务人员对待电子参与机制的积极态度;三是增强公务人员的技能培训与教育,提升其使用电子参与平台的能力;四是培育官民合作意识,增强官民合作意愿;五是发展电子民主,促进公众电子参与。

What Are the Factors Influencing Government to Promote Citizens' E-participation?
— Exploratory Research with Shanghai Civil Servants as the Main Body of Investigation

Zhu Chunkui, Zheng Dong, Zhao Yanxin

Abstract: The public trust of civil servants, or the trust of civil servants to the public, is the foundation of the modernization and democratization of government governance, and is a necessary prerequisite for the development and promotion of citizen e-participation mechanism. However, the current research on the relationship between civil servants' public trust and citizens' e-participation is insufficient. How to effectively enhance civil servants' public trust and whether civil servants' public trust can effectively promote the development of e-participation is still a problem that needs in-depth research. Based on the theoretical discussion on the public trust of civil servants, the influence of civil servants' attitudes, subjective norms and cognitive behavioral control on their willingness to promote electronic participation, this study comprehensively uses descriptive statistics and a hierarchical regression model to analyze the key factors affecting civil servants' willingness to promote citizens' electronic participation based on the survey data of Shanghai civil servants. It is expected to provide micro-level experience support for enhancing the government's promotion of citizens' e-participation in the new era.

Key words: citizen electronic participation, influencing factors, public trust, exploratory research

包容性氛围对行政机关混编混岗人员工作重塑的影响：
内部人身份感知和个人—组织匹配的作用*

柯江林　吴曼莎　曹菲凡　周　璇**

摘　要：工作重塑反映了员工对工作任务和关系边界的主动调整。混编混岗人员是很多基层行政机关重要的人力资源补充力量，促进混编混岗人员的工作重塑行为不仅有利于其适应工作环境，还有助于行政机关效能提升。本研究主要基于社会信息加工理论，从包容性氛围视角探索了混编混岗人员工作重塑的形成机制及边界条件。经三波段问卷调查并配对，获得北京市、安徽省、四川省等地529名基层行政机关混编混岗人员的调查数据。统计分析结果显示：（1）包容性氛围对混编混岗人员工作重塑有显著正向影响；（2）混编混岗人员内部人身份感知在包容性氛围与工作重塑的关系间起部分中介作用；（3）混编混岗人员个人—组织匹配正向调节了包容性氛围与内部人身份感知之间的关系以及内部人身份感知的中介效应。建议通过营造包容性氛围，提升混编混岗人员的内部人身份感知以及组织匹配度等方式激发其工作重塑行为。

关键词：混编混岗人员、包容性氛围、内部人身份感知、工作重塑、个人—组织匹配

---

* 本文是国家自然科学基金面上项目"人员多样化场景下公务员主动行为的激发机制研究：包容性氛围视角及其双面效应"（72174027）的研究成果。
** 柯江林，北京师范大学政府管理学院公共部门人力资源管理系主任、教授、博士生导师。研究方向为人力资源管理、组织行为与人才政策。
　吴曼莎，北京师范大学政府管理学院硕士研究生。
　曹菲凡，北京师范大学政府管理学院硕士。
　周璇，北京师范大学政府管理学院博士研究生。

一、引言

近年来,基层行政机关的治理任务和公共服务责任不断增多,而编制资源却相对固化①,导致较为普遍的"混编混岗"现象。混编混岗通常指行政机关或事业单位交叉混用不同身份与来源的人员,包括事业身份人员、非公务员人员、编制和身份均模糊化的人员和超编人员等②。混编混岗人员群体规模庞大,尤其在基层单位中,为确保工作的正常运作,会使用更多混编混岗人员。如有调查显示,广东省某地区乡镇、街道等基层行政机关中的编外人员数量庞大且远超行政编人员,编外人员与行政编人员的比例有的甚至高达21∶1③。混编混岗人员在基层治理中具有一定的合理性与有效性,是行政机关聘用来处理应急性工作任务的关键力量。然而在现实情境中,相较于掌握更多权利、地位较高的编内人员,混编混岗人员因处于弱势境地而面临着不容忽视的问题与挑战。具体而言,在工作任务上,由于缺乏明确清晰的职位说明和规范,任务分配容易出现相互推诿、混乱低效的现象④;在人际关系上,人为的体制性分割使得编制人员和编外人员形成了明显的社会分层,甚至产生排他现象⑤,导致同事之间关系疏离,减弱了混编混岗人员的归属感;在认知方面,由于缺少统一、完善的管理制度,混编混岗人员在职务晋升、薪酬福利、决策参与等方面常常遭遇不公平对待⑥,容易产生对职业发展和自身价值的消极认知,从而减弱工作意义感。在此情况下,为使混编混岗人员切实发挥出基层治理重要补充力量的作用,激励其进行工作重塑极为关键。

---

① 李慧凤. 资源主导下基层编制如何动态统筹?——基于乡镇与街道的双案例研究[J]. 公共行政评论,2023,16(2):105-119+198.
② 柯江林,卢梦,董月云. 行政机关混编混岗人员工作生活质量的现状与效应——以职场精神力与包容性氛围为调节变量[J]. 中国人事科学,2022,49(5):1-13.
③ 叶贵仁,蔡鋆卉. 职能特征视角下"混编混岗"的配置样态、效果与省思——基于广东D市的多案例研究[J]. 北京行政学院学报,2022(4):25-33.
④ 柯江林,卢梦,董月云. 行政机关混编混岗人员工作生活质量的现状与效应——以职场精神力与包容性氛围为调节变量[J]. 中国人事科学,2022,49(5):1-13.
⑤ 叶贵仁,蔡鋆卉. 职能特征视角下"混编混岗"的配置样态、效果与省思——基于广东D市的多案例研究[J]. 北京行政学院学报,2022(4):25-33.
⑥ 参见夏德峰. 混编混岗管理的现状、原因分析和解决思路[J]. 中国机构改革与管理,2021(05):48-50. 柯江林,卢梦,董月云. 行政机关混编混岗人员工作生活质量的现状与效应——以职场精神力与包容性氛围为调节变量[J]. 中国人事科学,2022,49(5):1-13.

工作重塑(job crafting)指员工主动调整其任务内容、工作关系和角色认知的行为[1],例如参与相关任务以推进项目整体进度、为同事提供帮助从而建立更好的联系等。作为一种典型的主动行为[2],混编混岗人员的工作重塑有利于提高其对工作环境的适应性,增强工作认同感和意义感,在进一步全面深化改革的时代背景下高效落实组织任务,更好地满足人民群众对高质量服务的需求。在理论研究中,以往学者主要从个体因素(如公共服务动机[3]、角色模糊[4])、领导因素(如授权型领导[5]、领导消极情绪展现[6])以及组织因素(如自由裁量的人力资源管理实践[7]、企业社会责任[8])三个层面探讨了如何促进员工进行工作重塑。尽管这些研究提供了较为丰富的观点,但遗憾的是,学者们往往将组织内员工视为身份同一性的整体,忽视了其中处于弱势地位的人员(如行政机关中的混编混岗人员)。与主流群体相比,弱势群体因在组织中处于不利境地而更倾向于被动接受和服从,而不是做出诸如工作重塑等具有积极主动性的行为。因此,如何促进混编混岗人员这类弱势群体进行工作重塑成为值得探讨的重要研究问题。

当前受到学界极大关注的包容性理论为改善弱势群体在组织中的不利境地提供了解决途径。在过去二十余年的发展中,包容性研究领域发展出了包容性领导[9]、包

---

[1] WRZESNIEWSKI A, DUTTON J E. Crafting a job: revisioning employees as active crafters of their work[J]. Academy of management review, 2001, 26(2): 179-201.

[2] 王琦琦,刘军,袁艺玮. 耗竭还是投入?防御型工作重塑的双刃剑效应[J]. 南开管理评论,2024: 1-22.

[3] 林亚清,蓝浦城. 公务员公共服务动机何以影响其变革行为?——工作重塑的中介作用和变革型领导的调节作用[J]. 公共管理与政策评论,2023,12(4): 80-96.

[4] 李正东,王素娟,李文玉. 即时通讯过载对员工工作重塑行为的影响研究——角色模糊和工作不安全感的链式中介作用[J]. 中国人事科学,2023(11): 53-67.

[5] AUDENAERT M, GEORGE B, BAUWENS R, et al. Empowering leadership, social support, and job crafting in public organizations: a multilevel study[J]. Public personnel management, 2020, 49(3): 367-392.

[6] 于维娜,TARNOFF KAREN,王占浩. 领导消极情绪展现对下属日常工作重塑的影响机理[J]. 管理工程学报,2021,35(5): 77-88.

[7] LUU T T. Activating job crafting in public services: the roles of discretionary human resource practices and employee use of normative public values[J]. Public management review, 2021, 23(8): 1184-1216.

[8] 田启涛,葛菲. 企业社会责任对员工品牌公民行为的影响机制[J]. 上海对外经贸大学学报, 2021,28(4): 112-124.

[9] ASHIKALI T, GROENEVELD S, KUIPERS B. The role of inclusive leadership in supporting an inclusive climate in diverse public sector teams[J]. Review of public personnel administration, 2021, 41(3): 497-519.

容性人力资源管理实践[1]、包容性氛围[2]等概念。其中包容性氛围（inclusive climate）最为核心，因为包容性管理措施的作用效果通常需要经由包容性氛围来实现[3]。包容性氛围具体指组织能够超越类别差异，对来自不同背景的个体都给予尊重与公平对待的组织环境[4]。已有研究表明，包容性氛围能够提升员工的心理定位以及对组织的信任感、归属感等，在女性员工[5]、难民[6]、经济困难学生[7]等弱势群体中具有积极作用。行为公共管理作为公共管理领域近十年的潮流之一，通过洞悉公共组织内部个体的认知和行为规律，以期解决公共管理过程中与行为相关的问题[8]。鉴于此，本研究借鉴行为公共管理的理念，基于微观主体的认知和行为，旨在解决如下三个关键问题：（1）包容性氛围能否促进混编混岗人员进行工作重塑这种行为？（2）包容性氛围影响工作重塑这种行为的内在机制是什么？（3）何种因素能够增强这一影响效应？

根据社会信息加工理论（social information processing），本研究探索了内部人身份感知（perceived insider status）的中介作用以及个人—组织匹配（the personnel in mixed posts）的调节作用。具体来说，组织的包容性氛围越强，混编混岗人员越能够感受到来自组织的关心爱护与公平对待，其内部人身份感知（即根据组织的对待感到自己是组织内部人员的程度[9]）就越强，进而越倾向于进行工作重塑以回报组织。此外，由于

---

[1] 方阳春,雷雅云,宋志刚. 包容型人力资源管理实践对员工创新行为的影响——基于创新自我效能感的中介作用[J]. 科研管理,2019,40(12):312-322.

[2] NISHII L H. The benefits of climate for inclusion for gender-diverse groups [J]. Academy of management journal, 2013, 56(6): 1754-1774.

[3] 柯江林,张继争,丁群. 职场精神力视角下包容性氛围对多样化社区工作者的影响效应：一个跨层有调节的中介模型[J]. 公共管理评论,2022,4(1):152-177.

[4] NISHII L H. The benefits of climate for inclusion for gender-diverse groups [J]. Academy of management journal, 2013, 56(6): 1754-1774.

[5] NISHII L H. The benefits of climate for inclusion for gender-diverse groups [J]. Academy of management journal, 2013, 56(6): 1754-1774.

[6] NEWMAN A, NIELSEN I, SMYTH R, et al. The effects of diversity climate on the work attitudes of refugee employees: the mediating role of psychological capital and moderating role of ethnic identity[J]. Journal of vocational behavior, 2018, 105: 147-158.

[7] 柯江林,贾懿然,周璇. 包容性氛围对经济困难大学生心理行为的影响：有调节的中介模型[J]. 中国临床心理学杂志,2023,31(3):654-659+507.

[8] 张书维,李纾. 行为公共管理学探新：内容、方法与趋势[J]. 公共行政评论,2018,11(1):7-36+219.

[9] STAMPER C L, MASTERSON S S. Insider or outsider? How employee perceptions of insider status affect their work behavior[J]. Journal of organizational behavior: the international journal of industrial, occupational and organizational psychology and behavior, 2002, 23(8): 875-894.

混编混岗人员的不稳定与流动性较高,个人—组织匹配程度是影响其态度和行为的重要因素。个人—组织匹配强调人与组织具有相似性、一致性,或是能够互相满足需求①。混编混岗人员与组织越匹配,越能够有效感知、认同来自组织的包容性措施,进而加快提升内部人身份感知、进行工作重塑的过程。本文余下的内容如下:首先进行文献回顾并建立系列假设;其次通过问卷调查收集相关数据,并运用 SPSS 25 和 AMOS 23 软件进行数据分析;最后对研究结论、贡献、局限与未来展望等进行讨论。

二、文献回顾与研究假设

(一)包容性氛围对工作重塑的影响

包容性的组织氛围尊重个体差异,能够为员工提供公平待遇、给予平等权利、鼓励参与组织决策与建设等②,是改善弱势群体在组织内不利境地的有效途径。以往研究表明包容性氛围能够增加员工积极的心理感知和行为,如心理安全感③、归属感④、工作投入⑤、创新感知⑥等。本研究运用社会信息加工理论来解释包容性氛围与工作重塑之间的关系。社会信息加工理论认为,个体会从所处环境中获取信息,并对这些信息进行编码、解释、加工,重新思考并改变认知、态度和行为以适应工作环境⑦。在包

---

① KRISTOD A L. Person-organization fit: an integrative review of its conceptualizations, measurement, and implications[J]. Personnel psychology, 1996, 49(1): 1 - 49.
② NISHII L H. The benefits of climate for inclusion for gender-diverse groups[J]. Academy of management journal, 2013, 56(6): 1754 - 1774.
③ 李晨麟,潘盈朵,王新野,等. 包容型氛围感知对员工建言的影响:心理安全感与惰性感知的双重路径[J]. 心理科学,2023,46(1):105 - 112.
④ SHORE L M, RANDEL A E, CHUNG B G, et al. Inclusion and diversity in work groups: a review and model for future research[J]. Journal of management, 2011, 37(4): 1262 - 1289.
⑤ MEN L R, QIN Y S, MITSON R, et al. Engaging employees via an inclusive climate: the role of organizational diversity communication and cultural intelligence[J]. Journal of public relations research, 2023, 35(5 - 6): 450 - 471.
⑥ BRIMHALL K C. Are we innovative? Increasing perceptions of nonprofit innovation through leadership, inclusion, and commitment[J]. Review of public personnel administration, 2021, 41(1): 3 - 24.
⑦ SALANCIK G R, PFEFFER J. A social information processing approach to job attitudes and task design[J]. Administrative science quarterly, 1978: 224 - 253.

容性氛围中,混编混岗人员会接收到组织层面公平、尊重、认同等信息①,这有助于其摆脱弱势群体的境地以及服从和被动接受的心理困境。在此基础上,包容性的组织还会平等地给予各类员工以支持和帮助,这一社会线索能够使混编混岗人员更敢于做出具有主动性或创新性的行为,如工作重塑。事实上,以往已有研究证明了包容性氛围能够促进员工的积极主动行为(如建言行为②、知识共享行为③)。基于上述理论推导与实证研究证据,提出如下假设:

H1:包容性氛围对工作重塑有正向影响。

(二) 内部人身份感知的中介作用

内部人身份感知是个体对自己在组织中地位的一种认知④。本研究同样运用社会信息加工理论来解释包容性氛围对内部人身份感知的影响。具体地,在包容性氛围中,处于弱势境地的员工能够平等地参与工作组活动和组织决策⑤。在参与过程中,其他成员愿意接受他们的判断,听取他们的意见,领导者也可以提供反馈⑥。这些包容性的社会线索有助于弱势群体感受到来自他人和组织的尊重和关怀,从而增强"圈内人"感知。已有学者指出,包容性的环境能够鼓励团队成员积极展开交流分享,共同

---

① NISHII L H. The benefits of climate for inclusion for gender-diverse groups [J]. Academy of management journal, 2013, 56(6): 1754-1774.
② 李晨麟,潘盈朵,王新野,等. 包容型氛围感知对员工建言的影响:心理安全感与惰性感知的双重路径[J]. 心理科学,2023,46(1):105-112.
③ 许梅枝,张向前. 包容型氛围对员工创造力的跨层次影响研究——以知识共享为中介[J]. 科技进步与对策,2019,36(5):138-144.
④ STAMPER C L, MASTERSON S S. Insider or outsider? How employee perceptions of insider status affect their work behavior [J]. Journal of organizational behavior: the international journal of industrial, occupational and organizational psychology and behavior, 2002, 23(8): 875-894.
⑤ 参见 MOR BARAK M E, CHERIN D A, BERKMAN S. Organizational and personal dimensions in diversity climate: ethnic and gender differences in employee perceptions[J]. The journal of applied behavioral science, 1998, 34(1): 82-104. SHORE L M, RANDEL A E, CHUNG B G, et al. Inclusion and diversity in work groups: a review and model for future research [J]. Journal of management, 2011, 37(4): 1262-1289。
⑥ 参见 CARMELI A, REITER-PALMON R, ZIV E. Inclusive leadership and employee involvement in creative tasks in the workplace: The mediating role of psychological safety [J]. Creativity research journal, 2010, 22(3): 250-260. MOR BARAK M E, CHERIN D A, BERKMAN S. Organizational and personal dimensions in diversity climate: ethnic and gender differences in employee perceptions[J]. The journal of applied behavioral science, 1998, 34(1): 82-104。

参与集体决策①,而当员工被组织尊重、公平对待时,能够促进内部人身份认知的形成②。并且有实证研究表明,包容型领导能够增强员工在组织中的归属感③。故本研究认为,当混编混岗人员感知到来自组织的包容性线索时,会将自己归类为组织内部成员,进而提高内部人身份感知。基于此,提出如下假设:

H2:包容性氛围对内部人身份感知有正向影响。

本研究采用社会交换理论(social exchange theory)来阐释内部人身份感知与工作重塑之间的关系。社会交换理论指出,社会交换是一种利益互惠的行为,个体与另一方基于一定的信任,通过交换资源以达到互利互惠的良性结果④。组织包容性氛围带来的尊重与支持使员工内部人身份感知增强,高水平的内部人身份感知使员工对组织具有较强的归属感。而作为回报,员工会倾向于实施更多有利于组织的行为,以和组织建立稳定的互惠互利关系。以往相关研究表明,当员工感知到自身在组织具有一定地位时,会实施更多支持组织的行为以回报组织的认同⑤。故本研究认为,混编混岗人员内部人身份感知越强,就会越渴望为组织带来实质性的贡献,如主动调整工作策略、方式,从而提高自身对组织的价值,巩固自身在组织中的地位。基于此,提出如下假设:

H3:内部人身份感知对工作重塑有正向影响。

根据上述假设推导,包容性氛围能够给予各类员工以公平、尊重、认同和支持,混

---

① 王银花. 美国高校包容性校园氛围建设理念与实践——以加州大学伯克利分校为例[J]. 高校教育管理,2014,8(2):61-66.
② 参见 ARMSTRONG-STASSEN M, SCHLOSSER F. Perceived organizational membership and the retention of older workers[J]. Journal of organizational behavior, 2011, 32(2):319-344. STAMPER C L, MASTERSON S S. Insider or outsider? How employee perceptions of insider status affect their work behavior[J]. Journal of organizational behavior: the international journal of industrial, occupational and organizational psychology and behavior, 2002, 23(8):875-894。
③ RANDEL A E, GALVIN B M, SHORE L M, et al. Inclusive leadership: Realizing positive outcomes through belongingness and being valued for uniqueness[J]. Human resource management review, 2018, 28(2):190-203.
④ HOMANS G C. Social behavior as exchange[J]. American journal of sociology, 1958, 63(6):597-606.
⑤ KNAPP J R, SMITH B R, SPRINKLET A. Clarifying the relational ties of organizational belonging: understanding the roles of perceived insider status, psychological ownership, and organizational identification[J]. Journal of leadership & organizational studies, 2014, 21(3):273-285.

编混岗人员对这些信息进行加工解读后,会增强自己的"圈内人"感知。而混编混岗人员的内部人身份感知越强,就越会主动进行工作重塑以回报组织,实现利益交换。基于此,提出如下假设:

H4:内部人身份感知在包容性氛围与工作重塑的关系中起到中介作用。

(三) 个人—组织匹配的调节作用

个人—组织匹配通常包括一致性匹配、要求—能力匹配和需求—供给匹配三部分①,对员工具有积极影响,如减少人员流动②、促进创新行为③等。以往研究表明,个体会倾向于选择与其目标相似或能够帮助其达到个人目标的组织④,而个人—组织匹配度越高,意味着个体越信任与认同组织,并愿意主动向组织靠拢⑤。因此对混编混岗人员而言,其个人—组织匹配度越高,就越会对组织予以积极认同,加强与组织的密切联系。而这有利于个体在与组织环境互动过程中,更为积极地感知、认同并获取组织所显示的包容性社会线索,从而更好、更快地对信息进行加工和解读,增强内部人身份感知。基于此,提出如下假设:

H5:个人—组织匹配正向调节包容性氛围与内部人身份感知的关系。

综合以上分析,本研究进一步提出一个被调节的中介模型,即包容性氛围通过内部人身份感知间接影响混编混岗人员的工作重塑,且这一间接过程的强度受到个人—组织匹配的影响。具体而言,当员工的个人—组织匹配程度更高时,包容性氛围、内部人身份感知、工作重塑三者之间的间接效应更强。基于上述内容提出如下假设:

H6:个人—组织匹配正向调节内部人身份感知在包容性氛围与工作重塑间的中

---

① KRISTOF A L. Person-organization fit: an integrative review of its conceptualizations, measurement, and implications[J]. Personnel psychology, 1996, 49(1): 1-49.
② HAYES M S, STAZYK E C. Mission congruence: to agree or not to agree, and its implications for public employee turnover[J]. Public personnel management, 2019, 48(4): 513-534.
③ LEE J, JIN M H. Fostering employee innovation: linking person-organization fit to innovative behavior through knowledge sharing and reward perception[J]. Public administration, 2024, 102(2): 753-770.
④ SCHAUBROECK J, GANSTER D C, JONES J R. Organization and occupation influences in the attraction-selection-attrition process[J]. Journal of applied psychology, 1998, 83(6): 869.
⑤ 韩岳麒,李亚娟,王丽平. 工作幸福感与员工创新绩效的关系研究[J]. 云南财经大学学报, 2023,39(9): 98-110.

介效应。

基于以上分析,本研究建立的研究模型如图1所示。

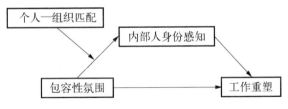

图1 包容性氛围对工作重塑影响机制的理论模型

三、研究方法

(一)研究样本与数据收集

为了增强样本的代表性,本研究在全国范围内收集基层行政机关混编混岗人员的调查数据,样本覆盖我国东部、中部、西部和东北地区四大经济地带,具体包括北京市、广东省、安徽省、四川省、黑龙江省等地。为了减少共同方法偏差的影响,本研究分三波段收集数据,每一波段时间间隔为两周。调查通过问卷星在线问卷的形式进行。在第一波段,被调查者评估自身对所在单位的包容性氛围感知;在第二波段,被调查者报告自身的个体—组织匹配和内部人身份感知;在第三波段,研究收集被调查者工作重塑以及相关控制变量的数据。三次调查分别回收了631份、605份、584份问卷,依据被调查者提供的手机号后四位对三波段问卷进行匹配,最终匹配成功562份。其中有效问卷529份,有效问卷占匹配成功问卷的94.1%。在有效样本中,被调查者的主要特征分布情况如下:男性占39.5%,女性占60.5%;21—30岁和31—40岁分别占66.9%和22.3%,40岁以上占10.8%;教育程度为大专及以下的占28.2%,本科占52.7%,硕士及以上占19.1%;工龄在1年以下和1—5年分别占27.0%和29.7%,6—10年和10年以上分别占25.0%和18.3%;中共党员或预备党员占56.7%,其他占43.3%;已婚者占51.2%,未婚者占48.8%。总体而言,样本具有较好的代表性。

(二)变量测量

本研究采用国外成熟量表测量变量,并对英文版本量表进行了双向翻译。考虑到调查对象的特殊性以及量表的本土适用性,本文依据研究情境,在不改变项目原义的前提下对原始量表进行局部修订,并进行预试。经过预试后发现其信效度良好,从而形成测量变量的正式问卷。各变量均采用 Likert-5 点量表进行评分(1=非常不符合,5=非常符合)。

1. 包容性氛围

在现有文献中,包容性氛围存在两种测量方式,分别是以莫尔·巴拉克(Mor Barak)等[①]为代表的个体感知层面测量,和以尼什(Nishii)[②]为代表的团体层面测量。本研究选择从个体感知层面测量包容性氛围,采用莫尔·巴拉克等[③]从个体感知层面开发的量表,共三个维度:决策影响(共 4 题,如"对于本单位的一些工作决策,我具有影响力"),获得信息和资源的机会(共 4 题,如"我的领导会给予我与工作相关的反馈"),参与程度(共 6 题,如"单位同事让我感受到自己是决策的一分子")。该量表的 Cronbach's Alpha 值为 0.918。

2. 内部人身份感知

采用斯坦珀(Stamper)和马斯特森(Masterson)[④]开发的量表,共 6 个题目,如"我非常认同我是组织的一部分"。该量表的 Cronbach's Alpha 值为 0.854。

3. 工作重塑

采用斯莱普(Slemp)和维拉-布罗德里克(Vella-Brodrick)[⑤]开发的量表,共三个维度:任务重塑(共 5 题,如"采取更多新方式来改进工作"),关系重塑(共 5 题,如"付

---

① MOR BARAK M E, CHERIN D A, BERKMAN S. Organizational and personal dimensions in diversity climate: ethnic and gender differences in employee perceptions[J]. The journal of applied behavioral science, 1998, 34(1): 82-104.

② NISHII L H. The benefits of climate for inclusion for gender-diverse groups[J]. Academy of management journal, 2013, 56(6): 1754-1774.

③ MOR BARAK M E, CHERIN D A, BERKMAN S. Organizational and personal dimensions in diversity climate: ethnic and gender differences in employee perceptions[J]. The journal of applied behavioral science, 1998, 34(1): 82-104.

④ STAMPER C L, MASTERSON S S. Insider or outsider? How employee perceptions of insider status affect their work behavior[J]. Journal of organizational behavior: the international journal of industrial, occupational and organizational psychology and behavior, 2002, 23(8): 875-894.

⑤ SLEMP G R, VELLA-BRODRICK D A. The job crafting questionnaire: a new scale to measure the extent to which employees engage in job crafting[J]. International journal of wellbeing, 2013, 3(2): 126-146.

出更多努力去了解同事"),认知重塑(共5题,如"常常思考如何利用工作达到人生目标")。该量表的 Cronbach's Alpha 值为0.933。

4. 个人—组织匹配

采用凯布尔(Cable)和德鲁(Derue)[①]开发的量表,共三个维度:价值观匹配(共3题,如"我在生活中所重视的东西与组织的价值观非常相似"),需求—供给匹配(共3题,如"组织提供给我的资源能够满足我的工作需求"),需求—能力匹配(共3题,如"我的个人技能与工作要求非常匹配")。该量表的 Cronbach's Alpha 值为0.925。

5. 控制变量

考虑到人口统计学特征对工作重塑的影响,选取性别(0=男,1=女)、年龄(1=21—30岁,2=31—40岁,3=41—50岁,4=50岁以上)、受教育程度(1=高中及以下,2=大专,3=本科,4=硕士,5=博士)、工龄(1=1年以下,2=1—5年,3=6—10年,4=11—20年,5=20年以上)、政治面貌(0=中共党员或预备党员,1=其他)、婚姻状况(0=已婚,1=未婚)作为控制变量。

(三) 共同方法偏差分析

为了缓解共同方法偏差,本研究在问卷指导语部分明确告知被调查者调查数据仅供学术用途,答案无对错之分,采取匿名填写方式并会对调查结果严格保密,从而保证数据的真实可靠。此外,本研究采用 Harman 单因子检验法进行共同方法偏差检验。结果显示,未经旋转的第一个因子解释率为31.9%(小于40%),说明研究数据并不存在严重的共同方法偏差问题。

四、研究结果

(一) 验证性因子分析

本研究利用 AMOS 23 对各变量进行验证性因子分析。如表1所示,从单因子模型到四因子模型,拟合指数渐趋理想,其中,四因子模型拟合程度最好($x^2/df = 1.946$,

---

① CABLE D M, DERUE D S. The convergent and discriminant validity of subjective fit perceptions [J]. Journal of applied psychology, 2002, 87(5): 875.

RMESA=0.042,CFI=0.932,TLI=0.928,SRMR=0.038),明显优于其他模型,可以用于下一步研究。

表1 验证性因子分析结果

模　　型	χ^2/df	RMSEA	CFI	TLI	SRMR
四因子模型:IC、PIS、JC、POF	1.946	0.042	0.932	0.928	0.038
三因子模型:IC + PIS、JC、POF	2.530	0.054	0.889	0.883	0.054
双因子模型:IC + PIS、JC + POF	4.732	0.084	0.729	0.716	0.089
单因子模型:IC + PIS + JC + POF	7.150	0.108	0.553	0.531	0.121

注:IC=包容性氛围,PIS=内部人身份感知,JC=工作重塑,POF=个人—组织匹配。

(二) 描述性统计分析

本研究通过 SPSS 25 软件对样本数据进行相关分析,结果详见表 2。包容性氛围与工作重塑为显著正相关($r=0.445$,$p<0.01$),包容性氛围与内部人身份感知为显著正相关($r=0.623$,$p<0.01$),内部人身份感知与工作重塑为显著正相关($r=0.518$,$p<0.01$),假设 1、假设 2、假设 3 得到初步验证。

(三) 直接和中介效应检验

本研究利用 SPSS 25 软件进行分层回归分析检验直接效应和中介效应,结果如表 3 所示。M4 显示,在控制了性别、年龄等控制变量后,包容性氛围对工作重塑具有显著正向影响($b=0.453$,$p<0.001$)。M2 显示,包容性氛围对内部人身份感知有显著正向影响($b=0.634$,$p<0.001$)。M5 显示,引入了内部人身份感知这一中介变量后,内部人身份感知对工作重塑有显著正向影响($b=0.392$,$p<0.001$),同时,包容性氛围对工作重塑影响仍然显著($b=0.204$,$p<0.001$),内部人身份感知部分中介了包容性氛围与工作重塑之间的关系。综上,假设 1、假设 2 与假设 3 得到验证。

进一步使用 SPSS 25 统计分析软件中的 PROCESSS 插件进行中介效应检验得表 4。在间接效应中,bootstrap 95% 置信区间上下限均不包含 0,间接效应成立,有效占比为 55.00%,进一步支持了假设 4。

表 2　描述性统计分析结果

变　量	M	SD	1	2	3	4	5	6	7	8	9	10
1 性别	0.605	0.490										
2 年龄	1.450	0.714	−0.081									
3 教育程度	2.862	0.843	0.184**	−0.086*								
4 工龄	2.405	1.177	−0.146**	0.757**	−0.119**							
5 政治面貌	0.433	0.500	0.058	−0.022	−0.038	0.008						
6 婚姻状况	0.488	0.500	0.007	0.031	0.057	−0.001	0.071					
7 包容性氛围	3.539	0.778	−0.149**	0.135**	−0.079	0.129**	−0.061	−0.006				
8 工作重塑	3.262	0.805	−0.088*	0.111*	−0.041	0.087*	0.014	0.041	0.445**			
9 内部人身份感知	3.722	0.799	−0.094*	0.139**	−0.052	0.144**	0.017	0.028	0.623**	0.518**		
10 个人—组织匹配	3.762	0.792	−0.028	0.072	0.029	0.115**	−0.053	−0.019	0.274**	0.436**	0.344**	

注：* 表示 $p<0.05$，** 表示 $p<0.01$，*** 表示 $p<0.001$。

表3 直接和中介效应结果

变量	内部人身份感知			工作重塑	
	M1	M2	M3	M4	M5
性别	0.122	0.003	−0.127	−0.038	−0.039
年龄	0.084	0.020	0.125	0.079	0.071
受教育程度	−0.024	0.003	−0.018	0.001	−0.001
工龄	0.049	0.034	−0.007	−0.018	−0.031
政治面貌	0.032	0.086	0.028	0.067	0.033
婚姻状况	0.045	0.048	0.057	0.059	0.040
包容性氛围		0.634***		0.453***	0.204***
内部人身份感知					0.392***
R^2	0.030	0.396	0.021	0.205	0.297
ΔR^2		0.366		0.184	0.092
F	2.328*	42.578***	1.620	16.773***	24.340***

注：* 表示 $p<0.05$，** 表示 $p<0.01$，*** 表示 $p<0.001$。

表4 总效应、直接效应及中介效应

效应	Effect	Boot SE	Boot LLCL	Boot ULCL	效应占比
直接效应	0.204	0.049	0.107	0.301	45.00%
间接效应	0.249	0.033	0.187	0.317	55.00%
总效应	0.453	0.041	0.372	0.534	

（四）调节效应检验

继续使用分层回归的方法检验个人—组织匹配对包容性氛围和内部人身份感知之间关系的调节作用。结果如表5所示。交互项的系数为（$b=0.089$，$p<0.05$），说明个人—组织匹配显著正向调节包容性氛围和内部人身份感知之间的关系，假设5成

立。为进一步探究个人—组织匹配在包容性氛围与内部人身份感知关系间的调节作用,进行简单斜率检验,具体效应如图2所示。假设5得到进一步的支持。

表5 调节效应的检验结果

变 量	内部人身份感知	
	M6	M7
性别	-0.001	0.017
年龄	0.032	0.028
受教育程度	-0.007	-0.002
工龄	0.018	0.022
政治面貌	0.096	0.086
婚姻状况	0.050	0.043
包容性氛围	0.582***	0.591***
个人—组织匹配	0.189***	0.203***
包容性氛围*个人—组织匹配		0.089*
R2	0.428	0.433
F	43.085***	39.607***

注:* 表示 $p<0.05$,** 表示 $p<0.01$,*** 表示 $p<0.001$。

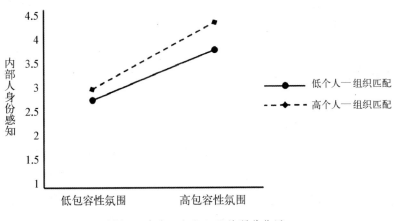

图2 个人—组织匹配的调节作用

本研究在证实个人—组织匹配存在调节效应的基础上,利用 SPSS 25 的插件 PROCESS 工具探究有调节的中介效应。将个人—组织匹配在平均水平上加上和减去一个标准差进行分组,并进行 bootstrap(2000 次),重复抽样生成 95% 置信区间。如表 6 所示,间接效应的 bootstrap 95% 置信区间取值不存在 0,且个人—组织匹配处于高值时的间接效应($b=0.260$)大于低值时的间接效应($b=0.204$),说明个人—组织匹配正向调节了内部人身份感知在包容性氛围与工作重塑间的中介效应。因此,假设 6 得到支持。

表 6 有调节的中介效应检验结果

个人—组织匹配	间接调节效应				有调节的中介效应			
	Effect	Boot SE	LLCI	ULCI	Index	Boot SE	LLCI	ULCI
低值(-0.792)	0.204	0.031	0.148	0.268	0.035	0.016	0.004	0.068
均值(0)	0.232	0.031	0.174	0.296				
高值(0.792)	0.260	0.036	0.194	0.333				

(五) 稳健性检验

在以上直接和中介效应检验以及调节效应检验的部分中,所展示的均为包含控制变量的分析结果。为确保数据分析结果的稳健性,本研究同时检验了不包含控制变量的模型,其分析结果与加入控制变量的结果无实质性差异,所有假设依旧得到验证,模型的稳健性得到支持。

五、结论与讨论

混编混岗人员是行政机关重要的公共服务力量,如何促进这类弱势群体进行工作重塑是有待解决的重要现实问题。本研究主要基于社会信息加工理论,研究了包容性氛围对行政机关混编混岗人员工作重塑的影响,以及内部人身份感知的中介作用和个人—组织匹配的调节作用。经三波段问卷调查并配对后获得全国范围内 529 名行政机关混编混岗人员的调查数据,运用 SPSS 25 和 AMOS 23 软件开展数据分析并验证假设,所有假设均得到了支持。下文对研究结果及贡献等进行讨论。

(一) 研究贡献

首先,本文考察了包容性氛围对工作重塑的正向影响,拓展了工作重塑的影响因素研究。以往学者从个体、领导以及组织层面探讨了工作重塑的诸多影响因素(如公共服务动机[1]、授权型领导[2]、自由裁量的人力资源管理实践[3])。遗憾的是,这些研究往往将组织员工视为同一身份的群体,忽视了其内部的多样性,特别是弱势群体被动接受和服从的行为倾向。因此,对于如何推动弱势群体进行工作重塑,现有研究还不能提供具有说服力的证据。为了弥补研究缺口,本文从对弱势群体行之有效的包容性理论出发,探究了包容性氛围对行政机关混编混岗人员工作重塑的影响效应。研究结果表明,当前混编混岗人员的工作重塑水平确实较低(M = 3.262),且包容性氛围能够显著正向影响工作重塑。这一结果支持了以往观点,即员工在包容性的组织氛围中能够感受到尊重和认可,从而更倾向于做出具有主动性的行为(如建言行为[4]、知识共享行为[5])。此外,该研究回应了《公共行政评论》(*Public Administration Review*)前任联合主编保罗·巴塔利奥(Paul Battaglio)[6]在公共部门加强包容性研究的呼吁,并推动了激发弱势群体进行工作重塑的研究发展。

其次,本研究结合社会信息加工理论和社会交换理论,揭示了包容性氛围影响工作重塑的内在过程(即内部人身份感知),扩展了包容性氛围影响效应的理论分析视

---

[1] 林亚清,蓝浦城. 公务员公共服务动机何以影响其变革行为?——工作重塑的中介作用和变革型领导的调节作用[J]. 公共管理与政策评论,2023,12(4):80-96.

[2] AUDENAERT M, GEORGE B, BAUWENS R, et al. Empowering leadership, social support, and job crafting in public organizations: a multilevel study[J]. Public personnel management, 2020, 49(3):367-392.

[3] LUU T T. Activating job crafting in public services: the roles of discretionary human resource practices and employee use of normative public values[J]. Public management review, 2021, 23(8):1184-1216.

[4] 李晨麟,潘盈朵,王新野,等. 包容型氛围感知对员工建言的影响:心理安全感与惰性感知的双重路径[J]. 心理科学,2023,46(1):105-112.

[5] 许梅枝,张向前. 包容型氛围对员工创造力的跨层次影响研究——以知识共享为中介[J]. 科技进步与对策,2019,36(5):138-144.

[6] BATTAGLIO P. The future of public human resource management[J]. Public personnel management, 2020, 49(4):499-502.

角。在以往研究中,学者主要基于工作要求—资源模型①、资源保存理论②等,从资源视角来分析包容性氛围对个体结果的作用机制,对个体更为直接的包容性信息加工过程着墨较少。鉴于此,本研究基于社会信息加工理论,并结合社会交换理论,引入内部人身份感知探索包容性氛围影响工作重塑的过程机制,结果发现内部人身份感知部分中介了二者关系。研究结论在一定程度上验证了以往学者的观点,即组织的包容性管理(如满足归属感、提供价值性资源)能够显著增强员工自尊、组织认同感等个体感知,进而促使其实施额外的主动行为以承担互惠责任③。总体而言,本研究丰富了包容性氛围作用效果的分析视角,并为理论(即社会信息加工理论和社会交换理论)的延伸和融合提供了新的参考思路。

最后,通过检验个人—组织匹配的调节作用,本研究揭示了包容性氛围对工作重塑产生作用的边界条件。已有研究在探讨包容性氛围对员工作用效果的边界条件时,主要考虑自我控制④、个体感知差异⑤等员工自身特质,并未关注到个人与组织匹配程度的影响。本研究探索了个人—组织匹配的调节作用。具体而言,当个体的个人—组织匹配程度较高时,他们会增强与组织环境的互动,从而能够更为积极地感知、获取并认同组织所显示的包容性社会线索,提高内部人感知程度,产生工作重塑。相反,当其与组织匹配度较低时,会难以与组织产生积极共鸣,因弱势地位而产生的不利影响会进一步加重。这些结果与之前郑琼鸽等人⑥关于个人—组织匹配的研究结论相近,即提高员工与组织的匹配度能更好地将外部激励转化为个体内部动机,促使其充分发挥主观能动性。本研究将个人—组织匹配整合到包容性氛围通过内部人身份感知影响

---

① 方阳春,刘永华,马剑虹. 以包容氛围提升新生代员工工作幸福感:职业成长的中介和自我控制的调节作用[J]. 应用心理学,2024,30(5):409-417.
② DAVIES S E, STOERMER S, FROES F J. When the going gets tough: the influence of expatriate resilience and perceived organizational inclusion climate on work adjustment and turnover intentions [J]. The International journal of human resource management, 2019, 30(8): 1393-1417.
③ 陈驰茵,唐宁玉,张凯丽. 工作场所包容感:概念、前因与作用机制[J]. 东华大学学报(自然科学版),2022,48(1):103-109+117.
④ 方阳春,刘永华,马剑虹. 以包容氛围提升新生代员工工作幸福感:职业成长的中介和自我控制的调节作用[J]. 应用心理学,2024,30(5):409-417.
⑤ 柯江林,张继争,丁群. 职场精神力视角下包容性氛围对多样化社区工作者的影响效应:一个跨层有调节的中介模型[J]. 公共管理评论,2022,4(1):152-177.
⑥ 郑琼鸽,余秀兰. 个人—组织匹配视角下高职院校教师创新行为影响因素研究[J]. 高校教育管理,2021,15(5):105-115.

工作重塑的过程中,拓展了包容性氛围对弱势群体产生实质效果的边界条件。

(二) 管理建议

本研究具有一定的实践启示。

第一,行政机关应注重营造包容性氛围。包容性氛围鼓励组织发挥差异性群体的优势而不是强行使其融入主流群体[①],是改善弱势群体在组织中不利境地的重要途径。行政机关可以从决策影响、获得信息和资源的机会和参与程度三个方面[②]来建设组织的包容性氛围。具体而言,首先,充分给予混编混岗人员参与组织决策的权力,使其在涉及组织发展方向、重大项目规划等方面拥有发表意见、参与投票表决的机会。其次,为混编混岗人员提供工作所需的信息与资源,如详细的任务要求、所需技能的培训、领导者的反馈等。最后,尊重混编混岗人员的差异性,鼓励其参与非正式集体活动及讨论等,以加强不同员工之间的沟通交流,推动员工彼此赋能、共同进步。

第二,混编混岗人员的内部人身份感知需要得到提升。除上述所及的营造包容性氛围外,行政机关还可以采取其他措施来增强混编混岗人员的内部人身份感知。具体而言,在组织方面,重视并正确对待混编混岗人员的诉求,切实保障其应有的权利,为其构建相适配的奖励机制,推动内部人员身份感知形成;在领导方面,可以通过改善领导风格,建立与各类员工平等交流的工作关系,积极听取意见建议,重视员工心理体验等,来提高混编混岗人员的安全感与信任感。

第三,行政机关应采取措施提高混编混岗人员个人—组织的匹配度。具体而言,通过加强培训,提升混编混岗人员的专业技能和综合素质,使其满足所在单位对能力的要求;提供跨部门工作机会,增强混编混岗人员对组织整体运作的了解和适应能力;优化工作流程与制度,为混编混岗人员创造良好的工作环境和条件等,从而增强其对组织的认同感。

(三) 研究局限与展望

尽管本研究具有一定的理论和实践意义,但仍存在以下不足,需要进一步完善。

---

① NISHII L H. The benefits of climate for inclusion for gender-diverse groups[J]. Academy of management journal, 2013, 56(6): 1754-1774.
② MOR BARAK M E, CHERIN D A, BERKMAN S. Organizational and personal dimensions in diversity climate: ethnic and gender differences in employee perceptions[J]. The Journal of applied behavioral science, 1998, 34(1): 82-104.

一是本研究通过自我报告的方式收集数据,尽管自我报告数据能够有效捕捉个体的心理状态(即内部人身份感知),但仍存在具有主观偏差的风险①。未来研究可在测量方式上进行优化,如自评与他评相结合,以提高整体数据的质量和分析结果的可靠性。另外,本研究聚焦行政机关混编混岗人员这一弱势群体收集数据,未来可以进一步扩展调查对象,探究包容性氛围对其他弱势群体(如年长员工)工作重塑的影响效应。

二是本研究聚焦于个体层面,从个体感知的角度探讨了包容性氛围对工作重塑的影响机制,未来可从组织层面进一步讨论包容性氛围对工作重塑等主动行为的作用效果,对研究结论加以延伸。

三是本研究基于社会信息加工理论,仅探讨了内部人身份感知在包容性氛围与工作重塑之间的中介作用。而事实上包容性氛围影响工作重塑的内在机制还有其他理论分析视角,如资源保存理论、自我决定理论等。未来研究可基于这些理论进一步探索心理安全感、心理资本、职场精神力等在包容性氛围与工作重塑间的中介作用,对模型开展深入创新探索。

四是本研究探讨了个人—组织匹配在包容性氛围影响工作重塑中的边界作用,并未涉及其他潜在调节因素。未来可从个人视角(如个体感知差异)或团队视角(如团队知识共享、团队和谐等)来进一步拓展包容性氛围影响工作重塑的边界条件。

The Impact of Inclusive Climate on The Job Crafting of Personnel in Mixed Posts of Administrative Organs: The Role of Perceived Insider Status and Person-organization Fit

Ke Jianglin, Wu Mansha, Cao Feifan, Zhou Xuan

Abstract: Job crafting reflects employees' active adjustment of work tasks and relationship

---

① PODSAKOFF P M, MACKENZIE S B, Lee J Y, et al. Common method biases in behavioral research: a critical review of the literature and recommended remedies [J]. Journal of applied psychology, 2003, 88(5): 879.

boundaries. The personnel in mixed posts are important human resources supplementary forces for many grass-roots administrative organs. Enhancing their job crafting behavior is not only conducive to their adaptation to changes in the organizational environment, but also to improving the efficiency of administrative organs. This study investigates the influence mechanism and boundary condition of inclusive climate on the job crafting of personnel in mixed posts of administrative organs with social information processing theory. After a three-band questionnaire survey and matching, 529 valid questionnaires were collected from Beijing, Anhui, Sichuan and other places. The results show that: (1) Inclusive climate has a positive impact on the job crafting. (2) The perceived insider status plays a partial mediating role in the relationship between inclusive climate and job crafting. (3) The person-organization fit positively moderates the relationship between inclusive climate and perceived insider status, as well as the mediating effect of the perceived insider status. Administrative organs should strengthen the inclusive climate, raise the perceived insider status and person-organization fit of the personnel in mixed posts, so as to stimulate the job crafting.

Key words: the personnel in mixed posts, inclusive climate, job crafting, perceived insider status, person-organization fit

公务员分类管理溯源发展与行为助推策略
——以检察人员分类为例

郝玉明[*]

摘 要：职位分类是公务员管理的基础，具有深厚的理论基础和实践根源。伴随公务员制度的发展，公务员分类改革不断深化；伴随司法体制改革，检察人员分类管理同步推进。分类管理制度体系已建立并实质运行。进一步深化推进检察人员分类管理，仍面临妥善处理"分"与"统"的对立统一关系、科学构建基于职位分类的系统性管理体系以及优化外部制度有效保障协同等重点难点问题，还要进一步明晰检察人员分类管理的目标定位、进一步完善"怎么分"的分类管理策略、构建完善基于职位分类的检察人员系统性分类管理体系以及强化检察人员分类管理激励与外部保障等。

关键词：公务员、检察人员、分类管理

职位分类是公务员管理的基础。干部人事制度改革明确了对各类机关工作人员实行依法管理并创建公务员制度，公务员制度创建初始即已明确实行职位分类管理。改革开放几十年来，伴随公务员制度体系的不断发展和完善，公务员分类管理理论探索与制度实践不断深化，为推进检察人员分类管理提供了顶层设计指导。党中央和主管部门明确了围绕司法体制改革深化推进检察人员队伍建设总体要求，要结合《中华人民共和国检察官法》（简称《检察官法》）贯彻落实《中华人民共和国公务员法》（简

---

[*] 郝玉明，中国人事科学研究院研究员、公务员管理研究室副主任。研究方向为公务员（干部）法规制度、干部选拔与素质测评、干部教育培训、干部考核与公务员绩效管理等。

称《公务员法》),推动检察人员分类管理制度实践不断向前发展,取得显著成效。进入新时代新征程,实现中国式现代化需要不断深化推进治理体系与治理能力现代化,检察人员承担着更为重要的司法职责使命,仍需在新时代党的组织路线统领指引下,按照统一的公务员分类管理改革进程继续深化检察人员分类管理。行为公共管理强调个体行为、组织行为与政策实施之间的交互作用,可为深化推进公务员和检察人员分类管理改革提供更具有实践性的理论分析视角。本文将结合行为公共管理研究视角,分析探讨检察人员分类管理面临的重点难点问题,兼顾检察人员个体层面需求动机以及组织层面的制度设计、运行机制等因素,提出深化推进检察人员分类管理的行为助推建议。

一、公务员分类管理理论与实践溯源

分类管理的起源应追溯到工业革命时期。社会化大生产及社会分工带来了劳动生产力的快速提高,适应管理需要产生了科学管理思想及其理论体系,其中包含职业分类管理和职位分类管理。从国内外管理实践来看,美国较早实行了职位分类管理,我国从1987年党的十三大开始明确提出推行干部分类管理。

(一)分类管理早期理论溯源

从理论溯源上看,社会分工和科学管理理论可为分类管理提供较为直接的理论基础。1776年英国古典经济学家亚当·斯密在《国民财富的性质和原因的研究》中阐述了分工以及分工的原由:"劳动生产力的最大增进,以及运用劳动时所表现的更大的熟练、技巧和判断力,似乎都是分工的结果。""有了分工,同数劳动者就能完成比过去多得多的工作量,其原因有三:第一,劳动者的技巧因业专而日进;第二,由一种工作转到另一种工作,通常须损失不少时间,有了分工,就可以免除这种损失;第三,许多简化劳动和缩减劳动的机械的发明,使一个人能够做许多人的工作。""人们壮年时在不同职业上表现出来的极不相同的才能,在多数场合,与其说是分工的原因,倒不如说是分工的结果。"①这些关于分工以及职业的早期论述为职业分类管理奠定了早期理论

---

① 亚当·斯密.国民财富的性质和原因的研究[M].郭大力,王亚涛,译.北京:商务印书馆,2007:5.

基础。

工业革命带来了社会化大生产及生产规模的急剧扩大,为解决新的管理问题,管理实践与管理理论快速发展。1911年美国古典管理学家弗雷德里克·泰勒在《科学管理原理》中阐述了科学管理理论,包括:为了提高劳动生产率而进行工时和动作研究(工作定额原理),必须为每项工作挑选"第一流的工人",要使工人掌握标准化的操作方法(标准化原理),制定并实施鼓励性的计件工资制度,对工人和雇主都要认识到提高劳动生产率对二者都有利(心理契约革命),把管理职能和执行职能分开,推行职能制和直线职能制,实行组织机构上的管理控制原理等。① 这为工作分析和职位分类管理提供了早期理论基础和技术方法。

(二) 分类管理中美实践溯源

从分类管理实践溯源上,可从中美推行分类管理实践对比加以考察。20世纪以来,美国较早完成产业革命,并实行了职业分类和职位分类管理。产业革命采用大规模的工厂生产,取代了小规模的手工作坊,这种工业化进程和资本家对生产效率和超额利润的追求催生了职位分类首先在企业管理领域的广泛应用。随着社会经济的迅速发展,社会管理事务增多,社会职业日渐复杂,导致政府职能范围扩大,管理事项越来越多,分工越来越细,工作种类和职位越来越多,管理难度越来越大。政府公务人员数量急剧增加,分属不同的系统和部门,既有行政管理人员,也有专业性和技术性强的技术人员,还有打字员、收发员、司机等行政辅助人员。为了提高行政管理效率,美国开始对政府文官实行职位分类管理。1923年美国颁布《公务员职位分类法》,1949年颁布《职位分类法》,1978年颁布《公务员改革法》,美国公务员一般职序列由最初的将近30个职组近600个职系简化到23个职组420个职系。② 可见,经过了将近百年的改革发展实践探索,美国的职业分类和职位分类制度体系逐步趋于成熟。

而我国探索推进干部分类改革的实践则要追溯到党的十三大时期。1987年党的十三大提出针对计划经济时期大一统的"国家干部"实行分类管理改革,之后国家人事部组织专家学者对在我国实行职位分类管理从理论和实践上都展开了开创式的研究。1989年,国家人事部时任职位职称司司长的王雷保组织编写出版了《公务员职位

---

① 孙耀军. 西方管理学名著提要[M]. 江西: 江西人民出版社,1995: 62.
② 吴志华. 美国公务员制度的改革与转型[M]. 上海: 上海交通大学出版社,2006: 91-93.

分类教程》,正如该书前言所述,"这本书是我国大陆出版的有关职位分类方面的第一本专著"。该书首次明确提出:"人事分类是人事行政的基本工作,也是人事行政其他工作的基础和依据。有效的人事行政离不开科学的人事分类,从一定意义上说,没有分类,也就没有管理。"①这是我国推行干部人事制度改革后关于分类管理较早,也是较为系统的理论论述。

党的十一届三中全会召开后,开启了改革开放和干部人事制度改革的历史进程,逐步实现了机关、事业和企业单位干部"大分类"和公务员职位分类管理。改革开放初期,传统的干部人事制度不能适应经济体制、政治体制改革的新形势要求,建立在计划经济体制基础上的干部人事制度的弊端日益凸显,主要表现在以下四个方面:一是干部队伍庞杂,缺乏科学分类;二是管理权限过分集中,管人与管事脱节;三是管理方式陈旧单一,阻碍人才成长;四是管理制度不健全,用人缺乏法制。② 1987 年,党的十三大明确提出对"国家干部"实行分类管理,将"国家干部"分为党的机关工作人员、国家行政机关工作人员、国家权力机关工作人员、国家审判机关工作人员、国家检察机关工作人员、企业单位工作人员、事业单位工作人员、群众团体工作人员 8 个大类。1993 年颁布《国家公务员暂行条例》,确立了国家行政机关实行职位分类管理,其余机关参照执行。2005 年,颁布《中华人民共和国公务员法》,将党的机关、人大机关、行政机关、政协机关、审判机关、检察机关、民主党派和工商联机关 7 个大类机关除工勤人员以外的工作人员纳入公务员队伍并统一实行公务员职位分类管理。在公务员制度规定实行职位分类基本框架下,持续探索开展了行政执法类公务员和专业技术类公务员分类管理改革,从试点到试行规定,再到修订完善,在习近平新时代中国特色社会主义思想理论指引下,中国特色的干部分类管理实践持续改革深化,不断向前发展。

二、我国公务员分类管理制度发展

党的十一届三中全会确立了改革开放基本路线,开启经济体制和政治体制改革,并启动干部人事制度改革,实行干部分类管理。我国干部分类管理包括两个方面:一是打破干部管理"大一统"模式,实行机关、事业和企业干部分类管理;二是在机关内

---

① 王雷保. 公务员职位分类教程[M]. 北京:机械工业出版社,1989:17.
② 杨士秋. 治国之举——建设中国特色公务员制度[M]. 北京:中国人事出版社,2011:16.

部,建立公务员制度,对机关公务员实行职位分类,划分综合管理类、专业技术类和行政执法类三个大类进行分类管理。①

随着公务员制度的发展完善,公务员分类管理经历了《国家公务员暂行条例》和《中华人民共和国公务员法》两个时期。从《国家公务员暂行条例》(1993年颁布实施)规定了"国家行政机关实行职位分类制度",到《中华人民共和国公务员法》(2005年颁布,2006年实施)将行政机关、党的机关、人大、政协、法院、检察院、民主党派七个大类机关统一纳入公务员队伍,职位分类管理的实施范围相应扩大。

(一)《国家公务员暂行条例》时期的分类管理

1993年《国家公务员暂行条例》提出的职位分类主要适用于国家行政机关。第八条规定:"国家行政机关实行职位分类制度。各级国家行政机关依照国家有关规定,在确定职能、机构、编制的基础上,进行职位设置;制定职位说明书,确定每个职位的职责和任职资格条件,作为国家公务员的录用、考核、培训、晋升等的依据。"作为《国家公务员暂行条例》的配套政策文件,1994年人事部印发了《国家公务员职位分类工作实施办法》,对职位分类做出更为详细具体的规定。为推进职位分类工作,人事部积极探索开展了专业技术类和行政执法类公务员管理试点。2000年在公安系统开展了专业技术类公务员任职制度试点,2004年在上海市工商局开展了企业注册官试点。②

(二)《中华人民共和国公务员法》时期的分类管理

2006年1月1日,《中华人民共和国公务员法》正式实施,公务员队伍范围扩大到七大类机关,职位分类的适用范围相应扩大。第十四条规定:"国家实行公务员职位分类制度。公务员职位类别按照公务员职位的性质、特点和管理需要,划分为综合管理类、专业技术类、和行政执法类等类别。国务院根据本法,对于具有职位特殊性,需要单独管理的,可以增设其他职位类别。各职位类别的适用范围由国家另行规定。"第十五条规定:"国家根据公务员职位类别设置公务员职务序列。"《公务员法》在《国家公务员暂行条例》基础上将公务员职位分类继续向前推进,加大了试点推进力度。在公安、工商、质检、税务等部门开展了公务员分类管理改革试点。2010年,在深圳市启动

---

① 郝玉明. 我国公务员分类管理改革的进展与对策建议[J]. 中国人事科学,2018(10):4-5.
② 杨士秋. 治国之举——建设中国特色公务员制度[M]. 北京:中国人事出版社,2011:46.

了分类改革试点。2010年,中央公务员主管部门会同公安部启动了人民警察警员职务套改,150多万名公安民警按照分类管理框架进行套转,对应综合管理类、行政执法类和专业技术类建立了警官、警员和警务技术3个职务序列。①

(三) 十八大以来公务员分类管理制度新进展

经过多年的探索和试点实施,2016年7月,中办、国办印发《专业技术类公务员分类管理规定(试行)》和《行政执法类公务员分类管理规定(试行)》(以下简称"两个试行规定"),标志着公务员分类管理进入实质运行阶段,也意味着长期以来按照单一综合管理类进行管理的时代就此结束。在公务员法确立的制度框架下将机关中履行专业技术职责和行政执法职责的公务员划分出来,实现综合管理类、专业技术类、行政执法类各类别公务员的分渠道发展,实行分类招录、分类培训、分类考核等分类管理,标志着国家公务员管理取得新突破,迈入新阶段②。2023年9月,党中央对《专业技术类公务员管理规定》和《行政执法类公务员分类管理规定》(以下简称"两个规定")做出修订并由中办印发,进一步深化推进公务员分类管理。

党的十八大以来,中央全面深化司法体制改革,不断完善司法人员分类管理制度,建立健全符合职业特点和司法规律的检察官单独职务序列,持续推进检察官助理、书记员职务序列改革,检察人员分类管理制度框架基本成形。事实上,检察机关在2000年前后既已展开了检察人员分类管理改革探索,从制定检察工作规划、检察改革实施意见到制定检察人员队伍建设规划、检察人员分类管理框架方案等,一直在积极稳妥推进检察人员分类管理改革③。为了与公务员职务与职级并行同步推进,2019年中共中央组织部、最高人民法院、最高人民检察院联合印发了《关于法官助理、检察官助理和书记员职级设置管理的通知》,对检察官助理和书记员分类管理和职级设置进一步做出规定。2022年,中共中央组织部、最高人民检察院联合印发《检察官单独职务序列规定》,建立了员额制检察官制度,将检察人员分类管理继续向前推进。

综上所述,伴随干部人事制度改革历史进程,公务员制度从建立到健全、完善,公务员分类管理改革不断深化。从2016年分类管理"两个试行规定",到2023年分类管

---

① 杨士秋. 治国之举——建设中国特色公务员制度[M]. 北京:中国人事出版社,2011:46.
② 郝玉明. 我国公务员分类管理改革的进展与对策建议[J]. 中国人事科学,2018(10):5-6.
③ 江国华,梅扬. 检察人员分类管理制度改革析论[J]. 河北法学,2017(5):35-45.

理"两个规定",沿着职位分类管理路径,基于职位分类的公务员考试录用、考核奖励、培训监督、工资待遇等系统性分类管理制度不断向前发展。在党中央的集中统一领导下,按照司法体制改革的要求,根据《公务员法》《检察官法》相关规定,检察人员分类管理不断深化推进,构建了检察官、检察官助理、书记员、司法行政人员分类进行管理的制度体系。

三、推进检察人员分类管理面临的重点难点问题

检察人员分类管理在公务员分类管理基本框架下,围绕司法体制改革而不断探索推进,分类管理制度框架已基本确立,分类管理已取得显著成效。中国特色社会主义现代化发展及国家治理体系与治理能力现代化要求,不断提高司法体制运行质量和效率。建立基于职位分类的管理体系,势必要打破传统的"身份管理"惯性,强化职位分类、分渠道的管理专业化、职业化,势必面临与行政管理的制度化、规范化之间的协调衔接难题,有待进一步研究解决。

(一)分类管理中"分"与"统"的对立统一关系仍需妥善处理

实行分类管理是公务员管理科学性、有效性、针对性的要求,是实现各个业务系统干部队伍建设专业化、职业化的基本途径,从行政执法类、专业技术类的分类管理,到检察人员分类管理,都面临"分"与"统"的协调统一关系处理问题。

首先是"分"。要推行分类管理就要做到科学分类,"怎么分"是前提,也直接影响到分类后"怎么管",需要完善相应的分类管理各项配套制度文件。在"怎么分"方面,需要明确各个类别和职组职系的划分标准,确保职位分类标准清晰明确、便于操作,科学合理地从综合管理类公务员中确定划入专业技术类和行政执法类公务员的对象范围;需要在检察人员中合理圈出进入"员额制"检察官人员范围,以及检察官助理、书记员等检察辅助人员的划分标准,确保能够科学、精准划分人员群体类别,确保符合检察人员履职需要,确保符合检察机关管理实际。

然后是"统"。"分"后还要有"统",二者相辅相成,不能割裂。划分类别后,在实行按各自职位类别、职系职组进行分类管理、体现各自专业化管理特点同时,不能忽略分类后的统一衔接。专业技术类公务员、行政执法类公务员会面临与综合管理类公务员的相互跨类别的转任交流,需要制度上"有接口",管理中能平衡,包括职务职级能

够对应平衡、根据管理需要能够操作实施等。对检察人员实行分类管理后,也同样面临各自类别人员分类后的平衡对应以及管理衔接,干部管理和队伍建设是动态的、整体的"系统",应避免出现某个单一类别人员群体形成"孤岛",若短期解决其管理问题而不能长期建立各类别人员"进""管""出"运转体系,将会割裂"分"与"统"的关系。"员额制"检察官的地位、待遇给予体现保障后,也应考虑"员额制"检察官后备队伍来源以及怎么进、怎么出、怎么管等一揽子政策措施,还要考虑与司法辅助人员、司法行政人员之间的协调平衡、转任交流等。

(二) 分类管理后的系统性管理体系还有待加强

实行分类管理后,需要构建与分类管理相适应的、体现不同职位类别或职系特点的"进""管""出"系统性管理制度体系,实行分类招录、分类考核、分类培训、分类激励,从而构建基于分类的系统性科学管理体系。这是实行分类管理的内在要求,也是摆在主管部门和各层级各系统面前的重点难点任务。对检察人员实行分类管理也面临同样的问题。这里还要面临破除传统的、计划体制延续下来的干部"身份管理"和"官本位"思想认识障碍,推行职位分类,就是要构建基于职位的科学管理体系,需要各个层级管理层面和公务员群体转变观念,强化法治思维、科学思维、战略思维,使政府管理和司法体制改革能够适应社会主义市场经济发展需要①。就检察人员分类管理而言,如何科学合理确定"员额制"检察官、检察辅助人员以及司法行政人员职数以及人员数、编制数,需要运用科学管理思维,紧密围绕检察机关职能职责,合理设置各个类别人员职位,明确职位职责以及履职能力素质要求,如此才能相应配备合理的检察人员,确定并保持适度合理的队伍规模。

(三) 分类管理外的保障协同还有待加强

分类管理是政府机关人事管理范畴内一项重要的管理工作,需要将其纳入整个党和国家机关管理运行大系统,各项制度体系和管理系统之间既要相互独立又需相互支撑。公务员作为治国理政、提供公共管理服务的主体,需要在既定的编制和公共财政预算约束前提下进行管理活动,公务员主管部门的管理活动和行政行为,需要编制和财政等部门的外部协同。法官、检察官等司法人员改革,则要受到《中华

---

① 郝玉明. 推进职位分类与干部人事制度改革[J]. 中国党政干部论坛,2019(1):65-67.

人民共和国法官法》(简称《法官法》)和《检察官法》的制约,必须在上位法的许可空间内实施。公务员主管部门按照职能权限,负责对公务员进行管理,推行公务员分类管理是公务员管理的基础性管理改革,"牵一发而动全身",势必在一定程度上突破既有的编制和财政的限制。推行职位分类管理,提高管理科学化和精细化,需要酌情增加公务员队伍数量和公共服务支出,需要在增加编制和财政预算的保障下顺利实施,需要编制、财政等外部制度改革协同①。检察人员实行单独的分类管理,有其自身的制度逻辑根源和现实管理需求,实行"员额制"检察官单独分类管理,应充分体现这一类别人员群体的履职重要性、价值性,对其职位职责管理、任职资格管理、业绩考核管理以及薪酬福利待遇管理等,都应进一步强化管理监督和保障支撑。

四、深化推进检察人员分类管理的行为助推建议

持续深化推进检察人员分类管理,要按照深化司法体制改革的总体要求,贯彻《检察官法》和《公务员法》有关规定,在习近平新时代中国特色社会主义思想和新时代党的组织路线指引下,既要围绕公务员分类管理中所遇到的普遍性问题,也要聚焦检察人员队伍建设实际和检察事业发展需求,不断优化分类改革顶层设计,持续完善分类管理制度。

(一)进一步明确检察人员分类管理的目标与定位

实行检察人员分类管理,是党中央推进司法体制改革的重大决策要求,也是加强检察机关管理效能和司法人员队伍建设的内在要求,更是实现检察官队伍革命化、正规化、专业化、职业化的基本途径。《公务员法》和分类管理"两个规定"对公务员分类管理做出明确规定,《检察官法》和有关"员额制"检察官分类管理、检察辅助人员职级设置等政策规定为检察人员分类管理提供了基本依据。就推进分类管理本源来看,是在深化干部人事制度改革和完善公务员制度过程中进行的科学管理探索和改革创新,其主要目标在于:一是顺应现代政府治理和新公共管理要求而进行的公共管理变革,通过基于职位的分类管理实现公共管理的专业化和职业化,不断提高政府公共服务与

---

① 郝玉明. 推行公务员分类管理的做法与经验借鉴——基于深圳市公务员分类改革的分析[J]. 中国党政干部论坛,2016(9):28-32.

绩效管理水平;二是实现公务员队伍建设与管理的科学化和公平性,包括提高公务员队伍专业素质与能力,拓宽公务员职业发展通道,以科学管理实现有效激励,并且要避免按单一综合管理类进行管理所造成的忽视专业技术类和行政执法类等各类公务员行业和职业特点等管理问题。

基于此,应进一步明确检察人员分类管理改革的目标定位。对检察人员实行分类管理也是要有效解决司法逻辑和行政逻辑之间的对立统一关系,既要体现出监察机关的行政管辖逻辑,实现高效管理和有效激励,也要强化司法检察的专业逻辑,实现专业司法和科学司法,确保检察权的正确行使并实现司法公正。尽管实施检察官单独职务序列分类管理也有利于实现其分途发展并拓宽职业发展空间,并相应带来薪酬增长,但这并不是检察人员分类管理改革的根本目的和唯一目标。过分强调通过分类管理改革来解决职务晋升和薪酬增长,势必出现改革目标偏离,甚至异化的倾向。受机构规格和职数限制,按照单一综合管理类进行管理导致职务与职级晋升空间受制约以及基层检察人员薪酬水平偏低和增长机制不完善等问题,应回归本源,通过推进建立工资增长机制、构建科学合理的社会工资调查比较机制等薪酬制度改革加以解决,而不应赋予检察人员分类管理和职级制度过多的薪酬待遇增长功能。

(二)进一步完善检察人员分类管理制度

分类管理涉及机构、编制以及职位管理等多个方面,具有高度专业性、技术性要求,构建科学的分类管理体系需要进行系统性制度设计。类别设定与分类标准设定,以及分类后的按类别进行系统性管理,都需要在制度层面不断完善体系设计。检察人员如何精准划分类别并按类别进行管理也是加强检察人员队伍建设的重要内容,需要兼顾普适性顶层制度指导和检察人员管理实际、需要兼顾分类与管理。

一是需要科学确定分类范围,即明确划分检察官、检察辅助人员以及司法行政人员的范围,解决"怎么分"的问题。类别划分既是分类管理的前提和首要问题,也是分类管理工作的一个难点。职系(职位)类别设置应充分考虑该职业群体管理需要,并设定明确的职系(职位)类别标准,包括职责属性与任职资格属性,依据职系(职位)类别标准而不是面向人员"量身定制",强化职位管理而避免身份管理。职系类别划分标准不清晰或者模糊,势必造成人员分类套转中不同类别人员之间横向攀比和"心理失衡"现象,甚至会出现人员归类后提出退出或转回原有类别等"倒车"现象①,应避免过往分类改革试点中出现的这种情况。要坚持依据检察机关职位的性质与特点、工作职责内容以及任职资格要求等基本标准,科学进行各类别人员划定,并适度兼顾跨类交流等管理需要,明确司法专业类别、辅助类别以及司法行政类别之间相互转任的条件、程序,实现既有分类管理,又有统筹交流"接口"。

二是在解决"怎么分"之后,还要解决"怎么管"问题。各类检察人员应分别配套制定职级设置及职数比例办法、任职资格评定办法、职务套改办法以及交流转任管理办法等,解决"怎么管"的问题。在职级设置与职数比例方面,应在部门机构职能、编制核定基础上,采用科学的职位分析与评价方法,合理设置不同类别职位并明确职位职责,进而设置不同层级职级以及职级职数比例,针对不同层级检察机关机构与部门设置实际情况进行科学化、精细化。在任职资格评定方面,应打通检察机关与外部律师资格、司法考试等任职资格互认,借助法律专业人才社会评价系统,实现机关内部分类管理标准与社会人才评价标准的一致性和互通性。在职务套转方面,应本着实现司法检察人员管理规范化、专业化和职业化的发展目标,既按规定标准条件进行检察官及检察辅助人员套转归类,又要在保持司法检察队伍基本稳定前提下,充分调动各类人员积极性、优化人职匹配度,对符合标准条件人员允许适度跨类交流,建立各类检察人员整体性分类管理体系。在检察官实行独立职务序列、与领导职务以及综合管理类、行政执法类、专业技术类公务员职级层次不一一对应情况下,需要妥善研究处理检察官队伍的"进"与"出"管理,构建顺畅有序的转任交流机制,避免形成检察官队伍"孤岛"以及由此引发的管理问题。

(三) 构建完善基于职位分类的检察人员系统性管理制度

实施检察人员基于职位的分类管理,是检察机关公务员管理的一项系统性、基础性改革,"牵一发而动全身",分类后将会带来整个检察人员管理体系的变革。可参考行为公共管理研究视角,综合检察人员个体行为动机、组织管理需求和制度实施机制多重政策影响因素,从而构建基于职位分类的一系列配套管理制度体系。一是从检查人员组织管理层面上,构建基于职位分类管理的考录、考核、薪酬、培训、奖

---

① 郝玉明. 推行公务员分类管理的做法与经验借鉴——基于深圳市公务员分类改革的分析[J]. 中国党政干部论坛,2016(9):32-33.

惩、辞职辞退等"进""管""出"的一揽子检察人员管理制度,积极营造分类管理组织文化,并通过组织培训、行为辅导、反馈等组织行为干预策略,引导检察人员适应分类管理,强化遵循职位标准规范履职行为范式。二是从检察人员需求和动机层面上,探索建立与分类管理配套的薪酬制度体系,包括对现有的工资制度体系进行分类细化、结合各类检察人员不同职系和职位特点制定相应的业绩评定办法、岗位津贴补贴办法以及绩效考核奖励办法等。这些系统性配套措施,既是为实现检察人员分类管理运行机制提供保障,也是改进和加强检察人员队伍建设激励约束机制的内在要求。

(四) 进一步强化检察人员分类管理外部保障

在党的统一领导下,实行职位分类管理作为公务员管理的一项重要的基础性制度,在整个干部人事制度改革中处于重要地位,也在社会主义政治制度体系中与组织人事系统内外部相关制度具有密切关联。人员分类管理需要和机构编制、工资制度、财政预算以及社会保障等各项管理制度协同推进,并需要各项相关制度提供支撑保障。

就检察人员分类管理来看,一是需要机构编制主管部门在"三定方案"上给予前置性架构调整确定,在此基础上方可确定机构和部门职能以及职位体系设置,接着开展职位分类等一系列分类改革;二是需要工资政策提供分类后的配套支持,检察人员类别划分后,应匹配相应的、有所区分的薪酬福利待遇,尤其要体现出对检察官司法检察责任重要性和高强度超负荷案件审理工作量的适度回报,也要兼顾司法辅助人员以及司法行政人员业绩评价后给予适度奖励;三是需要财政主管部门适度增加预算保障,划分职位类别后,公务员管理实现精细化和专业化,管理分工更加清晰和细化,应适度兼顾检察人员编制和队伍规模弹性调整,并相应配给公共部门人员经费保障支撑;四是需要社保部门根据分类后的管理需要研究制定相应的人员保障政策,提高司法检察人员职业安全保障等。

总之,深化推进检察人员分类管理,既要纳入公务员制度、干部人事制度改革体系内,与公务员分类管理同步推进,又要紧密结合社会主义现代化建设对司法检察和司法体制改革的需要,始终坚持实行科学管理和职位分类的基本方向,不断提高各级各类司法检察人员对分类管理改革的思想认识,深化理论研究,完善制度设计,不断提高检察人员分类管理的规范化、科学化水平。

Classified Management of Civil Servants: Origins, Development, and Behavioral Nudging Strategies — A Case Study of Prosecutorial Personnel

Hao Yuming

Abstract: Position classification serves as the foundation for civil servant management, rooted in profound theoretical underpinnings and practical origins. With the evolution of the civil servant system, reforms in civil servant classification have continuously deepened. Similarly, alongside judicial system reforms, classified management of prosecutorial personnel has progressed in parallel. A classification management system has been established and is operational in practice. However, further advancement in the classified management of prosecutorial personnel faces several key challenges, including reconciling the dialectical relationship between differentiation and integration, scientifically constructing a systemic management framework based on position classification, and optimizing external institutional safeguards for effective coordination. These efforts require a clearer definition of the objectives of prosecutorial personnel classification, refinement of classification strategies, development of a comprehensive system for classified management based on position classification, and strengthening of both incentives and external support for classified management.

Keywords: civil servants, prosecutorial personnel, classified management

驻村第一书记创新作为：内涵特征、影响因素及生成逻辑*

冯彩玲　杜晚晴**

摘　要：驻村第一书记是推动乡村振兴的重要动力。为克服资源禀赋匮乏、财政资金有限、经济发展乏力等问题，第一书记需打破基层社会已形成的分利秩序，不断创新作为，蹚出乡村发展新路。论文根据中国情境提炼了"第一书记创新作为"的崭新概念，通过相关概念比较，发现：（1）创新作为包含创新行为、担当作为与主动作为，涉及行为与结果双重属性，强调履职与创新的融合；（2）存在个体层、乡村层及制度层的多层次影响因素；（3）第一书记创新作为是个人特性与情境特性互动的结果，形成了服务他人型、自身发展型、环境带动型及考核约束型四种类型，遵循着公心赋能逻辑、职业追求逻辑、氛围内化逻辑及压力应对逻辑四大生成逻辑。在此基础上，未来研究应进一步丰富研究范式，扩充第一书记创新作为的内涵、概念要素，开发相应量表，拓宽不同层次的影响因素，实现跨层次交互效应分析。

关键词：驻村第一书记、创新作为、影响因素、生成逻辑、乡村振兴

---

* 本文是国家社会科学基金项目"乡村振兴视域下驻村第一书记创新作为的激励机制研究"（22BGL140）、中国资源环境与发展研究院智库项目"江苏加快形成农业新质生产力的人才政策保障研究"（040-803383）、教育部学位与研究生教育发展中心 2023 年度主题案例项目"中医药大健康产业传承赋能乡村振兴——以江苏句容茅山镇为例"（ZT-231030719）的研究成果。获得 2024 年中国国家留学基金资助（留金选［2024］42 号）。

** 冯彩玲，南京农业大学教授、博导。研究方向为人力资源管理、领导力与行为公共管理、人才发展与政策、社会保障。
杜晚晴，南京农业大学公共管理学院博士研究生。

一、问题的提出

全面建设社会主义现代化国家,最艰巨最繁重的任务在农村。全面推动乡村振兴,关键在人,关键在干。2021 年国家颁布《关于向重点乡村持续选派驻村第一书记和工作队的意见》,为全面推进乡村振兴、巩固拓展脱贫攻坚成果提供坚强组织保证和干部人才支持。驻村第一书记作为一项重要的公共政策,为乡村注入了公共领导力,带去了财政资金和发展资源,对缓解当前我国农村公共治理危机、促进乡村振兴、提升乡村治理成效发挥了重要作用①,有助于激发乡村企业发展活力,盘活村内原有的人、财、物和自然资源,促进乡村发展②。

但是,乡村实践中,第一书记面临的现实困境阻碍了其职能的有效发挥。在角色方面,第一书记下乡蕴含着中央、村干部以及村民的期待,多方期待第一书记能够改变村庄面貌,但是在复杂治理情境及发展资源不足的掣肘下,产生了第一书记角色期待与治理效能不足的偏差③。在社会关系上,乡村振兴的任务要求第一书记有效融入乡村社会,但现实状况是第一书记制度面临着被架空或悬置的困境④。在权力博弈上,第一书记作为"嵌入型"干部,与村支书这一"内生型"干部,共存于乡村社会中⑤,由于权力边界的模糊性,且遭遇村两委的"利益联盟"抵御,乡村产业发展惨遭各方掣肘⑥。上述困境使第一书记在乡村实践中步履维艰,为了有效应对"乡村排斥"⑦,解决资源禀赋匮乏、财政资金有限、乡村发展无力等问题,第一书记需不

---

① 舒全峰,苏毅清,张明慧,等. 第一书记、公共领导力与村庄集体行动——基于 CIRS "百村调查"数据的实证分析[J]. 公共管理学报,2018,15(3):51-65+156.
② 杨晓婷,陆镜名,刘奕辰,等. "资本下沉"赋能"资源释放":第一书记带动贫困村脱贫的行动逻辑与高效机制[J]. 中国农村观察,2020(6):49-67.
③ 张登国. 第一书记"嵌入式"乡村治理的行动范式与优化策略[J]. 山东社会科学,2020(11):74-79.
④ 魏程琳. 双重嵌入与制度激活:第一书记推动基层协商民主的经验逻辑[J]. 北京工业大学学报(社会科学版),2021,21(6):11-22.
⑤ 谢小芹. "双轨治理":"第一书记"扶贫制度的一种分析框架——基于广西圆村的田野调查[J]. 南京农业大学学报(社会科学版),2017,17(3):53-62+156-157.
⑥ 唐兴霖,李文军. 嵌入性制度供给:第一书记帮扶农村基层党组织建设的行动逻辑[J]. 行政论坛,2021,28(4):99-105.
⑦ 许汉泽,李小云. 精准扶贫背景下驻村机制的实践困境及其后果——以豫中 J 县驻村"第一书记"扶贫为例[J]. 江西财经大学学报,2017(3):82-89.

断创新作为,在困境中施展新作为,为全面深化改革注入活力,为乡村发展添能增效。

那么,如何促进第一书记创新作为?要回答这一问题,就要明确第一书记创新作为的内涵及形成机制。然而,当前缺少关于第一书记创新作为的构念,对于影响因素的研究更是缺乏。在此情况下,作为一个反映社会现实的理论概念,创新作为是什么?哪些因素会影响第一书记创新作为?创新作为的具体类型为何?创新作为遵循什么样的生成逻辑?这些问题成为研究的主要议题。

二、创新作为的内涵及相关概念辨析

(一) 创新作为的内涵

创新作为一词经常出现在政治术语中(见表1),通过对权威报道的梳理,发现关于创新作为的描述主要从以下两个视角展开。第一,立足治理绩效,将创新作为定义为:为达成一定政策目标,采取具有创新性的举措,并取得显著成绩的过程。《人民日报》指出:"深圳要不断创新作为,肩负起建设中国特色社会主义先行示范区、创建社会主义现代化强国城市范例的使命。"[①]第二,从解决困境角度出发,将创新作为定义为通过具体举措化解治理顽疾的过程,如《中华工商时报》[②]、《江西政协报》[③]等从"履职故事"出发,讲述破除民众困境的方法及举措,将突破治理难题的过程称之为创新作为。综合上述观点,创新作为是指为克服发展困境或增强组织效益,个体主动进行的有利于组织发展,并产生了显著绩效的创新举动。这一概念既包含行为属性,也包含结果属性:行为上表示不拘泥于陈规旧俗,有所创新;结果上强调产生了创新绩效,对组织发展有所裨益。创新作为具有三方面的特征。第一,在工作形式上(行为层面),创新作为强调打破禁锢及限制,进行主动的工作创新。第二,在工作内容上(行为层面),不仅强调履行现有职责,还要求承担起克服困境、促进组织发展的责任与使命。第三,在结果层面,强调产生真实的绩效结果。正是这些意义上,创新作为与创新行为、担当作为及主动作为区分开来。

---

① 王伟中. 始终牢记党中央创办经济特区的战略意图以先行示范区担当作为再创新的更大奇迹[N]. 人民日报,2020-08-26(010).
② 俞凤琼. 创新作为,演绎促进"两个健康"别样精彩[N]. 中华工商时报,2023-02-08(007).
③ 王磊,刘家欢. 创新作为"有亮点""有看点"[N]. 江西政协报,2022-09-16(001).

表1 创新作为相关报道汇总

报刊名称	报刊主题
人民日报(2022)	在守正创新上实现新作为
人民日报(2022)	始终牢记党中央创办经济特区的战略意图,以先行示范区担当作为再创新的更大奇迹
经济日报(2019)	科技创新要有新作为
中国食品报(2020)	四川泸州:市场监管创新作为,服务经济高质量发展
人大建设(2019)	创新作为:助推清丰人大工作高质量
中国海关(2022)	劳动密集型产品出口:传统领域,创新作为
中国就业(2012)	创新作为惠民生,合力共谋促就业
中华工商时报(2023)	创新作为,演绎促进"两个健康"别样精彩
联合日报(2020)	统筹协同,创新作为,以党的全面领导提升政协履职实效
江西政协报(2022)	创新作为"有亮点""有看点"
成都日报(2022)	更加主动担当,更加创新作为,全力确保城市安全社会稳定
襄阳日报(2020)	创新作为,让数据多跑路
忻州日报(2020)	强化使命担当,务实创新作为,奋力蹚出高质量转型发展岢岚新路
益阳日报(2021)	围绕两个健康,主动创新作为
海南农垦报(2022)	破解民生难题要创新作为勇担当
晋中日报(2020)	创新作为蹚新路,公平公正选人才

资料来源:作者自制。

(二)创新作为与创新行为、担当作为、主动作为相关概念辨析

创新作为与创新行为、担当作为、主动作为在词源及词义上具有一定的相似性,应在厘清相关研究的基础上,构建第一书记创新作为的构念。

1. 关于创新行为的研究

"创新行为"(Innovation Behavior)这一概念最早发端于20世纪80年代末90年代

初心理学和人力资源管理学者对个体层面创新的关注①。创新行为是一个内涵丰富的概念。从个人特质的角度来看,它是一种广义上愿意改变个体现状的意愿②。从创新过程的角度来看,它包括：个体对问题的认知和观念形成或构想的产生;寻求对其构想的支持;建立创新原型(Prototype)或模型(Model)对创新想法进行实践,最终完成创新构想、形成商品化产品或服务等多个阶段。基于过程定义的特点在于它包括想法的产生、推动和实践等一列非连续活动的组合,个体可在任何阶段、任何时间参与到这些活动中③。近年来,关于创新行为的研究逐渐扩展到公共部门,用以描述对传统的突破、对惯例的改变以及对条条框框的打破④。在创新主体方面,相关研究指出,公务员是政府改革创新的主体,他们更容易产生创新想法、更容易在工作中做出改变,他们的风险意识和创新意识是推进政府改革的关键,尤其是在组织变革场景中,公共部门的创新行为丝毫不亚于私营部门⑤。在研究思路上,"阶段论"是理解创新行为的重要视角,斯科特(Scott)和布鲁斯(Bruce)最早将创新行为分为三个阶段：第一阶段是问题的确立以及构想的产生;第二阶段是寻求对构想的支持;第三阶段是将构想付诸行动,使其被使用、扩散或大量制造⑥。克利森(Kleysen)和斯特里特(Street)指出创新行为包括寻找机会、产生想法、形成调查、支持以及应用五个阶段⑦。在此基础上,形成了我国情境下创新行为的两大阶段：产生创新构想的行为和执行创新构想的行为。

同时,现有研究否认了创新行为与组织绩效之间的必然关系⑧,以自我决定理论

---

① AMABILE T M. A model of creativity and innovation in organizations [J]. Research in organizational behavior, 1988, 10(1): 123-167.
② HURT H T, JOSEPH K, COOK C D. Scales for the measurement of innovativeness[J]. Human communication research, 1997, 4(1): 58-65.
③ SCOTT S G, BRUCE R A. Determinants of innovative behavior: a path model of individual innovation in the workplace[J]. The academy of management journal, 1994, 37(3): 580-607.
④ 刘倩,李志. 组织容错会影响公务员创新行为吗？——自我效能感和公共服务动机的链式中介作用[J]. 公共行政评论,2021,14(3): 24-39+196.
⑤ 谭新雨. 基层公务员创新行为的内容与结构：来自中国场景的研究[J]. 公共管理与政策评论,2021,10(1): 81-101.
⑥ SCOTT S G, BRUCE R A. Determinants of innovative behavior: a path model of individual innovation in the workplace[J]. Academy of management journal, 1994, 37(3): 580-607.
⑦ KLEYSEN R F, STREET C T. Toward a multi-dimensional measure of individual innovative behavior[J]. Journal of intellectual capital, 2001, 2(3): 284-296.
⑧ 赵斌,黄山珊,朱朋. 外部目标对员工创新绩效影响研究——基于信息性与控制性认知差异视角[J]. 科技进步与对策,2015,32(22): 125-132.

为基础将创新行为划分为主动创新行为与被动创新行为,并证实了被动创新行为对组织绩效的影响远不如主动创新行为[1]。由此可见,大多数管理学家从过程角度来界定创新行为,更加强调一般意义上问题识别、产生新的想法或解决方案、寻求支持并实施扩散想法的过程,关注创新过程,而不在价值上肯定创新结果及其衍生的组织绩效。

2. 关于担当作为的研究

干部担当作为常见于政治术语,习近平总书记强调:"干部敢于担当作为,这既是政治品格,也是从政本分。""担当作为"一词在政策文本中出现的时间远早于学术研究,最初针对政策执行中公务员消极敷衍态度,出现了对"不作为""慢作为"的批判,之后有研究从正向与反向两个维度将作为分为积极作为与消极作为,并从更广泛的意义激励干部担当作为[2]。担当作为的研究为创新作为提供了参考,主要集中在以下两个方面:一是对担当作为内涵的解读,二是关于担当作为动机及影响因素的研究。

首先,在担当作为的内涵方面,主要形成两种研究视角。第一种是从政策内涵出发,认为习近平总书记提出的"五个敢于"是新时代对担当型干部的具体要求[3],呼唤年轻干部不断提高"七种能力",激励干部想干事、能干事、干成事[4]。第二种从行为角度出发,基于"变革—担当"二维框架[5],将担当作为分为敢于担当、善于作为两个部分[6],其中,"敢于担当"更接近国外研究中街头官僚的主动担责行为(taking-charge behavior)[7],"善于作为"更接近变革型组织公民行为或政策企业家精神[8],并且得到了使用和验证。还有学者从一般意义上进行界定,认为"作为"是指领导干部基于岗位职责所应该履行或表现的公

---

[1] 杨皖苏,杨善林,杨希. 主动性—被动性员工创新行为:基于分布式领导的作用机制研究[J]. 中国管理科学,2020,28(6):182-192.
[2] 彭云,冯猛,周飞舟. 差异化达标"作为":基层干部的行动逻辑——基于 M 县精准扶贫实践的个案[J]. 华中师范大学学报(人文社会科学版),2020,59(2):28-41.
[3] 唐任伍."五个敢于"是新时代干部担当精神的具体体现[J]. 人民论坛,2018(8):12-14.
[4] 戴树根. 激励党员干部担当作为的重要路径[J]. 人民论坛,2020(35):66-67.
[5] 谭新雨,朴龙. 为担当者担当:基层领导干部担当作为的"涓滴效应"研究[J]. 公共管理评论,2022,4(2):43-70.
[6] 李庆霞. 领导干部敢担当、善作为的"三个统一"[J]. 理论探讨,2016(4):123-126.
[7] HOMBERG F, VOGEL R, WEIHERL J. Public service motivation and continuous organizational change: taking charge behaviour at police services[J]. Public administration, 2019, 97(1):28-47.
[8] 林亚清,张宇卿. 领导成员交换关系会影响公务员变革型组织公民行为吗?——变革义务感的中介作用与公共服务动机的调节作用[J]. 公共行政评论,2019,12(1):132-150+214-215.

务行为①。担当作为是指敢于负责、勇于实干并高质量完成任务的行为表现②,核心要义是要求基层干部认真履行现有的工作职责和要求③。

其次,关于担当作为动机及影响因素的研究。在担当作为的动机方面,大多数学者从党政干部的政治觉悟和政治品格角度进行解读④,或以公共服务动机为切入点展开研究⑤。然而,个体行为可能受多种动机的影响,单一动机并非独立发挥作用,需要加以整合判断,自我决定理论及角色认同理论提供了深入探索的可能性。张书维和李纾将自我决定理论划分为"自主性—受控性"双重维度,提供了新的分析框架⑥。角色认同理论提供了从角色规定到角色自觉转变的基础,给予研究干部内激励的理论视角⑦。在担当作为的影响因素方面,大量研究关注干部的激励约束和容错纠错机制⑧,也有部分学者围绕组织支持感、变革型领导风格、变革导向干部培训⑨等展开研究。

3. 关于主动作为的研究

习近平总书记指出要坚持稳中求进工作总基调,主动作为、奋发有为,充分激发广大干部群众积极性、主动性、创造性,干部主动作为的内容及结构成为亟待回答的理论问题。从国内研究来看,当前关于担当作为的研究十分有限。在内涵上,主动作为指的是,中央与上级政府未形成明确政策文件时,干部主动做出的具有前瞻性的工作,有效限度是主动作为的基础,共治是主动作为的过程,领导力是主动作为的必要条件。在内容结构上,孙思睿和刘帮成在"明智主动行为"个体、他人、环境三维度基础上,增

---

① 王静. 基层领导干部作为懈怠现象的生成逻辑及其问责[J]. 重庆社会科学,2017(12):41-49.
② 郭晟豪. 基层干部的担当作为:基于角色认同中介的动机与行为关系研究[J]. 公共管理与政策评论,2021,10(1):67-80.
③ 刘帮成,陈鼎祥. 何以激发基层干部担当作为:一个战略性人力资源管理分析框架[J]. 公共行政评论,2019,12(6):6-19+197.
④ 张占辉. 新时代党员干部如何担当责任[J]. 人民论坛,2018(35):46-47.
⑤ PREBBLE M. Has the study of public service motivation addressed the issues that motivated the study? [J]. The american review of public administration, 2016, 46(3): 267-291.
⑥ 张书维,李纾. 行为公共管理学探新:内容、方法与趋势[J]. 公共行政评论,2018,11(1):7-36+219.
⑦ 孙晓莉,江蓓蕾. 领导干部内激励:基于角色认同的阐释[J]. 新视野,2022(4):76-82.
⑧ 万庄. 关于完善干部激励约束和容错纠错机制的几点探讨[J]. 中国行政管理,2018(10):86-89.
⑨ JAKOBSEN M, JACOBSEN C B, SERRITZLEW S. Managing the behavior of public frontline employees through change-oriented training: evidence from a randomized field experiment [J]. Journal of public administration research and theory, 2019, 29(4): 556-571.

加社会贡献维度,构建主动作为的四维度结构概念,表明主动作为具备"变通"与"明智"的特征,包含了与自我管理和能力相匹配、与他人满意相匹配、与组织发展相匹配、与贡献社会相匹配的四个层面①。主动作为的影响因素尚未展开深入探讨,可以参考主动行为(proactive behavior)的研究。在环境方面,积极主动的团队氛围②、高工作自主性、灵活的角色定位③等更有可能激活主动行为。在个体方面,主动性人格④、个人情境判断力、丰富的背景信息、政治技能⑤等会影响到主动行为的绩效结果;同时,还要注重人与环境之间的匹配,为任务和战略提供"正确"的主动性⑥。

4. 创新作为与创新行为、担当作为及主动作为辨析

创新行为、担当作为及主动作为的研究为创新作为研究奠定了基础,但是它们与创新作为在内涵上有所不同。首先,创新作为与创新行为的比较(见图1)。上述创新行为的既有研究关注了创新行为的内涵及差异性发展,但是从乡村振兴的现实情况来看,远不足以承载乡村特色发展。一方面,从内涵来看,创新行为更加强调以行为为表现形式的创新及其过程,缺少对结果的关注,尤其有研究证明了创新行为并不一定带来绩效提升,佐证了创新行为的价值中立性。另一方面,从现实情境来看,新时代改革创新、攻坚克难使命不仅要求干部以

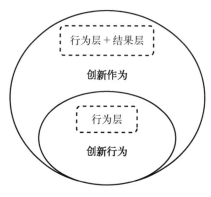

图1 创新作为与创新行为概念关系图
资料来源:作者自制。

---

① 孙思睿,刘帮成. 机构改革场景中基层干部主动作为的内容及结构探索性研究[J]. 上海交通大学学报(哲学社会科学版),2022,30(3):51-63.
② WANG Z, ZHANG J, THOMAS C L, et al. Explaining benefits of employee proactive personality: the role of engagement, team proactivity composition and perceived organizational support[J]. Journal of vocational behavior, 2017, 101: 90-103.
③ PARHKER S K. That is my job 'How employees' role orientation affects their job performance[J]. Human relations, 2007, 60(3): 403-434.
④ SUN S, VAN EMMERIK H I J. Are proactive personalities always beneficial? political skill as a moderator[J]. Journal of applied psychology, 2015, 100(3): 966.
⑤ BIZZI L. Network characteristics: When an individual's job crafting depends on the jobs of others[J]. Human relations, 2017, 70(4): 436-460.
⑥ VOUGH H C, BINDL U K, PARKER S K. Proactivity routines: the role of social processes in how employees self-initiate change[J]. Human relations, 2017, 70(10): 1191-1216.

创新彰显自身作为,还需要以切实的创新绩效推动实现中国式现代化,加之近些年不断出现的"伪创新"①,更加迫切地提出了从结果层面对创新行为的考察,而政治术语中"创新作为"的提法有效迎合了现实需求,它不仅包含创新行为涉及的行为层面的内容,还包含结果层面对创新绩效的关注。

其次,创新作为与担当作为及主动作为的比较(见图2)。从话语体系来看,上述概念皆见于政治术语;从学术概念的起源上看,均源于中国场景,是对政策文本的理论回应,为创新作为的研究奠定了基础。但是创新作为、担当作为及主动作为在内涵上又有所不同。如前所述,担当作为是指,党政干部在法定职责范围内及时、有效履责,并且"权力运行没有受阻或异化",公权力以应有的效率和质量来满足民众利益与需求②;而主动作为强调未形成明确政策时,干部主动展开相应工作。可以看到,如果说担当作为是干部"在其位,谋其政",那么主动作为在履职的同时进一步强调干部主动开展前瞻性工作。与上述两个概念不同的是,创新作为更加贴合近年来国家转型发展及社会治理创新的愿景及呼唤,在担当作为及主动作为的基础上增加了创新要素,不仅要求干部履职,主动工作,还要求砥砺革新,推动发展。由此形成了概念间包含与被包含关系。

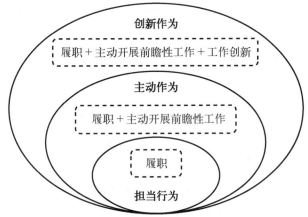

图2 创新作为、主动作为、担当作为概念关系图
资料来源:作者自制。

---

① 姜晓萍,吴宝家. 警惕伪创新:基层治理能力现代化进程中的偏差行为研究[J]. 中国行政管理,2021(10):41-48.
② 段哲哲,陈家喜. 新时代地方干部担当作为激励机制分析[J]. 政治学研究,2021(1):139-150+160.

总的来说,创新作为是一个包含创新行为、担当作为与主动作为的崭新概念。创新行为关注创新这一举动及其过程,仅涉及行为层面;而创新作为不仅包含行为,还包含结果层面的考察。担当作为强调干部对自身职责的履行,主动作为涵盖担当作为"履职"内涵的同时,进一步要求主动开展前瞻性工作,而创新作为涵盖了担当作为与主动作为的内涵,在担当作为及主动作为基础上增加了创新要素。

三、第一书记创新作为影响因素

(一) 第一书记创新作为

第一书记创新作为的概念可划分为广义与狭义。从广义的角度来看,第一书记创新作为发生范围较广,包括主动寻求信息、识别问题、融入乡村、提供变革建议、采取创新举措、解决实际问题等一系列行为上有所创新、结果上促进乡村发展的举动。从狭义角度来看,第一书记创新作为存在场景及情境限制,主要围绕着与乡村经济发展有关的产业振兴方面。原因在于,产业振兴是乡村振兴的重中之重,要落实产业帮扶政策,做好"土特产"文章。另外,从扶贫实践来看,很多国家的经验表明,单纯依靠资金援助不能从根本上解决贫困问题,摆脱贫穷的关键在于引导贫困者将援助资金用于产业发展而产生持续效能,否则外部援助反而易于助长其依赖性,相对于"输血式"扶贫,"造血式"扶贫更具有可持续性[①]。因此,以产业振兴方式促进乡村经济发展是驻村第一书记需要完成的首要议题。在此意义上,第一书记创新作为指的是:产生创新或实用地解决问题的想法、寻求人财物等资源支持、在乡村实践中实施想法、创新想法产品化、推广应用形成产业化等创新举措,从而推动乡村实质性发展。

第一书记创新作为的特征主要表现为:一方面,以创新驱动为内核。创新是发展的第一动力。治理方式创新不仅是现代政府建设的核心内容,也是政府治理现代化的必然需求。在乡村振兴的关键时期,地方政府出于乡村发展的压力,不断压实第一书记责任。作为村庄的"当家人",第一书记要以推动创新为己任,让工作创新真正成为乡村发展的第一动力,以适应第一书记制度的政策设计初衷及乡村发展现实需求。另一方面,以促进乡村产业或经济发展为目标。促进乡村发展及农民增收是第一书记下

---

① 蒋永甫,莫荣妹.干部下乡、精准扶贫与农业产业化发展——基于"第一书记产业联盟"的案例分析[J].贵州社会科学,2016(5):162-168.

乡的终极使命,第一书记制度的理想结果是乡村产业振兴,从而实现乡村可持续发展。第一书记如何兼顾"企业家"与"干部"多种角色是不小的挑战,这种挑战性也回应了第一书记的工作智慧、潜能及创新。

(二) 第一书记创新作为的影响因素

乡村实践中,第一书记创新作为受个体层面、乡村层面及制度层面多层次因素的影响(见图3)。个体层因素包括了公共服务动机及政治抱负,乡村层因素包括乡村认知、第一书记与村两委协同创新及创新型领导,制度层因素包括创新制度及容错纠错制度。

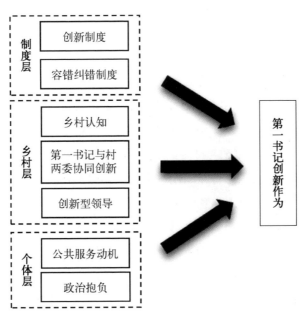

图3　第一书记创新作为的多层次影响因素
资料来源:作者自制。

1. 第一书记创新作为的个体层因素

(1) 公共服务动机。创新作为是一种角色外行为,其实现需要第一书记具有公共服务精神。在实践中公共服务动机能够强化第一书记对创新意义及公共价值的认知,激发自我牺牲精神[①],促使第一书记减少风险规避偏好,刺激创新倾向。具体来说,在

---

① Wright B E. Public service and motivation: does mission matter? [J]. Public administration review, 2007, 67(1): 54 - 64.

承接中央号召时,第一书记表现出更高的接受度和使命感①;在实施创新行动时,产生较低的工作压力感知,愿意与他人合作做出利于乡村发展的行为②,促进创新作为的发生。同时,公共服务动机还会强化第一书记敬业度,敬业度对创新具有重要影响,更高敬业度的干部往往更有可能进行工作创新,从而提高生产力和公共服务价值。

(2) 政治抱负。在真实的政府运作中,干部是"理性人""社会人""公共人"等构成的"复杂人",并非始终保持利他动机,政治抱负是第一书记创新作为重要的利己动机。如若驻村干部无法得到相应的物质和精神激励,无法获得职务提拔与职级晋升,创新作为就失去动力③。第一书记制度明确指出"乡村振兴是培养锻炼干部的广阔舞台",第一书记工作表现将决定自身的晋升与提拔,在职业期待下,有职业抱负的第一书记会更加积极主动,创新作为,努力促进驻村经济发展,为自己积累晋升资源④。

2. 第一书记创新作为的乡村层因素

随着第一书记下乡驻村,乡村治理结构发生了新的变化,外来村干部出现了,这种变化被称为"嵌入型村干部"。第一书记在乡村的"嵌入",衍生了围绕第一书记的乡村层变量:乡村认知、第一书记与村两委协同创新及创新型领导。

(1) 乡村认知。作为国家干部,第一书记的身份是"外来的陌生人",不熟悉乡村及老百姓情况就无法真正投入到乡村发展的工作中,感知、理解乡村并形成总体判断是第一书记创新作为的前提,只有适应挂职地的价值观念,与当地民众"打成一片",实现"认知嵌入",才有可能引领、变革。乡村社会具有复杂性,为了解并化解复杂性,第一书记工作很大程度上转化为驻村期间对民情的体验⑤。这种民情体验即为管理者认知(Managerial Cognition),它的形成基于管理者对情境的理解,并通过战略选择和

---

① 陈振明,林亚清. 政府部门领导关系型行为影响下属变革型组织公民行为吗?——公共服务动机的中介作用和组织支持感的调节作用[J]. 公共管理学报,2016,13(1):11-20+152.

② PARKER S K, BINDL U K, STRAUSS K. Making things happen: a model of proactive motivation [J]. Journal of management, 2010, 36(4): 827-856.

③ 赵聚军,张哲浩. 干部挂职:基于政策目标变迁的"嵌入"问题三维呈现与发生机理[J]. 中国行政管理,2022(8):59-66.

④ 崔盼盼. 第一书记制度实践的差异化类型及其形塑机制[J]. 华中农业大学学报(社会科学版),2020(5):92-99+172.

⑤ 印子. 贫困治理中的干部下乡——基于豫南 G 县扶贫"第一书记"制度运作的分析[J]. 人文杂志,2021(3):120-128.

决策制定完成信息筛选过程①。第一书记乡村认知差异性对发展机会的把握、资源配置的情况具有重要影响,在创新作为中将导致不同的战略决策及结果,产生具有异质性的创新管理,并最终导致乡村在变革条件下的绩效差异②。

(2) 第一书记与村"两委"协同创新。协同创新是指渠道成员共同参与新产品开发及创新的过程,更高水平的协同创新提高了组织获得互补资源的机会,极大增强了战略资源(如隐性知识)的交换,降低创新风险③。乡村振兴场域下,第一书记与村支书在村庄界面上相遇时,双头政治的权力生态结构就基本形成了,而两者之间的微妙关系会影响到创新作为的最终结果。具体表现为,"第一书记"被制度赋予了体制性权力,而体制性权力的发挥需要得到村级组织的支持,当第一书记与村两委建立起协同创新关系时,基本工作(精准识别、入户随访、建档立卡等)及创新工作(化解顽疾、项目引进、产业发展)才能够顺利展开,这一过程就是产生协作关系的过程。并且,与协作伙伴(村两委)的信任关系越强,更有可能发展越强的创新作为,反过来又促进了更好的创新成果④。

(3) 创新型领导。创新型领导指领导促使下属形成创新取向并产生创新成果的过程,创新型领导能够通过沟通、激励等手段激发下属开展工作创新,鼓励下属进行自主性探索,并提供相应的资源为创新施以保障⑤。根据资源基础理论,资源异质性造成组织绩效的差异,第一书记所拥有的支持性资源决定了创新作为的效果。作为行动者的第一书记,相关工作需要充分借助单位资源,充足的资源供给是乡村发展十分重要的支撑。在国家政策上,要求第一书记所在单位给予最大化的支持,但是受制于国家财力的有限性及不同单位资源整合的策略,向乡村的资源输入呈现出模糊性及限制性的特点⑥,领

---

① NADKARNI S, BARR P S. Environmental context, managerial cognition, and strategic action: an integrated view[J]. Strategic management journal, 2008, 29(13): 1395-1427.
② HELFAT C E, MARTIN J A. Dynamic managerial capabilities: review and assessment of managerial impact on strategic change[J]. Journal of management, 2015, 41(5): 1281-1312.
③ 陈劲,阳银娟. 协同创新的理论基础与内涵[J]. 科学学研究,2012,30(2):161-164.
④ 陈国申,孙丰香,宋明爽. 嵌入型村干部与村民自治的冲突及调谐——对下乡干部的考察[J]. 经济社会体制比较,2017(5):75-83.
⑤ RANDEL A E, JAUSSI K S. Giving rise to creative leadership: contextual enablers and redundancies[J]. Group & organization management, 2019, 44(2): 288-319.
⑥ 倪大钊,徐志毅,钟超,等. "先锋"与"后盾":个体资本、单位层级与第一书记贫困治理绩效——基于陕甘宁深度贫困地区72个贫困村的实证分析[J]. 公共管理学报,2020,17(4):126-139+174.

导特质在其中发挥了重要影响。创新型领导支持下,第一书记将获得更多的发展资源,创新作为的效果更好;若创新工作不受重视,创新作为施展的空间受到极大限制,进而影响创新作为绩效。

3. 第一书记创新作为的制度层因素

(1) 创新制度。林毅夫指出,在发展中国家,政府是最重要的制度安排,因为政府的政策决定了一国经济中其他政策安排的质量①,创新制度对第一书记创新作为及创新效果具有关键影响作用。干部行为是上级政策及意志的具体体现,缺乏对创新的支持可能会抑制公共部门的创新或将创新限制在微小的渐进式改进上,无论是在组织内部还是组织之间,政策环境都很重要。从第一书记制度设计来看,实现农村减贫和推动农民增收是第一书记的重要任务,提升乡村社会治理水平是第一书记制度设计的长远指向,当前加强和创新社会治理的政策基调下,第一书记创新作为的热情高涨,政策支持是创新作为的根本动力②。更进一步,在创新作为的发展规律上,有学者总结了政治周期的概念③。在中国情境下,政治周期以历次重要会议为主要体现形式,会议出台的相关文件,会形成影响第一书记创新作为的外部因素,在晋升激励及外部审查的约束下,对第一书记创新作为产生具有一定周期性的刺激。

(2) 容错纠错制度。容错纠错制度是贯彻"改革允许失败,不允许观望"信条,提升干部创新精神的重要手段。基于社会交换理论和创造力成分理论,有效的差错管理及包容性氛围能够为干部提供支持与保障,还能在开展创新工作及面临创新困境时感受到帮助,减少因顾虑导致的创新失败④。乡村振兴情境下,健全的容错纠错制度能够减少第一书记创新作为的后顾之忧,降低创新失败的担忧和恐慌,减轻问责压力及衍生的责任推诿,为第一书记提供源源不断的创新动力。当失误得到包容时,会产生第一书记对组织的亏欠感,进而激发乡村振兴的义务感和回报感,努力投身工作、积极创新。同时,还可以促进组织的问题反思和差错学习,从失败中获利,对工作绩效产生正向影响。

---

① 林毅夫. 有为政府参与的中国市场发育之路[J]. 广东社会科学,2020(1):5-7+254.
② 曲延春. 这支队伍为何不能撤:第一书记制度的逻辑理路与优化对策[J]. 行政论坛,2021,28(4):83-88.
③ BASAK G K, GHOSH M K, MUKHERJEE D. A stochastic model with inflation, growth and technology for the political business cycle[J]. Computational economics, 2019, 53: 125-140.
④ AMABILE T M. A model of creativity and innovation in organizations [J]. Research in organizational behavior, 1988(10): 123-167.

四、第一书记创新作为的类型及生成逻辑

明晰了第一书记创新作为的影响因素后,需更进一步考察不同层次影响因素的交互对创新作为的影响。总体来看,第一书记创新作为是个人特性与情境特性互动的结果,并产生了服务他人型、自身发展型、环境带动型及考核约束型四种类型及四大运行逻辑。

(一) 第一书记创新作为的类型

在个人特性方面,第一书记创新作为主要受公共服务动机及政治抱负的影响,公共服务动机是利他动机,政治抱负是利己动机,两种动机塑造了不同类型的创新作为。但是,需要强调的是,第一书记创新作为是在特定情境下产生的,不仅蕴含个人特性,还包含着情境特征[①],如乡村层、制度层因素均会对创新作为产生影响,因此研究第一书记创新作为的类型,不仅需考察创新作为个体角度的意愿,还要关注政策情境对创新作为意愿的塑造过程。

在乡村振兴场景下,第一书记创新作为既是一个长期固化的稳定状态,又是一个努力探索的渐进式过程。稳定状态指的是第一书记未受环境影响而具有的内在动机,渐进过程指的是环境影响下产生的创新作为意愿。具体来看,稳定状态主要有两种表现形式,一种是出于利他的公共服务动机而产生的创新作为,一种是出于利己的政治抱负而产生的创新作为。渐进过程也包括两种情况。一种是在乡村层(乡村认知、第一书记与村"两委"协同创新及创新型领导)及制度层(创新制度及容错纠错)影响因素作用下形成的,如创新制度优化了创新环境,创新型领导强化了第一书记创新作为的意愿,该种影响产生了创新作为带动效应。另外一种是在中国特殊治理模式下产生的,我国干部行为主要受压力型体制的影响,这种强制约束同样会催生创新作为。为更加清晰地刻画创新作为的具体类型,基于个体动机及环境塑造两个维度,以利他与利己为横坐标,渐进与积淀为纵坐标,将创新作为划分为服务他人型、自身发展型、环境带动型及考核约束型四种类型(见图4)。

---

① 汪曲. 在其位谋其政:担当作为的政策形塑与行为遵从——中国场景下的扎根理论研究[J]. 中国行政管理,2022(1): 88-97.

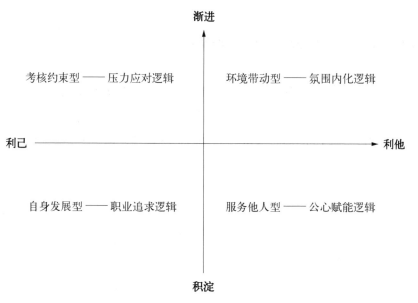

图 4 第一书记创新作为的类型

资料来源：作者自制。

服务他人型是指第一书记出于公共服务这一利他动机，产生创新作为意愿并表现出创新作为具体行动的类型。服务他人型创新作为的主要目标是促进乡村发展以及推动驻村地区民众更好地生活，工作中表现出认真负责、恪尽职守、为民奉献的特点，期望通过创新改进村庄顽疾，推动形成新发展模式从而实现乡村经济繁荣。该类型以服务为导向而呈现利他维度，因内在性而呈现出积淀维度，是一种促进乡村发展的本能作为。

自身发展型是指第一书记出于自身职务晋升及政治抱负而表现出创新作为的类型。由于制度创新可以通过创新获得制度垄断利润，形成干部竞争优势并提升晋升的可能性，因此该类型的创新作为主要围绕着自身职位晋升而展开。实践中，主要表现为通过工作创新及创新绩效彰显自身驻村期间的工作成绩，创新作为是职业发展的策略，第一书记通过创新以求获得升职机会。该类型以谋求晋升而呈现利己维度，因内在性而呈现出积淀维度，是一种促进自身发展的本能作为。

环境带动型是指第一书记受创新氛围带动及感化，从而形成创新意愿，表现出创新作为的类型。与服务他人型及自身发展型不同的是，环境带动型不是在自主性及内在性动机影响下产生的，而是在创新环境、他人带动等受控动机下形成的。实践中，乡村层创新型领导、村"两委"创新以及乡村创新氛围、制度层创新制度、容错纠错制度等都会对第一书记创新作为产生影响，这种影响是一种"氛围型"影响，不在于强制施压,而在于潜移默化。在环境塑造下形成创新作为价值观,从而推动创新作为。该类型因外在性而呈现出渐进维度,因对创新作为认同而呈现出利他维度,是一种基于创新作为认同的发展性作为。

考核约束型是指迫于工作任务及上级考核压力进行创新作为的类型。中国治理场景下,各级干部均受到压力型体制的影响,当创新被转化成工作指标并下压至村庄时,创新被转化成工作任务,第一书记为完成相关工作,满足考核指标,被迫迎合,进行创新作为。故而,考核约束型同样是外部环境影响下形成的,但这种影响不再是一种"氛围型"影响,而表现出"强制性"特征,即第一书记必须进行创新从而完成工作。该类型因外在性而呈现出渐进维度,以完成考核为目标而呈现出利己维度,是一种基于压力约束的发展性作为。

(二) 第一书记创新作为的生成逻辑

根据服务他人型、自身发展型、环境带动型及考核约束型四种类型,第一书记创新作为主要遵循公心赋能逻辑、职业追求逻辑、氛围内化逻辑及压力应对逻辑四大生成逻辑(见图4)。

第一,公心赋能逻辑。习近平总书记指出,干部要有公心,公心归根到底是对党、对人民、对干部的责任心。"公心"的本质是干部利民而非利己的动机和行为[①],公共服务动机就是"公心"的体现。"公心"作为一种利于组织发展的积极心态,被证实有利于组织认同、组织承诺、心理授权、职业幸福感等状态,促使个体进行组织公民行为及更具投入感的工作,对克服职业倦怠、懒政怠政、为官不为等具有重要意义[②]。拥有"公心"的第一书记往往表现出更强的亲社会属性,更愿意履行自身职责并主动采取有利于乡村发展的行动,而创新作为是打破基层社会已形成的"分利秩序",克服乡村发展困境的重要途径。在"公心"的指导及赋能下,第一书记愿意通过进行工作创新,迎难而上,化解发展中的棘手难题。

第二,职业追求逻辑。晋升锦标赛是干部激励的重要制度安排,晋升锦标赛机制下,干部间围绕晋升形成竞争,竞争优胜者可以获得晋升机会。在晋升标的物方面,围

---

① 王晔安,兰菁,郑广怀.承上启下的公心:领导成员交换对街头官僚服务效果的作用机制[J].公共管理与政策评论,2022,11(3):29-40.
② PIATAK J S, HOLT S B. Disentangling altruism and public service motivation: who exhibits organizational citizenship behaviour? [J]. Public management review, 2020, 22(7): 949-973.

绕 GDP 的"为发展而竞争"是传统晋升模式,随着经济转型升级及创新驱动战略实施,晋升标的物变得更加多元,"为创新而竞争"成为新的表现。同时,干部是否获得晋升不仅依赖干部的表现,还取决于竞争对手的绩效排名,从而形成大范围的创新竞赛。乡村振兴中,职业抱负会对第一书记工作实践产生影响,为谋取晋升,第一书记进行战略性创新,致力于产品开发,促进创新经济发展,在下乡工作中以创新彰显作为,通过切身行动响应中央号召,赢得晋升机会。

第三,氛围内化逻辑。个体行为不仅受内在动机的影响,环境也会塑造动机进而影响个体行为。制度上,创新制度及容错纠错制度优化了创新氛围,降低了创新压力及负担。乡村中村两委的创新意愿、创新型领导的支持会对第一书记产生带动作用。上述影响机制为干部创新营造了宽松的空间,使第一书记表现出更高的创新接受度并产生较低的工作压力感知。创新氛围从内在角度对第一书记产生了影响,第一书记改变或强化过去对创新作为的认知,愿意发自内心进行创新,并形成不同强度的创新作为自主动机。创新氛围在第一书记身上实现了内化,转化成具体的创新意愿及行动。

第四,压力应对逻辑。"层层加码"是压力型体制的重要运行特征,受压力型体制影响,中央政策信号是基层行动的"指挥棒",关键部门可以基于指挥权和控制权,施加规制压力从而促进创新的发生,层级规制压力与创新程度呈正相关[①]。干部执行政策任务的优先顺序由不同政策所接受的压力所决定,上级政府对任务的关注程度越高,任务"压力型"特征越明显。加强和创新社会治理政策背景下,政府工作报告、发展规划、通知等政策形式均影响着干部行动,下压的创新要求转化成刚性考核指标,刺激干部采取具体行动。乡村实践中,驻村第一书记为完成与创新有关的任务及指标、应对相关考核,被迫采取各种形式的创新工作。

由此,形成了第一书记创新作为的服务他人型、自身发展型、环境带动型及考核约束型四种类型,及其对应的公心赋能逻辑、职业追求逻辑、氛围内化逻辑及压力应对逻辑四大生成逻辑。

五、研究结论与展望

立足乡村振兴具体情境及第一书记的制度安排,本文有以下发现。第一,在概念

---

① 黄冬娅. 压力传递与政策执行波动——以 A 省 X 产业政策执行为例[J]. 政治学研究,2020(6):104-116+128.

界定上,创新作为是一个包含创新行为、担当作为与主动作为的崭新概念,包括行为与结果双重属性,并且在担当作为及主动作为基础上增加了创新要素。第二,第一书记创新作为是制度需求、现实需求及主观需求作用下的产物,具有广义及狭义的内涵。从广义角度来看,第一书记创新作为发生范围较广,包括主动寻求信息、识别问题、融入乡村、提供变革建议、采取创新举措、解决实际问题等一系列行为上有所创新,结果上促进乡村发展的举动;从狭义角度看,第一书记创新作为指产生创新或实用地解决问题的想法、寻求人财物等资源支持、在乡村实践中实施想法、创新想法产品化、推广应用形成产业化等多阶段行为模式。第三,多层次因素影响着第一书记创新作为,主要表现为个体层(公共服务动机及政治抱负)、乡村层(乡村认知、第一书记与村两委协同创新、创新型领导)及制度层(创新制度及容错纠错制度)。第四,第一书记创新作为是个人特性与情境特性互动的结果,形成了服务他人型、自身发展型、环境带动型及考核约束型四种类型,以及公心赋能逻辑、职业追求逻辑、氛围内化逻辑及压力应对逻辑四大生成逻辑。

第一书记创新作为是一个崭新的研究议题,研究内容需不断深化,应围绕以下几方面展开。首先,丰富研究范式,深化综合研究。当前关于第一书记创新作为的研究还未形成鲜明的研究导向,大多对第一书记创新作为的考察隐藏在第一书记的行为逻辑之中,缺乏具有指向性、具体的研究,后续研究应针对"第一书记创新作为"这一现实问题,结合乡村振兴的中国情境,进行行为逻辑、现实困境、创新扩散等的探索。其次,丰富研究方法。目前关于第一书记的研究大多选择了案例研究的方法,通过个案或多案例剖析解读了第一书记为推动乡村振兴采取的具体创新举措及行动逻辑,也有部分学者尝试进行了量化研究,肯定了第一书记的现实价值,但是总体来看量化研究稍显不足,针对第一书记创新作为的研究更是薄弱,应加强一手数据运用,探索研究第一书记创新作为在动机、能力、正式权力、组织压力、人际沟通、乡村冲突等方面的具体影响因素及作用机制。最后,拓宽理论基础。目前大多数研究主要围绕着公共领导力、科层制、嵌入理论、接点治理、双轨治理等研究框架,在后续研究中可以尝试嵌入不同的理论,如动态能力理论、资源基础理论等。

丰富第一书记创新作为的内涵和概念要素,开发相应量表。当前关于第一书记创新作为的研究仍处于起步阶段,创新作为可能具有更为丰富的内涵,动机也可能更加多元。因此,有必要运用扎根理论等研究方法,深刻归纳并论证乡村振兴背景下第一书记创新作为的内涵及内容结构,分析特定情境下创新作为的具体类型。在概念的测量上,创新行为的测量工具为创新作为提供了借鉴,已有研究主要沿用或修订私营部门创新行为的测量方法,缺乏基于中国背景,尤其是乡村振兴具体任务情境的具体量表。于是,未来研究应聚焦乡村振兴的特殊背景及第一书记的制度特征,充分考虑不同地区、不同产业发展类型乡村的联系与差异,开发具有适应性的第一书记创新作为量表。

拓宽不同层次的影响因素,实现跨层次交互效应分析。一是探究新的影响因素。本文关于第一书记创新作为影响因素的研究主要围绕着个体、乡村及制度三个层次,后续研究可以在此基础上进一步细化,探究尚未发现的影响因素,研究新兴事物对第一书记创新作为的影响机制,如数字化政府、网络流程运作、人工智能技术等对第一书记创新作为的影响。同时对不同层次影响因素进行整合,实现跨层次影响因素的交互效应分析及机制构建。二是对现有影响因素的检验。未来研究可以通过量化分析或案例研究的方法检验不同层次影响因素对第一书记创新作为的实际作用,为推动第一书记创新作为、促进乡村振兴提供理论基础。三是探索创新作为过程的中介机制及调节机制。已有研究缺乏关于第一书记创新作为过程机制的完整细致描述,未来研究可以进一步依托 AMO 理论、"想干事、能干事、干成事" 政策框架等构建中介机制,并探索影响机制的边界条件,建构各种调节变量及权变作用机制。

Innovation of the First Secretary in the Village: Connotative Characteristics, Influencing Factors and Generative Logic

Feng Cailing, Du Wanqing

Abstract: The first secretary in the village is an important driving force in promoting rural revitalization. In order to overcome the problems of lack of resource endowment, limited financial resources, and lack of economic development, the cadres in the villages need to break the profit-sharing order that has been formed in the grassroots society, and constantly innovate to wade out a new way of rural development. The thesis refines a new concept of innovation of the first secretary according to the Chinese context, and through the comparison of related concepts, it is found that: (1) innovation of cadres includes innovative behaviors, taking charge and proactive behavior, which involves the dual attributes of behaviors and results, and emphasizes the fusion of duty performance and innovation; (2) there exist multilevel influencing factors at the individual level, the village level, and the institutional level; (3) innovation of the first secretary is the result of the interaction between personal characteristics and contextual characteristics, which forms a service-to-others type of innovation. The innovation of the first secretary is the result of the interaction between personal characteristics and situational characteristics, which forms four types: serving others, self-development, environment-driven, and appraisal-restricted, and follows four generative logics: the logic of empowerment by public spirit, the logic of professional pursuit, the logic of internalization by atmosphere, and the logic of coping with pressure. On this basis, future research should further enrich the research paradigm, expand the connotation and conceptual elements of the first secretary's innovation, develop corresponding scales, broaden the influencing factors at different levels, and realize the analysis of cross-level interaction effects.

Keywords: first secretary in village, cadre innovation, influencing factors, generative logic, rural revitalization

《行为公共管理与政策》征稿函

为回应行为公共管理学兴起及相关研究日益重要之迫切需求，华东师范大学公共管理学院创办辑刊《行为公共管理与政策》，旨在为从事行为公共管理与政策研究的学者、公共政策制定者和公共管理实践者搭建学术研究成果的交流平台。每年出版两辑。

一、期刊宗旨

本刊致力于探索行为公共管理领域的前沿研究，关注政策设计与公共服务提供中的行为科学应用，研究个体与群体行为对公共政策的影响。具体研究方向包括政策工具与个体行为的互动机制、行为引导与助推策略、社会规范与公众接纳度、行为数据分析与预测、新型公众参与模式、公共部门人力资源管理与组织行为学，以及行为公共管理的伦理与道德议题等。旨在搭建跨学科交流平台，推动公共管理学科的发展与创新，提升公共政策的有效性和社会福祉，增强中国在全球公共管理领域的学术影响力和实践价值。

二、征稿主题

诚挚邀请各位专家学者惠赐高质量的研究论文，包括但不限于以下主题：

1. 个体行为与公共政策互动；
2. 行为公共管理理论与应用；
3. 基于行为的公共管理方法革新；
4. 跨文化与跨领域的行为公共管理比较；

5. 行为公共管理的伦理与道德议题；

6. 公职人员行为与公共管理效能；

7. 公共部门组织行为学和人力资源管理。

三、投稿须知

1. 本辑刊接收原创研究论文、综述、实践研究和案例分析等稿件，以中文或英文撰写。稿件应符合本辑刊的研究领域、主题或方向，具有理论前瞻性和重要现实意义。

2. 投稿论文应为未公开发表的学术研究成果且符合学术规范要求。

3. 投稿须提供电子文档。电子文档用 WORD 排版，以附件形式发送到编辑部的邮箱。文件名格式为"姓名-文章名-单位名称-日期"。邮件标题格式为"《行为公共管理与政策》投稿-姓名-文章名-单位名称"。

4. 请在邮件正文中写明作者电话、通信地址、邮箱，以便栏目责任编辑与作者及时沟通。

5. 本辑刊实行三审三校制度，审稿周期一般为两个月。如投稿两个月后未接到审稿结果通知，投稿人可自行处理稿件。

6. 请遵守投稿要求，勿一稿多投，且文责自负。

7. 本辑刊对作者原稿所进行的技术上的编辑删改加工，不另行通知作者。如需要保留修改权，请来稿时特别注明，否则视同全权委托本辑刊编辑部编辑加工。

8. 稿件一旦被本辑刊采用，文章的著作版权（包括光盘版版权、网络版版权）即属本辑刊所有。如不能接受，请在投稿时说明。

9. 凡是来稿被采用并刊发的，编辑部会在辑刊出版后寄奉样书。

四、征稿说明

1. 投稿邮箱：bpap@ sem.ecnu.edu.cn。

2. 稿件格式：页面统一按照 A4 纸排版。中文论文字体为宋体，英文字体为 Times New Roman。正文字号为小四号，1.5 倍行距。注释采用脚注，文献信息以国标 GB/T7714—2015 格式呈现，字号为小五号。字数为 12000—15000（含注释和参考文献）。论文首页需要包含所有作者的基本信息（姓名、工作单位、职称、联系方式等）。

五、联系方式

编辑部地址：上海市普陀区中山北路 3663 号电化楼 302 室。

邮编：200062。

邮箱：bpap@sem.ecnu.edu.cn。

电话：021-62233189。

附：《行为公共管理与政策》体例

1. 稿件内容和格式

整篇稿件的内容及其序次为：标题,作者(加上标星号),作者简介(以脚注形式在首页呈现),中文摘要(限 300 字内),中文关键词(限 5 个),正文,参考文献(如需要),附录(如需要),英文标题,作者(汉语拼音名或英文名),英文摘要(100—200 词),英文关键词(与中文关键词对应),以及作者联系方式,包括电话、电子邮件。

如论文属省部级以上科研立项的成果,请在正文第 1 页加题注说明项目名称、项目编号、起讫时间、管理单位等。

作者简介以脚注形式呈现,包括姓名、工作单位、职称和研究方向。

2. 正文版式要求

正文中所有的标题均独占一行。序号版式为：一级标题用汉字"一、""二、"等,居中排列；二级标题用"（一）""（二）"等,三级标题用"1.""2."等,标题均前空两汉字格。若只有两个级别的标题,则二级标题用"1.",依此类推。

3. 注释

正文中的注释,包括引述文献、转述文献以及解释说明,均以脚注形式呈现。脚注符号采用圈码①②③,每页重新编号。其中涉及文献信息的,统一采用国标 GB/T7714—2015 格式,文献信息务必准确齐全。

4. 随文圆括号夹注

随文圆括号夹注主要用于简短的说明、译文的原题、全名的缩写或全称的简称等。

外国人名、文献名在正文中要翻译为汉语,并在首次出现时括注外文,例如卡尔·亨普尔(Carl G. Hempel)。

5. 参考文献

参考文献采用国标 GB/T7714—2015 格式,文献信息务必准确齐全。